管理会计基础

主　编　赖英健
副主编　刘金梅　钱佳慧　蒋慧芳

东南大学出版社
SOUTHEAST UNIVERSITY PRESS
·南京·

内容提要

本教材从成本核算的基础方法等着手,在此基础上巧妙引入管理会计的概念和实际应用,并主要从具体成本核算法则、本量利分析、长短期决策、预算管理和绩效考核等方面详细阐述成本管理的具体方法和手段以及管理会计的常见分析法及其运用。

本书适用于"应用型"本科及高职高专院校相关专业的学生,其他从事财会行业的人员也可参考使用。

图书在版编目(CIP)数据

管理会计基础 / 赖英健主编. — 南京:东南大学出版社,2019.2
　ISBN 978 - 7 - 5641 - 8160 - 4

Ⅰ.①管… Ⅱ.①赖… Ⅲ.①管理会计-高等职业教育-教材 Ⅳ.①F234.3

中国版本图书馆 CIP 数据核字(2018)第 286803 号

管理会计基础 guan li kuai ji ji chu

主　　编	赖英健	责任编辑	刘　坚
电　　话	(025)83793329　QQ:635353748	电子邮件	liu-jian@seu.edu.cn
出版发行	东南大学出版社	出 版 人	江建中
地　　址	南京市四牌楼2号	邮　　编	210096
销售电话	(025)83794561/83794174/83794121/83795801/83792174　83795802/57711295(传真)		
网　　址	http://www.seupress.com	电子邮件	press@seupress.com
经　　销	全国各地新华书店	印　　刷	虎彩印艺股份有限公司
开　　本	787mm×1092mm　1/16	印　　张	13.5
字　　数	350千字		
版 印 次	2019年2月第1版第1次印刷		
书　　号	ISBN 978 - 7 - 5641 - 8160 - 4		
定　　价	40.00元		

* 未经许可,本书内文字不得以任何方式转载、演绎,违者必究。
* 东大版图书,如有印装错误,可直接向营销部调换,电话:025-83791830。

前言

市场经济社会,在买价和卖价都越来越透明、竞争越来越激烈的时代,企业能做的就是精细管理,管控成本。一说到成本,很多企业管理者或者会计人员的反应就是怎么节约成本,一说到节约我们能想到的就是省吃俭用,甚至昧着良心用粗制滥造的方式去应付,这都不是企业可以长足发展并达到预期效果的最好办法。成本管控不是单纯节省那么简单,企业运营过程中产生的成本费用都是有它自己的特点和运行轨迹,掌握了各成本的特点和运行轨迹,才能更好地去决定它要不要发生,或者能发生多少的问题。

编者认为,在高职教育改革要求下,职业教育必须要实现模式改革,而且"工学结合"的人才是日新月异的社会广泛需求的。基于这样的考虑,本教材从成本核算的基础方法等着手,在此基础上巧妙引入管理会计的概念和实际应用,并主要从具体成本核算法则、本量利分析、长短期决策、预算管理和绩效考核等方面详细阐述成本管理的具体方法和手段以及管理会计的常见分析法及其运用。

随着经济的发展和会计转型,管理会计已经不是一个新词,在西方国家已经历了半个多世纪的发展,在中国虽然发展时间不是很长,但企业管理对管理会计的需求却很明显的在增长,因此学习管理会计会成为一个趋势,对管理会计人才的需求将呈上涨趋势。需求的变化对财务人才转型和财务教学提出了更高的要求。本书除了专业知识的讲授,更重要的是结合了知识的运用,有很多先进概念等以英文表述以更切合目前全球一体化对人才的多方面需求,另加入较多案例模拟和情境设置,使得学生可以有更多的职业体验。

由于编写时间仓促,加之编者经验欠缺,内容难免有疏漏,敬请各位专家批评指正,谢谢。

编者
2018 年 7 月 3 日

目 录

| 第一章 | 总论 | 1 |

| 第二章 | 成本要素和行为 | 7 |

 第一节 成本要素及分类 7
 第二节 成本行为 9
 第三节 变动成本计算法 14

| 第三章 | 成本费用的归集与分配 | 24 |

 第一节 成本构成要素费用的归集与分配 24
 第二节 辅助生产费用和制造费用的归集和分配 29
 第三节 废品损失和停工损失的核算 38
 第四节 生产费用在完工产品和在产品之间的归集和分配 40
 第五节 联产品和副产品的成本计算 44

| 第四章 | 成本计算方法 | 51 |

 第一节 成本计算的品种法 51
 第二节 成本计算的分批法 58
 第三节 成本计算的分步法 63
 第四节 作业成本法 76

| 第五章 | 本量利分析及应用 | 91 |

 第一节 本量利分析的定义 91
 第二节 本量利分析的运用 96
 第三节 本量利分析的拓展 102

第六章 短期经营决策 ········· 110

第一节 决策的类别及流程 ········· 110
第二节 分类决策 ········· 115

第七章 预算控制 ········· 133

第一节 全面预算的概述 ········· 133
第二节 全面预算的编制 ········· 136
第三节 预算编制的特殊方法 ········· 146

第八章 成本控制 ········· 153

第一节 成本控制概述 ········· 153
第二节 标准成本控制概述 ········· 156
第三节 成本差异的计算与分析 ········· 160

第九章 责任会计与业绩考核 ········· 169

第一节 责任会计概述 ········· 169
第二节 责任中心与业绩考核 ········· 171
第三节 内部转移价格、内部结算与责任成本结转 ········· 180
第四节 综合业绩评价体系 ········· 182

参考答案 ········· 191

参考文献 ········· 210

第一章 总 论

本教材首先定位于那些不仅仅想要获取与企业商业行为有关的财务报告,而更多要了解如何在专业领域将会计作为管理工具有效并高效地控制企业经营,从而增加企业利润的商业管理人员;其次,本教材针对的是那些打算成为职业管理会计师的学员(包括在校学生),通过本教材的学习,他们将能够继续在国际专业管理会计组织中深造以获得相应的职称证书。本教材将运用常规事件举例并解释管理会计在商务领域中的应用。

管理会计的核心概念是出于生产考虑的成本控制。本教材同时探索该概念如何应用于服务产业。

一、管理会计的意义

传统的会计侧重于财务会计方面,主要向股东报告企业收益状况,强调投资回报以及如何从银行获得贷款,或用于政府的税收计算。大多数商务人员将会计的终极目标定为准确计算出净收益,因此财务会计的主要功能体现为基于已发生的经济交易的历史数据记录而不是去计划如何管理企业业务以达到预期的财务回报。我国的管理会计发展相对滞后,现在的经济发展迫切要求深化会计改革,加强管理会计工作。2014 年 10 月国家财政部印发了《财政部关于全面推进管理会计改革体系建设的指导意见》,明确了管理会计体系建设的指导思想、基本原则、主要目标、主要任务和工作要求,为我国管理会计发展规划了蓝图、指明了方向。2016 年 6 月,财政部印发了《管理会计基本指引》(财会〔2016〕10 号),总结提炼了管理会计的目标、原则、要素等内容,以指导单位管理会计实践。

图 1.1　管理会计与财务会计关系

管理会计已经变为一门帮助商务人士在竞争日趋激烈的经济环境中如何更好地规划企业经营管理的学问。不同于财务会计仅仅记录已发生的事实及历史数据,管理会计包含了计算、修正、调整管理技巧,借此来提高运营过程以应对挑战的要求。1988年,国际会计师联合会(IFAC)将管理会计定义为"在一个组织中,管理当局用于计划、评价和控制的(财务和经营)信息的确认、计量、收集、分析、编报、解释和传输的过程,以确保资源的合理使用并履行相应的经营责任"。发展中国家总是被视为大规模制造中心,因为发展中国家相比发达国家其制造成本相对较低。高科技国家提供技术或高等级的终端零部件并交给发展中国家来制造和组装成成品。随着发展中国家对经济回报的需求不断增加,制造成本的控制变得日益重要。在此关头,必须引入整体运营成本的控制机制以维护成本,保持住国际竞争的优势。

管理会计始于企业管理。企业主(或股东)必须保证从高管层面来支持和确保管理会计在整个企业架构中的运行。没有这些支持,管理会计无法成功在企业中发挥作用。财务部门必须有效结合管理会计和财务会计,才能使商业组织成为一个完整的整体。当然企业不能在财务部门仅设有管理会计而放弃财务会计。作为一条惯例,财务会计是面向外部报告,如股东、银行、投资方或政府,而管理会计是面向内部报告,如向销售部、生产部、人力资源部的负责人报告。

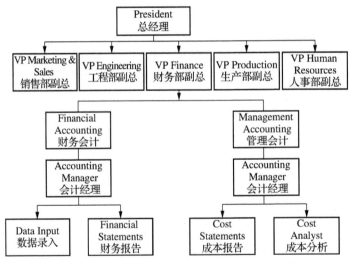

图1.2 简约组织架构

二、管理会计的主要内容

管理会计的主要内容即为管理层决策提供有用的信息,具体可体现在计划、控制和决策三个方面。在实际的管理会计活动中,单位经常将管理会计活动嵌入规划、决策、控制、评价等具体环节。

1. 计划(Planning)

假设A就职于苏州立信会计师事务所,现在负责为事务所招聘一些商科的应届毕业生。

在此例中 A 就需要先拟定个计划。首先，A 要先确定本次行动的目标，即招收到优秀的、适合该工作的毕业生。之后 A 就要列出达成目标的具体问题，如：

(1) 每个专业的学生招收多少？
(2) 去哪些学校招聘？
(3) 哪些人员参与本次招聘？
(4) 什么时候安排面试？
(5) 大致的工资水平？
(6) 为本次招聘投入多少成本？

这些问题及其答案就构成了一份计划。而当这些计划以一种正规的、系统科学的量化形式表现出来时，就构成了预算。由此可见，制定一份预算时，通常需要与其他部门的人员进行沟通，如在此例中，A 需要与决定招人的领导确认总的工资预算、人数等，同时把各项花费数量化。

思考：假如 B 负责筹备一次校园歌唱比赛，B 在计划阶段要考虑哪些问题？

2. 控制(Controlling)

一旦计划已经制订并开始执行，就要转入控制阶段。这一阶段通常应包括收集、评估及反馈以确保工作按预期计划执行。同时在控制中还应包含对数据、执行情况的评估以总结经验便于改进今后的工作。

继续以前文中的招聘为例，在控制过程中 A 就需要考虑和解决以下问题：

(1) 是否成功招到了计划中的人员？
(2) 是否流失了很多我们认为合适的应聘者给我们的竞争对手？
(3) 参与此次招聘工作的员工这次的工作表现如何？
(4) 这次用来评估应聘者的方法运用效果如何？
(5) 面试过程是否顺利？
(6) 新员工的工资水平是否在预算内？
(7) 招聘成本是否在预算内？

回答这些问题就是在控制过程中要做的部分工作，对这些问题不仅要得到是或否的答案，还要探究背后的原因。在实务中我们经常会提供报告，如业绩报告。在业绩报告中我们通常就实际数字与预算相比较，从而在优秀的执行工作中获取经验，同时排除或改进不尽如人意的方面。业绩报告还可以用于评估员工表现。总之，所有的管理者都不可避免的会进行计划或控制的行为。

3. 决策(Decision Making)

能做出明智的、基于数据的、科学的决策也许是所有管理技能中最基本、最重要的一种能力。大部分决策都会涉及三个问题：我们将要销售什么？我们要向谁提供相关服务（产品）？我们要如何执行？

第一个问题的答案决定了一家公司销售什么产品和服务。更具体来说什么产品或服务是企业的主推产品？如格力空调就要决定总的市场营销预算如何分配在每一种产品上，哪种产品投入最多？还需要决定是否推出新的产品？每种产品的价格以及哪种产品要退出市场，停止生产？

第二个问题是向谁提供服务。具体可细分为确定重点目标客户群，最开始在哪些人群中推广，向哪些客户群溢价销售，向哪些客户群折扣销售，哪些人群应从客户名单中除掉等问题。如德迅物流公司决定拓展新的市场，沃尔玛决定给大批采购顾客优惠，银行决定终止某些信用不良客户的贷款等例子都属这类决策。

第三个问题是如何执行。可具体表现为，如何提供产品，如何增加或降低产能，如何提高效率等问题。如苹果公司是否雇用其他厂商代为生产某些零部件，三星是在中国建新厂还是关闭某些工厂，或某公司决定是否更新设备、软件等决策都属于这一问题范畴。

三、管理会计的作用

许多学生在选择专业时都有些焦虑，因为他们不能确定所学专业是否能满足将来职业发展的需要。现今科技/经济环境瞬息万变，谁也无法完全掌控未来，但我们可以把握现在。我们可以考虑这个问题，现在需要做些什么来帮助未来职业的成功？无论你将来在中国还是在海外工作，无论你将就职于大公司还是小企业，是事业单位还是政府部门，你都需要掌握一些必备的技能。比如如何计划未来，如何逐步达成目标，如何做出明智的决策。因此，管理会计可以说是适用于任何一个专业、任何一种职业/行业和任何一种组织的。

对于除会计外其他商科专业的学生，表 1.1 给出了一些在工作中可以用到管理会计的相关问题和情况。

表 1.1　管理会计对不同专业的作用举例

	市场营销	经营管理	人力资源
计划	要在电视、印刷品和互联网上分别投入多少广告预算？ 在一个新的地区需要雇佣多少销售人员？	在下一期间应生产多少产品？ 对下一期间应做多少水电费预算？	应在安全生产方面投入多少预算？ 在招聘广告上应投入多少预算？
控制	降价是否实现了预期销售额的增长？ 是否在假期购物季积下了过多的库存？	在实际产量下，花费与预算相比是超支还是节省了？ 在减少残次品方面是否达成了目标？	员工保留率是否达到了目标？ 是否按时完成了绩效评估？
决策	是应该打包销售服务还是分别销售？ 是直接向消费者销售还是雇佣分销商？	是应该采购新的设备还是升级老的设备？ 是否应重新设计生产流程以降低库存？	是否应雇佣内部医疗人员以减少医疗费用？ 是应雇佣临时工（兼职）还是全职员工？

注：表 1.1 中并没有描述所有的商科专业，但所有商科专业都需具备计划、控制与决策的能力。

对于会计专业的学生而言，有一些学生毕业后能到会计师事务所工作，但大多数毕业生会去企业或其他组织工作。美国管理会计师协会曾估算 80% 的美国会计专业毕业生就职于会计师事务所以外的单位。管理会计师同样需要很强的财务会计技能，例如他们需要帮助企业设计和维护财务报告体系以保证财务报表编制合理。同时，管理会计人员可以具备雇主更为看重的能力：计划、控制和决策能力，这些都是管理会计最基本的技能。

四、管理会计师职业资质

无论从事哪种工作,会计师的角色已经从传统的准备财务报告扩展为帮助企业管理者实现企业财务目标。所以当今的会计师不仅要掌握会计准则、税法等方面的知识来编制财务报表,还需要对企业的运营机制和商业环境有所了解,从而帮助企业决策,评估企业运营状况。除了掌握会计语言,沟通技能也变得更加重要。因为管理会计需要同其他各部门同事沟通协作才能更好地评估企业状况,提供有效信息。对其他商业知识的贮备对未来职业的发展都是必不可少的。

2014年3月,时任财政部部长楼继伟在会议中提出"打造中国经济升级版的关键在于推动经济转型,打造中国会计工作升级版的重点就在于大力培育和发展管理会计"。可见他对于管理会计的重视溢于言表,财政部会计司近来在管理会计方面也举措不断。据估计管理会计的人才缺口将达到300万,但中国还没有自己的比较权威的管理会计资质证书。目前中国和世界都比较认可的是美国管理会计师协会(Institute of Management Accountants(IMA))推出的美国注册管理会计师证书(CMA)。该证书侧重于管理会计能力的考核,主要有两个考试科目(表1.2)。

表1.2 CMA考试科目

第一门	**财务计划/绩效和控制** 计划/预算和预测 绩效管理 成本管理 内部控制 职业道德
第二门	**财务决策** 财务报告分析 企业财务 决策分析和风险管理 投资决策 职业道德

注:关于美国管理会计师协会(IMA)的更多信息,可在其官方网站上获取(www.imanet.org)

除美国管理会计师协会外,另一个国际认可的管理会计师协会是英国的特许管理会计师公会CIMA(The Chartered Institute of Management Accountants)。CIMA的资质证书的考试大纲更像一套完整的管理会计课程体系。总的考试科目分为基础阶段、运营阶段、管理阶段和战略阶段,通过每个阶段的考试都有相应的证书。同时,CIMA与全球最大的财务会计师公会AICPA(美国注册会计师协会)于2011年成立联合机构,并在2012年推出了全球管理会计师新头衔——CGMA(全球特许管理会计师),新的组织将成为全球最大的会计师职业团体组织,CIMA的会员将自动拥有该头衔,并成为目前唯一的通行全球的会计师职业资格认证。

表 1.3 CIMA 资质考试框架

CIMA	授予 CIMA 会员资格以及 CGMA（全球特评管理会计师）头衔			实践经验和终身学习
	工作经验评估			
战略阶段	战略阶段案例分析测试			
	E3 战略管理	P3 风险管理	F3 财务战略	
管理阶段	授予 CIMA 管理会计高级文凭			
	管理阶段案例分析测试			
	E2 项目与关系管理	P2 高级管理会计	F2 高级财务报告	
运营阶段	授予 CIMA 管理会计文凭			
	运营阶段案例分析测试			
	E1 组织管理	P1 管理会计	F1 财务报告和税法	
	企业板块	绩效板块	财务板块	
基础阶段	授予 CIMA 商业会计证书			
	BA1 商业经济基础	BA2 管理会计基础	BA3 财务会计基础	
	BA4 职业道德、公司治理及商业法基础			

注：关于特许管理会计师（CIMA）的更多信息，可在其官方网站上获取（www.cimaglobla.com）

第二章　成本要素和行为

❖ **学习目标**

- 掌握成本的分类；
- 掌握成本的行为特征；
- 掌握混合成本的分解方法，能用高低点法分解混合成本。

第一节　成本要素及分类

在管理会计中，简单说来，成本的定义是生产一件产品所产生的费用（购买和生产），或销售一件商品/提供需要的服务所产生的费用。但在不同的情景和目的下，成本的定义也会随之变化，所以在本书中会涉及不同的成本，而每种成本在不同情况下都有它们的用处和局限性。本书采用四种成本分类。

一、按经济性质分类

成本按经济性质可分为物料成本、人工成本和费用。

物料成本（material cost）是最终组成产品所耗用的所有材料的成本。比如制造一个钢制课桌，钢片用于制造桌面，金属用于制造桌脚、铰链以及螺丝等。物料对于最终产品是经济上可追朔的，比如在产成品中可直接看到的部分称为直接材料。其他小零件或价值较低的可称为间接材料，这部分是包含在生产间接费用中的。

人工成本（labor cost）是企业雇佣员工所发生的费用支出，如工资薪金、员工福利费用等。

费用（expenses）通常是对外部提供的服务的成本，如房租、水电费、广告费和电话费等。

在这三种成本大类下可进一步细分。如物料成本可细分如下。

原材料：生产中耗用的主要材料；

零部件：生产中耗用的配件等；

低值易耗品：清洁材料、螺丝刀等；

维护材料：生产设备的备用部件、润滑油等。

二、按经济用途分类

成本按经济用途可分为生产成本(production cost)和非生产成本(non-production cost)。

生产成本(production cost)是与生产制造产品直接相关的活动所发生的成本。而非生产成本又称为期间成本,是指生产成本以外企业经营中发生的其他成本费用。财务会计中的销售费用和管理费用即非生产成本。一般将财务费用视为筹资活动的成本而不算作生产经营活动的成本。

在生产企业中,生产成本又被细分为三类:直接材料(direct material)、直接人工(direct labor)和制造费用(manufacturing overhead)。

直接材料(direct material)是成为产成品的构成部分的材料,如桌子所使用的木材,汽车中的安全气囊。直接材料的成本可以非常容易并直接地归集到生产的产品中。

直接人工(direct labor)是可以从产成品中直接追溯到的劳动力成本。通常是直接参与产品制造的雇员的薪酬成本,如产品生产线的工人工资,为飞机安装发动机的技工的薪酬等。而像车间管理人员、质检员、设备维护人员等人员的成本则为间接人工成本。间接人工成本和间接材料成本则计入制造费用。

制造费用(manufacturing overhead)指在生产过程中发生的除直接材料成本和直接人工成本外的其他所有成本,如维护设备的材料成本,生产设备折旧费用,车间管理人员工资,厂房租金等。直接人工和制造费用又被合称为加工成本。

三、按其计入成本对象的方式分类

产品成本按其计入成本对象的方式分为直接成本(direct cost)和间接成本(indirect cost)。这种分类可以经济合理地把成本归属于不同的成本对象。成本对象是指需要对成本进行单独测定的一项活动。可以是一种产品、一项服务、一项设计、一项作业或一个部门等。

直接成本(direct cost)是与成本对象直接相关的成本中可以用经济合理的方式追溯到成本对象的那部分成本。例如,一个家具制造商核算一种木制餐桌的成本,生产桌子所使用的木材、螺丝、抽屉金属把手等就是直接材料成本;生产桌子的机器操作工工资、装配员工资和最终加工工人工资是直接人工成本。这些成本都应归为直接成本。

间接成本(indirect cost)就是不能用经济合理的方式追溯到成本对象的那部分成本。例如设备润滑油和清洁用品成本、生产主管工资、车间水电费等都为间接成本。

值得注意的是一项成本可能有时是直接成本而有时又会是间接成本,这取决于成本对象是什么。例如,当把成本对象设定为设备部的时候,该部门中主管的工资为直接成本,而当把该部门设备加工出的产品设定为成本对象时,该主管的工资就变为了间接成本。

生产产品时,直接成本是可以按照每个产品逐一归属到单位产品成本的,但是间接生产成本很难也不可能具体到每一个产品中去,因为它本身就是很多费用和成本归集到一起的。间接生产成本需要以直接人工工时、机器加工工时及耗用直接材料等为基础进行分配,但是分配方法要根据产品生产过程而定。在选择分配方法的时候要同时考虑经济适用性和效益原则。

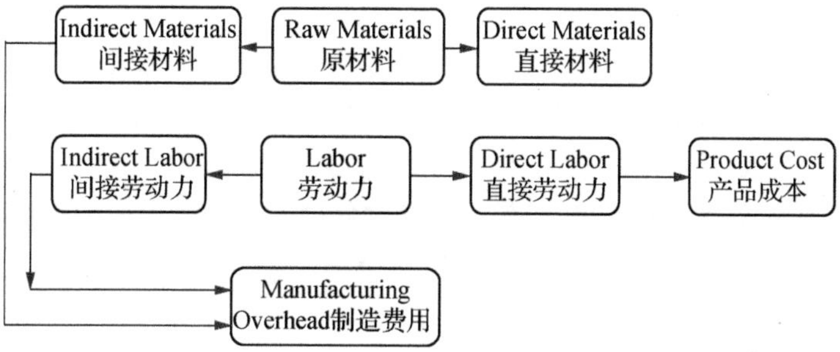

```
Indirect Materials 间接材料 ← Raw Materials 原材料 → Direct Materials 直接材料
Indirect Labor 间接劳动力 ← Labor 劳动力 → Direct Labor 直接劳动力 → Product Cost 产品成本
Manufacturing Overhead 制造费用
```

图 2.1　产品成本流程

四、按其行为特征分类

成本有一个独特的性质，它主要基于生产产品的数量、销售成本或服务的时间来计算财务性货币成果。一些成本不随变量（例如单位销售或生产数量）发生改变；另外一些成本会随着单位销售或生产数量的变动而发生变化。由此我们可以按成本的行为特点把成本分为变动成本、固定成本和混合成本（半变动成本）。

第二节　成本行为

如上节所述，成本按其行为特征可分为变动成本、固定成本和混合成本（半变动成本），了解这些成本的行为特征对经济决策有着重要意义。

一、变动成本（Variable Cost）

当成本随着生产数量或者提供的服务的数量增加或减少而相应变动时，该成本被称为变动成本。总可变成本根据全部产品或服务的数量来确定。然而，单位平均变动成本在计划范围内通常保持不变。变动成本主要有直接材料成本、直接人工成本、水电费、修理和维护费用等。变动成本的总额通常随产量或销量的增加而增加，而平均单位成本则保持不变，如图 2.2 所示。

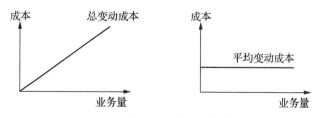

图 2.2　变动成本行为特征模型

二、固定成本（Fixed Cost）

在特定范围内的活动水平下，固定成本不根据生产或提供的服务的数量而改变。例如，租金、物业费、折旧、保险等成本被认为是固定成本。这意味着如果公司的最大生产量为 50 000 台，只要在这个数量范围内进行生产，则不需要额外的生产空间，但如果产量超过最大生产能力时，需要额外的租金支出。在固定成本的层面上，平均单位成本随着数量的增加而不断下降。因此，一定范围内的生产目标是通过提高生产数量来降低单位生产成本。固定成本的行为特征可如图 2.3 所示。

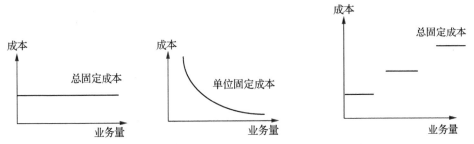

图 2.3　固定成本行为特征模型　　　图 2.4　阶梯式固定成本行为特征模型

值得注意的是，固定成本只有在特定范围内是固定的。例如一台设备的最大产能是每月生产 1 000 件产品，每月的折旧费用是 500 元。那么无论这家工厂本月生产 500 件还是 1 000 件产品，折旧费用都是 500 元，此时折旧费就是固定成本。但如果企业要在下个月生产 2 000 件产品，那就要增加一台设备，那么设备的折旧费用就会发生改变，变为 1 000 元。所以在现实中，固定成本只是相对的概念。几乎没有哪种成本是永远固定不变的，像前文例子中的成本可称为阶梯式固定成本，它的行为特点如图 2.4 所示。

三、混合成本（半变动成本）[Mixed Cost（Semi-variable Cost）]

1. 混合成本的含义

顾名思义，这是一个固定和变动成本的组合，所以混合成本又被称为"半变动成本"。混合成本的典型例子就是美国电力法案要求用户支付每月费用和额外的数量波动产生的费用；另外一个典型例子就是销售人员每个月工资取决于固定工资加以销量为标准的变动工资。

在图 2.5 这种简单的线性关系下，混合成本可以用下式表示：

$$Y = a + bX$$

式中：Y——总的混合成本；

a——总的固定成本；

b——每单位的平均变动成本；

X——业务量；

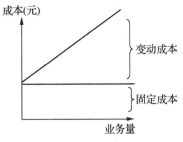

图 2.5　混合成本行为特征模型

b,即每单位变动成本,是图 2.5 中斜线的斜率,所以 b 越大,斜线倾斜度越大。

【例 2.1】 如商场的售货员王梅的薪酬安排为底薪 3 000 元,再加上每卖出一件商品,则多加 5 元报酬。本月王梅共卖出 500 件商品。则商场要付给王梅的工资成本是多少元?

运用上述等式,可直接求出总的工资成本为:

$$
\begin{aligned}
Y &= a + bX \\
&= 3\,000 + 5 \times 500 \\
&= 5\,500(\text{元})
\end{aligned}
$$

在本例中,总固定成本为 3 000 元,单位变动成本为 5 元/件,在销量为 500 的情况下,总变动成本 2 500 元。总的混合成本为 5 500 元。

在之前我们已经学习了单位变动成本和单位固定成本的形态。单位混合成本则综合了以上两种的特点。随着业务量的增加,不同成本的变化总结如下:

(1) 变动成本的单位成本保持不变;

(2) 固定成本的单位成本随着业务量的增加而下降;

(3) 总的混合成本的单位成本也随着业务量的增加而下降,但总的单位成本会高于单位变动成本。

图 2.6 演示了混合成本的这种行为特点。

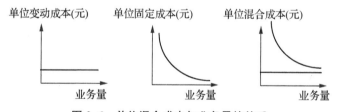

图 2.6 单位混合成本与业务量的关系

2. 混合成本的分解方法

混合成本在实际中非常普遍,如医院的 X 光照射成本就是一种混合成本的实例。X 光的设备折旧费以及医生的工资支出是固定的,而照射的照片、耗电及装照片的纸袋等则是变动成本。这种例子不胜枚举。固定成本代表了某项服务或产品可以达到使用状态的最低成本,而变动成本则代表了对服务或物料等的实际消耗的数量。管理人员可以采用多种方法来分解混合成本中固定成本和变动成本的部分。常见的有账户分析法、技术测定法、高低点法和回归分析法。

账户分析法(account analysis),又称会计分析法,它是根据有关成本账号及其明细账的内容,结合其与产量的依存关系,判断其比较接近哪一类成本,就视其为哪一类成本。例如直接材料被视为变动成本,房屋租金被视为固定成本。

技术测定法又称工业工程法(engineering approach),是根据生产过程中各种材料和人工成本消耗量的技术测定来划分固定成本和变动成本的方法。

回归分析法(regression analysis method)和高低点法(high-low method)都是根据过去

期间的成本信息来估算固定成本和变动成本因素的方法。回归分析法是用最小二乘法原理，算出最能代表业务量和混合成本关系的回归直线，借以确定混合成本和变动成本的方法。这种方法比较精确，但计算复杂。在计算机被广泛应用的情况下适合采用该方法。

高低点法就是以过去期间的总成本和业务量为依据，从中选取业务量最高点和业务量最低点对总成本进行分解。计算公式如下：

$$总固定成本=总成本-总变动成本$$

我们将用一个的酒店的例子来解释高低点法。

【例 2.2】 假设希尔顿酒店要预测客房部未来每月的运营成本，管理层认为运营费用是一种混合成本，其中变动成本部分是由实际住宿者的住宿天数产生的，一位顾客住宿一天称为一个住宿日，酒店财务人员提供的客房部最近 7 个月的财务数据如表 2.1：

表 2.1　成本资料

月份	产量——住宿日(个)	运营成本(元)
1 月	11 200	15 800
2 月	14 200	17 000
3 月	10 000	14 800
4 月	13 000	16 400
5 月	14 600	18 200
6 月	16 000	19 600
7 月	12 400	15 600

由此信息，我们可画出产量(住宿日)与成本之间关系的散点图(图 2.7)。

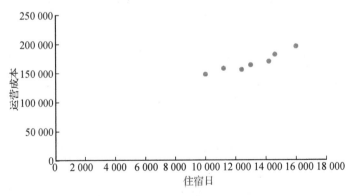

图 2.7　散点图

根据图 2.7，我们可以看出随着住宿日增加，运营成本增加，并且是按照接近于线性关系变化的。我们可假设运营成本(Y)与产量即住宿日(X)的关系为：$Y=a+bX$，其中 a 为总固定成本，b 为单位变动成本。我们选取产量最高点和产量最低点这两点来确定成本直线。

表 2.2　高低点数据

	业务量——住宿日(个)	运营成本(元)
最高业务量(6月)	16 000	196 000
最低业务量(3月)	10 000	148 000
变动量	6 000	48 000

由此可得单位变动成本：　　　　　　　$b=48\,000\div 6\,000=8$(元)

将 $b=8$ 代入3月成本公式：　　　　　$Y=a+bX=a+8\times 10\,000=148\,000$

解得总固定成本：　　　　　　　　　　$a=68\,000$(元)

所以可得总的混合成本计算公式为：　$Y=68\,000+8X$

高低点法的优点是计算简便，但结果不精确，在有计算机辅助计算的情况下一般不采用这种方法。

> **商业实例**
>
> Zipcar是创立于2 000年的美国一家分时租赁互联网汽车共享平台。Zipcar以"共享汽车"为理念，其汽车停放在居民集中地区，会员可以通过网络、电话和应用软件搜寻需要的车辆，选择就近取车和还车。车辆的开启和锁停都通过会员卡完成。会员需支付50美元的年费和每小时7美元的租车费。这种混合成本式的收费吸引了大量不经常用车的消费者。这种收费方式相比于买车或传统式的到车行租车可以节省很多费用。

【例2.3】　白橡公司是一家生产家具的公司，其中一种产品是白橡木餐桌。下面列举了该公司发生的一些费用。将下列各种费用进行分类(可多选)(见表2.3)。

(1) 餐桌所用的木材成本是每个100元。
(2) 餐桌装配工的工资成本是每个餐桌40元。
(3) 装配车间有一名主管负责监督管理装配工作，他的年薪是98 000元。
(4) 每个机器小时需消耗电费2元，每个餐桌需要4个机器小时来完成。
(5) 生产餐桌的设备每年的折旧费是10 000元，该设备无残值。
(6) 公司总裁的年薪是1 000 000元。
(7) 公司每年为该产品花费的广告费是250 000元。
(8) 销售人员每卖出一个餐桌可获佣金30元。

表 2.3　成本分类

序号	项目	变动成本	固定成本	期间成本		生产成本		
				管理费用	销售费用	直接材料	直接人工	制造费用
1	餐桌所耗木材	√				√		
2	装配工工资	√					√	

续表

序号	项目	变动成本	固定成本	期间成本		生产成本		
				管理费用	销售费用	直接材料	直接人工	制造费用
3	车间主管工资		√					√
4	电费	√						√
5	设备折旧费		√					√
6	总裁工资		√	√				
7	广告费		√		√			
8	销售人员佣金	√			√			

第三节 变动成本计算法

一、变动成本计算法概述

把成本划分为固定成本和变动成本,对企业的管理有着重要意义。在成本会计中采用变动成本计算法就可以及时提供变动成本和固定成本的资料。

变动成本计算法(variable costing)是与全部成本计算法(full costing)相对应的一个概念。全部成本计算法也称传统的成本计算法,是指在计算产品成本时,把生产过程中耗用的直接材料、直接人工和全部的制造费用都包含在内计算成本的一种方法。变动成本计算法是指在计算产品成本时,只包括直接材料、直接人工和变动制造费用,不包括固定制造费用,将固定制造费用作为期间费用在当期全部抵扣的一种成本计算方法。

变动成本计算法认为,固定制造费用是一种为企业提供生产经营条件而产生的费用,同产品的实际产量没有直接联系,不随产品产量的变动而变动。但它却会随会计期间的到来而发生,随会计期间的结束而结束,与会计期间密切联系。如机器设备的折旧费用,每个月随着时间的流逝,折旧费用就会产生,与产品生产数量无关。所以当期发生的固定制造费用实际上是当期的期间费用,不应递延到以后的会计期间。如果把固定制造费用作为期间费用在当期予以减除,更符合"收益与费用配比"原则,能更准确地反映企业当期的经济效益。

【例2.4】 某企业生产一种A产品,全年生产1 000件,每件产品直接材料10元,直接人工6元/件,变动制造费用4元/件,固定制造费用全年共12 000元。全年发生的管理费用为4 000元,销售费用2 000元。假定期初无存货,本年销售800件,每件售价52元。

首先,按两种成本计算法分别算出A产品的单位成本:
(1) 全部成本法的单位成本=10+6+4+12 000/1 000=32(元)
　　销售800件的总成本=32×800=25 600(元)
　　期末存货成本=32×200=6 400(元)
(2) 变动成本法的单位成本=10+6+4=20(元)
　　销售800件的总成本=20×800=16 000(元)

期末存货成本＝20×200＝4 000(元)

按两种成本计算法编制利润表如表2.4：

表2.4 利润表

单位：元

项目	变动成本计算法	全部成本计算法
销售收入	52 000	52 000
销售成本	16 000	25 600
销售毛利(贡献毛益)	36 000	26 400
固定制造费用	12 000	0
管理费用	4 000	4 000
销售费用	2 000	2 000
息税前利润	18 000	20 400

由上表可知，变动成本计算法与全部成本计算法的成本构成不同。全部成本计算法中，计算单位产品成本时，每件产品成本包含了固定制造费用12元，在计算销售成本和期末存货成本时，都按32元/件的单位成本计算，期末存货成本就是6 400元；采用变动成本法计算时，本期的固定制造费用12 000元全部从销售收入中扣除，存货成本按每件20元计算，期末存货成本为4 000元。两种计算法下期末存货成本相差2 400元，息税前利润也相应相差2 400元。

二、变动成本计算法的特点

相比较传统的成本计算方法而言，变动成本计算法有以下几个特点。

1. 成本划分的标准和类别不同

全部成本法将全部成本按经济用途分为生产成本和非生产成本两大类。而变动成本计算法将全部成本按成本性态分为变动成本和固定成本两大类。

2. 成本的构成内容不同

全部成本法的产品成本由直接材料、直接人工和全部制造费用构成，非生产成本作为期间成本。变动成本计算法的产品成本由变动成本构成，变动非生产成本(变动管理费用、变动销售费用)和固定成本(包括生产和非生产成本)作为期间成本。

3. 计算盈亏的公式不同

(1) 全部成本计算法的盈亏计算公式

$$销售收入－已销产品的生产成本＝销售毛利$$

其中，

$$已销产品的生产成本＝期初产品存货成本＋本期生产成本－期末产品存货成本$$

$$销售毛利－营业费用＝息税前利润$$

其中，
$$营业费用＝管理费用＋销售费用$$
根据这两个公式编制的利润表也称为"职能式利润表"。
（2）变动成本计算法的盈亏计算公式
$$销售收入－变动成本＝销售毛利$$
其中，
$$变动成本＝变动生产成本＋变动销售费用＋变动管理费用$$
$$贡献毛益－固定成本＝息税前利润$$
其中，
$$固定成本＝固定制造费用＋固定管理费用＋固定销售费用$$
根据上述公式编制的利润表成为"贡献式利润表"。

4. 利润表的格式不同

传统的利润表将所有成本项目按生产、销售、管理等经济职能进行排列，主要是为适应与企业有经济利益关系的团体和个人的需要而编制的。而变动成本计算法编制的利润表是将所有成本项目按成本的性态特征排列，主要是便于计算贡献毛益，适应企业内部管理层规划、控制、决策等经济活动的需要而编制的。

三、变动成本计算法与全部成本计算法的比较

因为两种成本计算方法的不同，用这两种方法确定的盈亏也会有所不同。

【例 2.5】 苏州嘉杰公司三个会计年度生产、销售和成本等有关资料如表 2.5、表 2.6。试按不同计算方法编制利润表。

表 2.5　三个会计年度生产数量资料

单位：个

	第一年	第二年	第三年
期初存货	50	50	100
当年生产量	200	200	200
当年销售量	200	150	250
期末存货量	50	100	50

表 2.6　销售和成本资料

单位：元

每件售价	200
生产成本：	
单位变动成本(元/件)	100
年固定制造费用	4 000
年销售和管理费用	6 000
固定成本	5 000
变动成本	—

(1) 全部成本法单位产品成本＝100＋(4 000/200)＝120（元/件）

(2) 变动成本法单位产品成本＝100（元/件）

根据以上资料，可以分别按两种方法编制利润表如表2.7。

表2.7 利润表

单位：元

	第一年	第二年	第三年
（全部成本计算法）			
销售收入	40 000	30 000	50 000
(1) 期初存货	6 000	6 000	12 000
(2) 本期生产成本	24 000	24 000	24 000
(3) 期末存货	6 000	12 000	6 000
销售成本[(1)＋(2)－(3)]	24 000	18 000	30 000
销售毛利	16 000	12 000	20 000
销售及管理费用	6 000	6 000	6 000
息税前利润	10 000	6 000	14 000
（变动成本计算法）			
销售收入	40 000	30 000	50 000
销售成本	20 000	15 000	25 000
贡献毛益	20 000	15 000	25 000
固定成本			
(1) 固定制造费用	4 000	4 000	4 000
(2) 固定销售及管理费用	6 000	6 000	6 000
固定成本合计	10 000	10 000	10 000
息税前利润	10 000	5 000	15 000

将上表中两种成本计算法下的数据进行对比，我们可以发现以下情况：

(1) 第一年的息税前利润，两种计算方法下的结果都相同。这是由于当年的生产量与销售量相同，期初存货和期末存货的水平相同，全部成本法期初存货和期末存货负担的固定制造费用不变，所以两种方法计算的息税前利润是相同的。

(2) 第二年的息税前利润，全部成本法比变动成本法计算出的结果要大。第二年产量大于销量，期末存货大于期初存货，全部成本法下一部分固定制造费用（20×50＝1 000 元）被计入了期末存货，没有作为成本或费用在当期抵扣。而变动成本法下所有固定制造费用都作为期间费用在当期抵扣，所以全部成本法计算的息税前利润要比变动成本法计算的息税前利润多1 000元。

(3) 第三年的息税前利润，全部成本法比变动成本法计算出的结果要小。第三年的产量小于销量,期末存货小于期初存货水平。在全部成本法下,部分的期初存货会在本期销售,这就意味着以前期间计入存货中的固定制造费用在本期作为成本被扣除了。所以全部成本法计算的息税前利润比变动成本法下计算出的息税前利润少了1 000元(20×50＝1 000元)。

通过以上分析,我们可以看出不同的成本计算方法对损益会有不同的影响,其差额就是采用全部成本法期末存货与期初存货所含固定制造费用的差额。这种影响通常可概况为以下三点:

(1) 当生产量＝销售量时,两种成本计算法计算的息税前利润相等。

(2) 当生产量＞销售量时,全部成本计算法计算的息税前利润大于变动成本计算法计算的息税前利润。

(3) 当生产量＜销售量时,全部成本计算法计算的息税前利润小于变动成本计算法计算的息税前利润。

两种成本计算方法下息税前利润的差额可以用公式表示为:

息税前利润差额＝期末存货量×期末存货单位固定生产成本－期初存货量×期初存货单位固定生产成本

由此可知,两种成本计算法下息税前利润之间的关系式:

全部成本法下的息税前利润＝变动成本法下的息税前利润＋(期末存货量×期末存货单位固定生产成本－期初存货量×期初存货单位固定生产成本)

四、变动成本计算法的优点和局限性

变动成本计算法的优点包括下述几个方面:

① 变动成本计算法主要是为了满足企业的管理决策需要而产生的,是通过对业务量与成本的依存关系进行科学分析来计算和提供相关经济信息,所以变动成本计算法可以为企业管理层提供有利于预测和决策分析的信息。② 另一方面,固定制造费用不随产量的变化而变化,是随时间的流逝在会计期间发生的一种费用,所以将固定制造费用作为期间费用扣除的变动成本计算法更符合"受益与费用相配比"原则。③ 一般来说,变动生产成本的变化更能够反映供应部门和生产部门的实际业绩。采用变动成本计算法计算的成本,便于实行标准成本制度,便于分清相关因素对成本的影响和寻求降低成本的途径,正确评价各部门业绩。因此很多实行标准成本的国际性企业,即便它们采用全部成本计算法计算成本,但依然将制造费用分为变动制造费用和固定制造费用来记录,以便于更好地满足分析和管理的要求。④ 采用变动成本计算法计算损益,强调贡献毛益的概念,能帮助企业更好地理解产品的成本和贡献,防止企业盲目生产。⑤ 最后,采用变动成本计算法不需要在不同的产品间分配固定成本,这就简化了成本计算工作,并且在很大程度上避免了间接费用分配中的主观随意性。

变动成本计算法的局限性包括以下两个方面:

① 不符合公认成本概念的要求。按照目前世界各国包括我国的会计原则的要求,产品成本应包括固定成本,所以采用变动成本计算法的企业往往需要再编制一套按全部成本计

算法计算的成本。② 不能适应长期决策的需要。在长期决策中,相关范围并不存在,再加上通货膨胀、技术进步等因素的影响,固定成本和变动成本的界限划分会受到一定影响。

五、根据成本行为特征来制定决策

1. 生产型企业

当管理层准备制订商业计划时,除了要考虑销售情况,在不断变化的商业环境中,成本也是必须考虑的一个要素。有些成本可能会随着销售或产量的变化而发生变化,而有些成本则相对固定。了解成本的"行为"是决定是否应该继续扩大生产的一个重要标准。例如,总可变成本随着产量的增加而增加。然而,只要产量在规定的范围内,固定成本不会随着数量的改变而改变。换句话说,管理层可以通过使用有闲置产能的设备来增加企业利润。这种情况可以理解为只要固定成本已经发生,额外的生产数量并不会增加额外的费用。此时,只要销售价格能超过单位变动成本,该交易就将为企业增加利润。理解成本的本质行为将有助于计算销售成本和生产成本,从而能够更准确地确定在市场环境中销售价格的竞争力。

2. 商贸企业

商贸企业的主营业务基本就是买和卖,其成本结构比生产企业简单得多。基本不需划分生产成本和非生产成本。产品成本主要包含商品的采购成本、货物整理费用、仓储费用、运输费、产品保险费等,非生产成本即管理费用和销售费用在总经营成本中比重很大。所以非生产成本经常被分摊在单位成本中作为计算销售价格和衡量企业营运业绩的依据。

物流管理也成为商贸企业成本结构中很重要的部分,正如通常所说,供应链结构设置可以保证货物在较低的运营成本下顺利运转,从而保证企业的盈利性。

3. 服务企业

服务行业主要是通过人或机器提供服务,很少涉及有形商品的流动。这类企业的典型代表就是银行、律师事务所、会计师事务所、医院或医疗服务机构等服务部门。这类企业的成本主要是人工成本和/或相关机械设备成本。人工成本是指支付相关领域专业人士的费用。机械设备成本确认为购买成本、维护、折旧及运行自动取款机、X射线机、心电图扫描仪等耗费的费用。货币性的成果主要通过提供服务的水平、客户的数量与服务来衡量,并以体积和数量为标准收取相关费用。服务行业的成本结构中人工和设备折旧等费用比重较大,而材料成本则比重很少。例如会计师事务所、律师事务所主要通过人工时间归集成本,汽车修配等服务会产生如零部件等物料成本,这些成本的分类和处理可采用与生产企业一致的方法。

在很多资源有限的服务企业中,服务费用是其主要收入。企业盈利的决定性因素取决于与企业资源相匹配的服务水平与成本控制。随着人工成本不断上升,在提供基础性服务方面企业逐渐采用自动化机械服务代替人工。这些在电话应答服务、电子银行等行业应用得非常广泛。

但成本控制不意味着单纯的降低成本,企业在降低成本的同时要保证产品或服务质量、客户满意度等非财务指标。

练习题

一、单项选择题

1. 下列各项中,不计入产品生产成本的费用是_____。
   A. 直接材料费用　　　　　　　　　B. 直接人工费用
   C. 车间设备折旧费用　　　　　　　D. 厂部办公楼折旧费

2. 生产车间的管理人员工资应纳入_____。
   A. 管理费用　　B. 期间费用　　C. 制造费用　　D. 当期损益

3. 下列数据是生产车间两种产量下对应的总混合成本:

机器小时	18 000	20 000
成本(元)	380 000	390 000

   该混合成本中固定成本是_____。
   A. 230 000 元　　B. 240 000 元　　C. 250 000 元　　D. 290 000 元

4. 固定成本被认为是_____。
   A. 每单位产出成本不变　　　　　　B. 当产量变化时总成本不变
   C. 在管理控制外　　　　　　　　　D. 不受通货膨胀影响

5. 应用高低点法,计算 9 月份成本中固定成本和变动成本分别是多少_____。

月份	业务量	运营成本(元)
7 月	400	1 000
8 月	500	1 200
9 月	600	1 400
10 月	700	1 600
11 月	800	1 800
12 月	900	2 000

   A. 固定成本 200 元;变动成本 200 元　　B. 固定成本 1 000 元;变动成本 400 元
   C. 固定成本 200 元;变动成本 1 200 元　　D. 固定成本 400 元;变动成本 1 000 元

6. 下表给出了上年第一季度电话次数与电话费用的信息:

月份	通话次数	电话费(元)
1 月	400	2 000
2 月	600	2 800
3 月	900	4 000

   在高低点法下,每月的固定月租费是_____。
   A. 200 元　　　　B. 300 元　　　　C. 400 元　　　　D. 500 元

7. 直接成本是_____。
   A. 可归集于某成本中心,但不能确认到单个产品中的成本
   B. 在经济上可以确认到单个成本单位的成本
   C. 可以确认到单个成本单位,但经济上不适用(不划算)
   D. 作为某项特殊决策所产生的成本
8. 下列哪项描述与图相符_____。
   A. 总固定成本
   B. 总变动成本
   C. 单位变动成本
   D. 单位固定成本
9. 变动成本的特点有_____。
   A. 随着业务量的变动总成本不变　　B. 每单位的成本保持不变
   C. 随着业务量变动,单位成本也变动　D. 业务量不变时,总变动成本会变动
10. 下列哪项的工资可以被归为直接人工成本?_____。
    A. 租车公司的人事经理　　　　　B. 建筑公司的建筑工人
    C. DIY工作室的总经理　　　　　D. 相机生产公司的质量检测经理

二、多项选择题

1. 以下各项支出中,可以计入产品成本的有_____。
   A. 生产车间管理人员的工资
   B. 因操作不当造成的废品净损失
   C. 存货跌价损失
   D. 行政管理部门使用的固定资产计提的折旧
2. 当间接成本在产品成本中所占的比例较大时,采用按产量分配间接成本的方法可能导致的结果有_____。
   A. 夸大低产量产品的成本　　　　B. 夸大高产量产品的成本
   C. 缩小高产量产品的成本　　　　D. 缩小低产量产品的成本
3. 下列各项费用中,不应计入产品生产成本的有_____。
   A. 销售费用　　　　　　　　　　B. 管理费用
   C. 财务费用　　　　　　　　　　D. 制造费用
4. 在下列各项目中,属于直接生产成本的有_____。
   A. 生产工人计件工资　　　　　　B. 生产工人的计时工资
   C. 生产产品的原材料费用　　　　D. 管理人员工资

三、计算分析题

1. 美国科罗拉多州的威斯汀酒店整理了本酒店上一年度每月的电费和入住天数的数据。每间客房租住一天算一个入住日。酒店的生意有很强的季节性,营业高峰主要集中在冬季的滑雪季和夏季。

月份	入住日(个)	电费(元)
一月	2 604	6 257
二月	2 856	6 550
三月	3 534	7 986
四月	1 440	4 022
五月	540	2 289
六月	1 116	3 591
七月	3 162	7 264
八月	3 608	8 111
九月	1 260	3 707
十月	186	1 712
十一月	1 080	3 321
十二月	2 046	5 196

要求：
（1）用高低点法，估算每月的固定电费和每个入住日的变动电费。（保留两位小数）
（2）除了入住日你还能想到哪些因素能影响到各个月份电费的变动。

2. 给下列费用分类：

序号	项目	变动成本	固定成本	期间成本		生产成本		
				管理费用	销售费用	直接材料	直接人工	制造费用
1	直接材料每个产品40元							
2	车间主管工资每月2 500元							
3	直接人工成本每个产品18元							
4	完工产品仓库租金每月1 000元							
5	设备租金每月3 000元							
6	厂房的折旧费用每年10 000元							
7	广告费每年50 000元							
8	销售产品的运费每个产品10元							
9	生产每个产品需消耗电费2元							
10	公司总裁工资每月5 000元							

3. 黄金公司在不同的生产水平下的制造费用如下：

月份	机器小时	制造费用(元)
三月	50 000	194 000
四月	40 000	170 200
五月	60 000	217 800
六月	70 000	241 600

假如制造费用包含水电费、生产主管工资、设备折旧和维护费。当生产水平为40 000机器小时时，费用明细如下(单位:元)：

水电费(变动成本)	52 000
生产主管工资(固定成本)	60 000
设备折旧和维护费(混合成本)	58 200
合计	170 200

现在公司要将变动成本和固定成本细分出来。
要求：
(1) 估算六月的设备折旧和维护费用是多少？
(2) 用高低点法估算设备折旧和维护费与生产水平的关系式。
(3) 将公司总成本表示为 $Y=a+bX$ 的形式。
(4) 当生产水平为45 000机器小时时，总的制造费用为多少元？

4. 德美工厂生产甲产品，2018年第一季度资料如下：

产销及存货数量　　　　　　　　　　　　　　　单位:件

摘要	一月	二月	三月
期初存货	0	0	400
本期生产	2 000	2 400	1 600
本期销售	2 000	2 000	2 000
期末存货	0	400	0

产品销售单价为70元/件，单位变动成本为30元/件。固定制造费用总额每月24 000元，销售及管理费用每月18 000元(全部为固定成本)。本厂存货采用先进先出法。
要求：
(1) 分别按全部成本计算法、变动成本计算法编制该厂2018年第一季度的利润表。
(2) 为什么二者的利润不同？

第三章 成本费用的归集与分配

学习目标

- 掌握要素费用在成本计算对象之间的归集和分配的方法及账务处理；
- 掌握辅助生产成本、制造费用、废品损失和停工损失的归集与分配及账务处理；
- 掌握生产费用在完工产品和在产品之间进行分配的方法及相关账务处理；
- 掌握联产品和副产品的成本计算方法。

第一节 成本构成要素费用的归集与分配

一、要素费用分配概述

产品成本是指企业在生产产品过程中所发生的材料费用、职工薪酬等以及不能直接计入产品而按一定标准分配收入的各种间接费用。产品成本核算是对生产经营过程中实际发生的成本、费用进行计算，并进行相应的账务处理。成本核算一般是对成本计划执行的结果进行事后的反映。企业通过产品成本核算，一方面，可以审核各项生产费用和经营管理费用的支出，分析和考核产品成本计划的执行情况，促使企业降低成本和费用；另一方面，还可以为计算利润、进行成本和利润预测提供数据，有助于提高企业生产技术和经营管理水平。

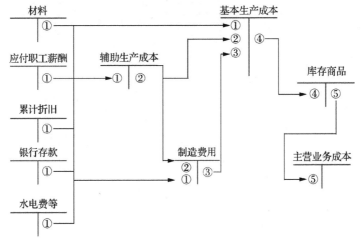

图 3.1 成本费用核算一般流程

二、成本核算对象和成本项目

1. 成本核算对象

(1) 成本核算对象的概念

成本核算对象是指确定归集和分配生产费用的具体对象,即生产费用承担的客体。成本核算对象的确定,是设立成本明细分类账户、归集和分配生产费用以及正确计算成本的前提。具体的成本核算对象应当根据企业生产经营特点和管理要求加以确定。

(2) 成本核算对象的确定

由于产品工艺、生产方式、成本管理等要求不同,产品项目不等于成本核算对象。一般情况下,对工业企业而言,大批量单步骤生产产品或管理上不要求提供有关生产步骤生产成本信息的,以产品品种为成本核算对象;小批单件生产产品的,以每批或每件产品为成本核算对象;多步骤连续加工产品且管理上要求提供有关生产步骤成本信息的,以每种产品及各生产步骤为成本核算对象;产品规格繁多的,可将产品结构、耗用原材料和工艺过程基本相同的各种产品,适当合并作为成本核算对象。成本核算对象确定后,各种会计、技术资料的归集应当与此一致,一般不应中途变更,以免造成成本核算不实、结算漏账和经济责任不清的弊端。企业内部管理有相关要求的,还可以按照现代企业多维度、多层次的管理要求,确定多元化的产品成本核算对象。

2. 成本项目

(1) 成本项目的概念

产品成本项目或成本项目是为具体反映计入产品成本的生产费用的各种经济用途,而将其进一步划分为若干个项目。设置成本项目可以反映产品的成本构成情况,有利于了解企业生产费用的经济用途,便于经营分析和考核计划执行情况,满足成本管理的目的和要求。

(2) 成本项目的设置

企业应该根据生产经营的特点和管理要求,按照成本的经济用途生产要素相结合的原则或成本性态等设置成本项目。如制造企业一般可设置"直接材料"、"直接人工"、"燃料和动力"和"制造费用"等项目。由于生产的特点、各种费用支出比重及成本核算和管理的要求不同,企业可根据具体情况,适当增加或减少一些项目。

三、要素费用的归集和分配

工业企业的费用按照经济内容可划分为以下要素费用:外购材料、外购燃料、外购动力、职工薪酬、折旧费、利息费用、税金和其他费用。

1. 成本核算的科目设置

(1) "生产成本"科目

该科目核算企业进行工业性生产发生的各项生产成本,包括生产各种产品(产成品、自制半成品等)、自制材料、自制工具、自制设备等。该科目借方反映所发生的生产费用,贷方反映完工转出的产品成本,期末借方余额反映尚未加工完成的各项在产品的成本。该科目应按产品品种等成本核算对象设置"基本生产成本"和"辅助生产成本"明细科目。

(2)"制造费用"科目

制造费用是指工业企业为生产产品(或提供劳务)而发生的,应计入产品成本但没有专设成本项目的各项间接费用,以及虽然直接用于产品生产但管理上不要求或不便于单独核算的费用。企业可按不同的生产车间、部门和费用项目进行明细核算。期末,将共同负担的制造费用按照一定的标准分配计入各成本核算对象,除季节性生产外,本科目在期末应该无余额。

对小型企业而言,也可以将"生产成本"和"制造费用"两个会计科目合并为"生产费用"一个会计科目,下设"基本生产成本""辅助生产成本""制造费用"三个二级科目。

2. 材料、燃料、动力的归集和分配

无论是外购的还是自制的,发生材料、燃料和动力等各项要素费用时,对于直接用于产品生产、构成产品实体的原材料,一般分产品领用,根据领退料凭证直接计入相应产品成本的"直接材料"项目。

对于不能直接分产品领用的材料,需要采用适当的分配方法分配计入各相关产品成本的"直接材料"项目。相应的计算公式为:

材料、燃料、动力费用分配率=材料、燃料、动力消耗总额/
分配标准(如产品重量、耗用的原材料、生产工时等)

某种产品应负担的材料、燃料、动力费用=该产品的重量、耗用的原材料、生产工时等×
材料、燃料、动力费用分配率

在消耗定额比较准确的情况下,原材料、燃料也可以按照产品的材料定额消耗量比例或材料定额费用比例进行分配。公式如下:

某种产品材料定额消耗量=该种产品实际产量×单位产品材料消耗定额

材料消耗量分配率=材料实际总消耗量/各种产品材料定额消耗量之和

某种产品应分配的材料费用=该种产品的材料定额消耗量×材料消耗量分配率×材料单价

【例3.1】 东方工厂2018年3月生产A、B两种产品,领用甲材料成本5 940千克。每千克甲材料600元。本月投产的A产品为200件,B产品为300件。A产品的消耗定额为15千克/件,B产品的消耗定额为12千克/件。

解:A产品的材料定额消耗量=200×15=3 000(千克)

B产品的材料定额消耗量=300×12=3 600(千克)

材料消耗量分配率=5 940÷(3 000+3 600)=0.9(元/千克)

A产品分配负担的材料费用=3 000×0.9×600=1 620 000(元)

B产品分配负担的材料费用=3 600×0.9×600=1 944 000(元)

【例3.2】 某企业生产甲、乙两种产品。其他部门材料费用已分配完毕。本月甲产品实际直接消耗材料6 000元,乙产品实际消耗材料3 000元。甲、乙两种产品需分配计入的材料费用共25 650元,按甲、乙两种产品的实际消耗量比例进行分配,甲产品的实际消耗量为9 300千克,乙产品的实际消耗量为7 800千克。编制的材料费用分配表如表3.1所示。

表 3.1 材料费用分配表

2018 年 3 月　　　　　　　　　　　　　　　　　　　　　　　　　　　　　　　　　　单位:元

部门		成本(费用)项目	直接计入(变动费用)	分配计入			合计
				分配标准	分配率(元/千克)	金额	
基本生产部门	甲产品	直接材料	6 000	9 300	1.5	13 950	19 950
	乙产品	直接材料	3 000	7 800	1.5	11 700	14 700
	小计		9 000			25 650	34 650
辅助生产部门	机修车间	材料费				4 100	4 100
	运输车间	材料费				800	800
	小计					4 900	4 900
车间管理部门		材料费	2 700				2 700
行政管理部门		材料费				5 500	5 500
销售部门		材料费				4 100	4 100
合计			11 700			40 150	51 850

其中，

材料分配率＝25 650/(9 300＋7 800)＝1.5(元/千克)

编制会计分录如下：

借：生产成本——基本生产成本——甲产品　19 950
　　　　　　　　　　　　　　——乙产品　14 700
　　生产成本——辅助生产成本——机修车间　4 100
　　　　　　　　　　　　　　——运输车间　800
　　制造费用　2 700
　　管理费用　5 500
　　销售费用　4 100
　贷：原材料　51 850

上述分录的英文分录为：

Dr：Work in process—Basic department —product A　19 950
　　　　　　　　　　　　　　　　　—product B　14 700
　　Work in process—Assistant department —maintenance　4 100
　　　　　　　　　　　　　　　　　　　—transportation　800
　　Manufacturing overhead　2 700
　　Administrative expenses　5 500
　　Selling expenses　4 100
　Cr：Raw materials　51 850

3. 职工薪酬的归集和分配

职工薪酬是指企业在生产产品或提供劳务过程中所发生的各种直接和间接人工费用的总和。

薪酬的归集必须有一定的原始记录作为依据:计时工资以考勤记录中的工作时间为依据;计件工资以产量记录中的产品数量和质量记录为依据;工资以外的各种奖金、津贴等按国家和企业的有关规定计算。

工资结算和支付的凭证为工资结算单或工资单。直接进行产品生产的生产工人的职工薪酬直接计入产品成本的"直接人工"项目;不能直接计入产品成本的职工薪酬,按工时、产品产量、产值比例等方式进行合理分配,计入各有关产品的"直接人工"项目。相应的计算公式为:

生产工资费用分配率=各种产品生产工资总额÷各种产品生产工时之和

某种产品应分配的生产工资=该种产品生产工时×生产工资费用分配率

如果取得各种产品的实际生产工时数据比较困难,而各种产品的单件工时定额比较准确,也可按产品的定额工时比例分配职工薪酬,相应的计算公式如下:

某种产品耗用的定额工时=该种产品投产量×单位产品工时定额

生产工资费用分配率=各种产品生产工资总额÷各种产品定额工时之和

某种产品应分配的生产工资=该种产品定额工时×生产费用分配率

【例3.3】 甲企业基本生产车间生产A、B两种产品,共发生生产工人职工薪酬2 400元,按生产工时比例分配,A产品的生产工时为200小时,B产品的生产工时为400小时。

解: 生产工资费用分配率=2 400÷(200+400)=4(元/小时)

A产品应分配的职工薪酬=200×4=800(元)

B产品应分配的职工薪酬=400×4=1 600(元)

【例3.4】 某企业8月的工资结算分配表如表3.2所示。该表中基本生产车间生产甲、乙两种产品,其计件工资为26 000元。其中用于甲产品17 000元,用于乙产品9 000元。其他计时工资、津贴、奖金等共145 600元属于间接工资费用,需按甲、乙产品的实际工时分配。甲产品工时16 000小时,乙产品工时13 120小时。分配费用如表3.2。

表3.2 工资费用分配表

2018年8月 单位:元

部门		成本(费用)项目	直接计入(变动费用)	分配计入			合计
				分配标准	分配率(元/小时)	金额	
基本生产部门	甲产品	直接人工	17 000	16 000	5	80 000	97 000
	乙产品	直接人工	9 000	13 120	5	65 600	74 600
	小计		26 000			145 600	171 600
辅助生产部门	机修车间	人工费				6 000	6 000
	运输车间	人工费				4 000	4 000
	小计					10 000	10 000
车间管理部门		工资费用				8 000	8 000
行政管理部门		工资费用				19 600	19 600
销售部门		工资费用				9 800	9 800
合计			26 000			193 000	219 000

其中，

$$工资分配率 = 145\,600/(16\,000 + 13\,120) = 5(元/小时)$$

会计分录如下：
借：生产成本——基本生产成本——甲产品　97 000
　　　　　　　　　　　　　　——乙产品　74 600
　　生产成本——辅助生产成本——机修车间　6 000
　　　　　　　　　　　　　　——运输车间　4 000
　　制造费用　8 000
　　管理费用　19 600
　　销售费用　9 800
　　贷：应付职工薪酬　219 000
上述分录的英文分录为：
Dr：Work in process—Basic department —product A　97 000
　　　　　　　　　　　　　　　　　　—product B　74 600
　　Work in process—Assistant department—maintenance　6 000
　　　　　　　　　　　　　　　　　　　—transportation　4 000
　　Manufacturing overhead　8 000
　　Administrative expenses　19 600
　　Selling expenses　9 800
　Cr：Salary payable　219 000
其他费用的归集与分配与上述的分配与会计处理方法类似。

第二节　辅助生产费用和制造费用的归集和分配

一、辅助生产费用的归集

辅助生产费用的归集是通过辅助生产成本总账及明细账进行的，一般按车间及产品和劳务设置明细账。当辅助生产发生各项费用时记入"辅助生产成本"科目及其明细科目。一般情况下，辅助生产的制造费用与基本生产的制造费用一样，先通过"制造费用"科目进行单独归集，再转入"辅助生产成本"科目。对于负责生产车间规模小、制造费用少且辅助生产不对外提供产品和劳务的，为简化核算工作，辅助生产的制造费用可以直接计入"辅助生产成本"科目。

二、辅助生产费用的分配及账务处理

辅助生产的分配应通过辅助生产费用分配表进行。辅助生产费用的分配方法很多，通常采用直接分配法、交互分配法、计划成本分配法、顺序分配法和代数分配法等。

1. 直接分配法

直接分配法的特点是不考虑各辅助生产车间之间相互提供劳务或产品的情况，而是将各种辅助生产费用直接分配给辅助生产以外的各受益单位。这种方法下，辅助生产费用只

分配一次,计算简单,但分配结果不够准确。此方法适用于辅助生产内部提供的产品和劳务不多,不互相分配对企业产品影响不大的情况。

分配计算公式如下:

辅助生产的单位成本＝辅助生产费用总额÷辅助生产的产品或劳务总量

各受益单位应分配的费用＝辅助生产的单位成本×该受益单位的耗用量

【例3.5】 假定某工业企业设有机修和供电两个辅助生产车间。2018年5月在分配辅助生产车间费用以前,机修车间费用为60万元,按修理工时分配费用,提供修理工时为320小时,其中,供电车间为20小时,其他车间耗用情况见表3.3。供电车间发生费用240万元,按耗用电度数分配费用,提供供电度数为200万度,其中,机修车间耗用40万度,其他车间用电度数见下表。该企业辅助生产的制造费用不通过"制造费用"账户核算。

表3.3 辅助生产费用分配表

（直接分配法）
2018年5月

数量单位:小时·万度
金额单位:万元

辅助生产车间名称		机修车间		供电车间		合计
		修理工时	修理费用	供电度数	供电费用	
待分配辅助生产费用及劳务数量		300	60	160	240	300
费用分配率（单位成本）			0.2元/小时		1.5元/度	
基本生产车间耗用	第一车间	150	30	90	135	165
	第二车间	110	22	40	60	82
	小计	260	52	130	195	247
行政管理部门耗用		25	5	20	30	35
销售部门耗用		15	3	10	15	18
合计		300	60	160	240	300

根据表3.3,编制下列会计分录:

借:制造费用——第一车间　1 650 000
　　　　　　——第二车间　820 000
　管理费用　350 000
　销售费用　180 000
　贷:生产成本——辅助生产成本——机修车间　600 000
　　　　　　　　　　　　——供电车间　2 400 000

上述分录的英文分录为:

Dr：Manufacturing overhead —Department One　1 650 000
　　　　　　　　　　　　—Department Two　820 000
　　Administrative expenses　350 000
　　Selling expenses　180 000
　Cr：Work in process—Assistant department —maintenance　600 000
　　　　　　　　　　　　　　　　—utilities　2 400 000

2. 交互分配法

交互分配法的特点是辅助生产费用通过两次分配完成，首先将辅助生产明细账上的合计数根据各辅助生产车间、部门相互提供的劳务数量计算分配率，在辅助生产车间进行交互分配；然后将各辅助生产车间交互分配后的实际费用（即交互前的费用加交互分配转入的费用，减去交互分配转出的费用），再按提供的劳务量在辅助生产车间以外的单位进行分配。这种分配方法的优点是更加准确，缺点是增加了计算工作量。

【例3.6】 承上例3.5，采用交互分配法分配其辅助生产费用，辅助生产费用分配表如表3.4。

表 3.4 辅助生产费用分配表

（交互分配法）　　　　　　　　　　　数量单位：小时·万度
2018 年 5 月　　　　　　　　　　　　金额单位：万元

辅助生产车间名称			交互分配			对外分配		
			机修车间	供电车间	合计	机修车间	供电车间	合计
待分配辅助生产费用			60	240	300	104.25	195.75	300
供应劳务数量			320	200		300	160	
费用分配率			0.19 万元/小时	1.20 元/度		0.35 万元/小时	1.22 元/度	
辅助生产车间耗用	机修车间	耗用量		40				
		分配金额		48	48			
	供电车间	耗用量	20					
		分配金额	3.75		3.75			
	分配金额小计				51.75			
基本生产车间耗用	第一车间	耗用量				150	90	
		分配金额				52.12	110.11	162.22
	第二车间	耗用量				110	40	
		分配金额				38.23	48.94	87.16
	分配金额小计					90.35	159.05	249.40
行政管理部门耗用	耗用量					25	20	
	分配金额小计					8.69	24.47	33.16
销售部门耗用	耗用量					15	10	
	分配金额小计					5.21	12.23	17.45
合计						104.25	195.75	300.00

根据上表，编制下列会计分录：

（1）交互分配

借：生产成本——辅助生产成本——机修车间　480 000

　　　　　　　　——供电车间　37 500
　　贷：生产成本——辅助生产成本——机修车间　37 500
　　　　　　　　　　　　　　　　——供电车间　480 000

(2) 对外分配

借：制造费用——第一车间　1 622 200
　　　　　　——第二车间　871 600
　　管理费用　331 600
　　销售费用　174 500
　　贷：生产成本——辅助生产成本——机修车间　1 042 500
　　　　　　　　　　　　　　　　——供电车间　1 957 500

上述分录的英文分录为：

(1) Dr：Work in process—Assistant department—maintenance　480 000
　　　　　　　　　　　　　　　　　　　　　　　　—utilities　37 500
　　Cr：Work in process—Assistant department—maintenance　37 500
　　　　　　　　　　　　　　　　　　　　　　　　—utilities　480 000

(2) Dr：Manufacturing overhead—Department One　1 622 200
　　　　　　　　　　　　　　—Department Two　871 600
　　　　Administrative expenses　331 600
　　　　Selling expenses　174 500
　　Cr：Work in process—Assistant department—maintenance　1 042 500
　　　　　　　　　　　　　　　　　　　　　　　　—utilities　1 957 500

3. 计划成本法

计划成本分配法的特点是辅助生产为各受益单位提供的劳务，都按劳务的计划单位成本进行分配，辅助生产车间实际发生的费用与按计划单位成本分配转出的费用之间的差额采用简化计算方法全部计入管理费用。这种方法便于考核和分析各受益单位的成本，有利于分清各单位的经济责任，但成本分配不够准确。

【例3.7】承上例3.5，假定机修车间每修理工时计划成本0.2万元，供电车间每万度电耗费1.19万元。辅助生产费用分配如表3.5所示。

表3.5　辅助生产费用分配表
（计划成本分配法）
2018年5月

数量单位：小时·万度
金额单位：万元

辅助生产车间名称	机修车间	供电车间	合计
待分配辅助生产费用	60	240	300
供应劳务数量	320	200	
计划单位成本	0.20	1.19	

续表

辅助生产车间名称			机修车间	供电车间	合计
辅助生产车间耗用	机修车间	耗用量		40	
		分配金额		47.60	47.60
	供电车间	耗用量	20		
		分配金额	4.00		4.00
	分配金额小计		4.00	47.60	51.60
基本生产车间耗用	第一车间	耗用量	150	90	
		分配金额	30.00	107.10	137.10
	第二车间	耗用量	110	40	
		分配金额	22.00	47.60	69.60
	分配金额小计		52.00	154.70	206.70
行政管理部门耗用	耗用量		25	20	
	分配金额小计		5.00	23.80	28.80
销售部门耗用	耗用量		15	10	
	分配金额小计		3.00	11.90	14.90
按计划成本分配金额合计			64.00	238.00	302.00
辅助生产实际成本			107.60	244.00	351.60
辅助生产成本差异			+43.60	+6.00	+49.60

其中：

　　机修车间按计划分配成本金额＝4＋52＋5＋3＝64(万元)

　　机修车间辅助生产实际成本＝60＋47.60＝107.60(万元)

　　供电车间按计划分配成本金额＝47.60＋154.7＋23.80＋11.90＝238(万元)

　　供电车间辅助生产实际成本＝240＋4＝244(万元)

根据上表，编制下列会计分录：

(1) 按计划成本分配

借：生产成本——辅助生产成本——机修车间　476 000
　　　　　　　　　　　　　　——供电车间　40 000
　　制造费用——第一车间　1 371 000
　　　　　　——第二车间　696 000
　　管理费用　288 000
　　销售费用　149 000
　　贷：生产成本——辅助生产成本——机修车间　640 000
　　　　　　　　　　　　　　　　——供电车间　2 380 000

(2) 辅助生产成本差异按规定记入"管理费用"的"其他"科目

借：管理费用——其他　496 000

贷：生产成本——辅助生产成本——机修车间　436 000
　　　　　　　　　　　　　——供电车间　60 000

上述分录的英文分录为：

(1) Dr：Work in process—Assistant department —maintenance　476 000
　　　　　　　　　　　　　　　　　　　　　—utilities　40 000
　　　Manufacturing overhead —Department One　1 371 000
　　　　　　　　　　　　　—Department Two　696 000
　　　Administrative expenses　288 000
　　　Selling expenses　149 000
　Cr：Work in process—Assistant department —maintenance　640 000
　　　　　　　　　　　　　　　　　　　　　—utilities　2 380 000

(2) The difference should be recorded in Administrative expenses—others：

Dr：Administrative expenses—others　496 000
　Cr：Work in process—Assistant department —maintenance　436 000
　　　　　　　　　　　　　　　　　　　　　—utilities　60 000

4. 顺序分配法

顺序分配法也称梯形分配法，其特点是按照辅助生产车间收益多少的顺序分配费用，收益少的先分配，收益多的后分配，先分配的辅助生产车间不负担后分配的辅助生产车间的费用。这种方法适用于辅助生产车间之间相互收益程度有明显顺序的企业。

【例3.8】 承上例3.5，由于供电车间耗用的劳务费用少于机修车间耗用的劳务费用，因此，供电车间应先分配费用。依表3.6。

表3.6　辅助生产费用分配表
(顺序分配法)
2018年5月

数量单位：小时・万度
金额单位：万元

会计科目 车间部门	辅助生产成本						制造费用				管理费用		销售费用		分配金额合计
	供电车间			机修车间			第一车间		第二车间						
	劳务数量	待分配费用	分配率	劳务数量	待分配费用	分配率	耗用数量	耗用金额	耗用数量	耗用金额	耗用数量	耗用金额	耗用数量	耗用金额	
	200	240		320	60										
分配供电费用	−200	−240	1.2元/度	40	48		90	108	40	48	20	24	10	12	240
修理费用合计					108										
分配修理费用				−300	−108	0.36万元/小时	150	54	110	39.6	25	9	15	5.4	108
分配金额合计								162		87.6		33		17.4	300

根据上表，编制下列会计分录：

(1) 分配供电费用：

借：生产成本——辅助生产成本——机修车间　480 000
　　制造费用——第一车间　1 080 000
　　　　　　——第二车间　480 000
　　管理费用　240 000
　　销售费用　120 000
　　贷：生产成本——辅助生产成本——供电车间　2 400 000

(2) 分配修理费用：

借：制造费用——第一车间　540 000
　　　　　　——第二车间　396 000
　　管理费用　90 000
　　销售费用　54 000
　　贷：生产成本——辅助生产成本——机修车间　1 080 000

上述分录的英文分录为：

(1) 分配供电费用

Dr：Work in process—Assistant department—maintenance　480 000
　　Manufacturing overhead—Department One　1 080 000
　　　　　　　　　　　　　—Department Two　480 000
　　Administrative expenses　240 000
　　Selling expenses　120 000
　　Cr：Work in process—Assistant department—utilities　2 400 000

(2) 分配修理费用

Dr：Manufacturing overhead—Department One　540 000
　　　　　　　　　　　　　—Department Two　396 000
　　Administrative expenses　90 000
　　Selling expenses　54 000
　　Cr：Work in process—Assistant department—maintenance　1 080 000

5. 代数分配法

代数分配法的特点是先根据解联立方程的原理，计算辅助生产劳务或产品的单位成本，然后根据收益单位耗用的数量和单位成本分配辅助生产费用。本方法分配结果最精确，但计算复杂，适用于电算化企业。

【例3.9】 承上例3.5，辅助生产费用分配表如表3.7所示。假设 X＝每小时修理成本，Y＝每万度耗用成本，设联立方程如下：

$$60+40Y=320X \quad (1)$$
$$240+20X=200Y \quad (2)$$

解得：
$$X\approx 0.341\ 8$$
$$Y\approx 1.234\ 2$$

表3.7 辅助生产费用分配表

（代数分配法）
2018年5月

数量单位：小时·万度
金额单位：万元

辅助生产车间名称				机修车间	供电车间	合计
待分配辅助生产费用				60	240	300
供应劳务数量				320	200	
用代数算出的实际单位成本				0.341 8	1.234 2	
辅助生产车间耗用	机修车间	耗用量			40	
		分配金额			49.37	49.37
	供电车间	耗用量		20		
		分配金额		6.84		6.84
	分配金额小计			6.84	49.37	56.21
基本生产车间耗用	第一车间	耗用量		150	90	
		分配金额		51.27	111.08	162.35
	第二车间	耗用量		110	40	
		分配金额		37.60	49.37	86.97
	分配金额小计			88.87	160.45	249.31
行政管理部门耗用	耗用量			25	20	
	分配金额小计			8.55	24.68	33.23
销售部门耗用	耗用量			15	10	
	分配金额小计			5.13	12.33	17.46
合计				109.39	246.83	356.22

根据表3.7,编制下列会计分录：

借：生产成本——辅助生产成本——机修车间　493 700
　　　　　　　　　　　　　　——供电车间　68 400
　　制造费用——第一车间　1 623 500
　　　　　　——第二车间　869 700
　　管理费用　332 300
　　销售费用　174 600
　贷：生产成本——辅助生产成本——机修车间　1 093 900
　　　　　　　　　　　　　　——供电车间　2 468 300

上述分录的英文分录为：
Dr：Work in process—Assistant department—maintenance　493 700
　　　　　　　　　　　　　　　　　　　　—utilities　68 400
　　Manufacturing overhead—Department One　1 623 500
　　　　　　　　　　　　—Department Two　869 700

    Administrative expenses 332 300
    Selling expenses 174 600
  Cr：Work in process—Assistant department —maintenance 1 093 900
               —utilities 2 468 300

  上述辅助生产费用分配方法中，除直接分配法外，其他方法中的"辅助生产成本"科目的发生额都大于原来待分配费用合计数（60＋240＝300 万元），这是由于辅助生产费用交互分配而相互转账引起的，但各种方法最后分配到其他各受益单位的辅助生产费用的合计数，都仍是待分配费用的合计数。

三、制造费用的归集和分配

  1. 制造费用的归集

  制造费用的内容比较复杂，包括物料消耗、车间管理人员的薪酬和设备的折旧费/维护费/保险费、车间取暖费、照明费等。为减少费用项目，简化核算工作，可以将性质相同的费用合并在一起设立相应的费用项目。制作费用项目一经确定，不应随意变更。

  "制造费用"科目应当根据有关凭证和前述各种成本分配表进行登记；此外，还应按照不同的车间设立明细账，分别反映各车间各费用项目的发生和分配转出情况。各车间发生的制造费用项目在发生时借记"制造费用"科目，贷记相应的"原材料""应付职工薪酬""累计折旧"等科目。

  2. 制造费用的分配和账务处理

  制造费用一般应先分配辅助生产的制造费用，将其计入辅助生产成本，然后再分配辅助生产费用，将其中应由生产负担的制造费用分配进生产制造费用后，最后将制造费用分配计入生产成本。制造费用要在生产部门进行分配，不应在企业范围内分配。

  制造费用的分配方法很多，通常采用生产工人工时比例法（或生产工时比例法）、生产工人工资比例法、机器工时比例或按年度计划分配率分配法等。分配方法一经确定，不得随意变更。如有变更，应在附注中予以说明。

  分配制造费用常用公式：

    制造费用分配率＝制造费用总额÷各产品分配标准之和

    某种产品应分配的制造费用＝该产品分配标准×制造费用分配率

  制造费用应根据分配结果编制制造费用分配表，根据分配表进行总分类核算和明细核算。相关的会计分录如下：

  借：生产成本（Work in process）
    贷：制造费用（Manufacturing overhead）

  【例 3.10】 假设甲企业 2018 年 5 月基本生产车间按照工人工时分配制造费用，A 产品耗用 10 000 工时，B 产品耗用 12 000 工时。本月发生制造费用 440 000 元：

    制造费用分配率＝440 000÷（10 000＋12 000）＝20（元/工时）

    A 产品负担的制造费用＝20×10 000＝200 000（元）

    B 产品应负担的制造费用＝20×12 000＝240 000（元）

  会计分录如下：

  借：生产成本——基本生产成本——A 产品 200 000
           ——B 产品 240 000

贷：制造费用　440 000

上述分录的英文分录为：

Dr：Work in process—Basic department —product A　200 000
　　　　　　　　　　　　　　　—product B　240 000
　Cr：Manufacturing overhead　440 000

第三节　废品损失和停工损失的核算

一、废品损失的核算

废品损失是指在生产过程中发生的和入库后发现的不可修复的废品的生产成本，以及可修复的废品的修复成本，扣除回收的废品残料价值和应收赔款以后的损失。不需返修可降价出售的不合格品、产品入库后因保管不善等其他原因变坏的产品以及出售后发现的废品均不包括在废品损失中。

1. 不可修复的废品损失

不可修复废品损失的生产成本，可按废品所耗实际费用计算，也可按废品所耗定额费用计算。废品损失采用按废品所耗实际费用计算时，要将废品报废前与合格品在一起计算的各项费用，采用适当的分配方法在合格品和废品之间进行分配，计算出废品的实际成本，从"基本生产成本"科目贷方转入"废品损失"科目借方。如果废品在完工后才被发现，废品负担费用与合格品相同。

废品损失采用按废品所耗定额费用计算不可修复废品成本时，废品的生产成本是按废品数量和各项费用定额计算的，不需要考虑废品的实际生产费用。

2. 可修复的废品损失

可修复的废品返修以前发生的生产费用不是废品损失，不需要计算其生产成本，而应留在"基本生产成本科目"和所属有关产品成本明细账中，不需要转出。返修发生的各种费用，应根据各种费用分配表，计入"废品损失"科目的借方。其回收的残料价值和应收的赔款，应从"废品损失"科目贷方转入"原材料"和"其他应收款"的借方。结转后"废品损失"的借方反映的是归集的可修复损失成本，应转入"基本生产成本"科目的借方。

【例 3.11】某工厂费用分配表中列示 A 产品可修复废品的修复费用为：直接材料 1 600 元，直接人工 800 元，制造费用 1 200 元。

不可修复废品成本 480 元，废品残值为 200 元，应由过失人赔偿 100 元，该废品是入库前发现的。会计分录如下：

（1）结转可修复废品成本

借：废品损失——A 产品　3 600
　贷：原材料　1 600
　　　应付职工薪酬　800
　　　制造费用　1 200

上述分录的英文分录为：

Dr：Loss on waste—product A　3 600
　　　　Cr：Raw materials　1 600
　　　　　　Salaries payable　800
　　　　　　Manufacturing overhead　1 200
（2）结转不可修复废品成本
借：废品损失——A产品　480
　　贷：生产成本——基本生产成本——A产品　480
上述分录的英文分录为：
　　Dr：Loss on waste—product A　480
　　　　Cr：Work in process—Basic department—product A　480
（3）残料入库
借：原材料　200
　　贷：废品损失——A产品　200
上述分录的英文分录为：
　　Dr：Raw materials　200
　　　　Cr：Loss on waste—product A　200
（4）过失人赔偿
借：其他应收款　100
　　贷：废品损失——A产品　100
上述分录的英文分录为：
　　Dr：Other receivables　100
　　　　Cr：Loss on waste—product A　100
（5）结转废品净损失
废品净损失＝1 600＋1 200＋800＋480－200－100＝3 780(元)
借：生产成本——基本生产成本——A产品　3 780
　　贷：废品损失——A产品　3 780
上述分录的英文分录为：
　　Dr：Work in process—Basic department—product A　3 780
　　　　Cr：Loss on waste—product A　3 780

二、停工损失的归集与分配

　　停工损失是指生产车间或班组因计划停产、停电、待料、机器设备发生故障等原因停工而造成的损失。停工损失包括停工期间支付的生产工人薪酬、应负担的制造费用和燃料动力费等。
　　季节性停工和因机器设备大修理的停工而造成的损失，应在"制造费用"中归集，计入生产成本，因自然灾害等造成的停工，计入"营业外支出"科目。不满一个工作日的停工，一般不计入停工损失。
　　单独核算停工损失的企业，应增设"停工损失"科目，根据停工报告单和各种费用分配表、分配汇总表等有关凭证，将停工期内发生的、应列作停工损失的费用记入"停工损失"科目的借方进行归结;应由过失单位及过失人员或保险公司负担的赔款,应从该科目贷方转入"其他应收款"科目借方。期末,将停工净损失的借方余额转入"基本生产成本"科目借方。该科目期末无余额。

第四节 生产费用在完工产品和在产品之间的归集和分配

通过上述各项费用的归集、分配,应计入本月各种产品的费用都已计入了"基本生产成本"账户的借方,按成本项目分别登记在了各自的产品成本计算单中。要计算本月完工产品成本,还须将本月发生的生产费用加上期初的在产品成本,在本期生产的全部产品(产成品和在产品)之间进行分配,才能求得本月产成品成本。其关系可用下列公式表示:

月初在产品成本＋本月生产费用＝本月完工产品成本＋月末在产品成本

由以上关系式可知,如果月初、月末有在产品,本月生产费用合计应在完工产品和月末在产品之间进行分配。常用的分配方法有不计算在产品成本法、在产品按固定成本计价法、在产品按完工产品成本计算、在产品按所耗直接材料成本计价法、约当产量法、在产品按定额成本计价法、定额比例法等。

一、不计算在产品成本法

采用不计算在产品成本法时,即使月末有在产品,也不计算成本。也就是说这种产品每月发生的成本,全部由完工产品负担,其每月发生的成本之和为每月完工产品成本。这种方法适用于各月末在产品数量很小的产品。

二、在产品按固定成本计算法

采用这种方法,各月末在产品的成本固定不变。某种产品本月发生的生产费用仍然是该月完工产品的成本。每年年末,根据盘点数重新确定年末在产品成本,作为次年在产品成本计算的依据。该方法对于在产品数量较多,但各月份之间变化不大的企业比较适用。

三、在产品按完工产品成本计算法

如果月末产品已基本加工完毕,只是未验收或未包装入库,为简化核算,可将其视同完工产品分配费用。

四、在产品成本按直接材料成本计算法

在此方法下,月末在产品只负担直接材料费用,直接人工和制造费用全部由本期完成产品成本负担。这种方法适用于直接材料成本在全部成本中比重较大,并且在期初全部投入的企业,如酿酒、造纸、纺织等企业。

【例3.12】 某企业生产的甲产品材料成本占产品成本比重较大,该企业采用只计算直接材料成本的方法计算在产品成本。材料在生产开始一次投入,材料费用按完工产品和在产品的数量比例分配。2018年3月,该企业有关产量和费用资料及分配如表3.8。

表 3.8 产品产量及费用分配表

产品名称:甲产品　　　　　　　　　　2018 年 3 月　　　　　　　　　　　金额单位:元

项目	月初在产品	本月投入	月末完工产品	月末在产品
直接材料	56 000	100 000	130 000	26 000
直接人工		4 000	4 000	0
直接费用		6 000	6 000	0
合计	56 000	110 000	140 000	26 000

五、约当产量法

约当产量法也称约当产量比例法,是指将月末的在产品的数量按其完工程度折算为完工产品的数量（即约当产量）,并将本月产品的生产费用按照完工产品数量和月末在产品的约当产量比例分配生产费用的方法。采用约当产量法时,由于月末在产品的投料程度与加工进度可能不同,所以直接材料、直接人工和制造费用的完工程度也就可能是不同的,因此,分配生产费用应是按照成本项目分别进行的。其计算公式为:

在产品约当产量＝在产品实际数量×在产品完工程度(或投料程度)

单位产品成本(按成本项目分)＝完工产品成本＝完工产品数量×单位产品成本

月末在产品成本＝月末在产品约当产量×单位产品成本

1. 分配直接材料费用时在产品投料程度的确定

（1）原材料在生产开始时一次性投入。如果原材料是在生产开始时一次性投入,则在产品和产成品的投入原材料数量相同,投料程度 100％。在产品的约当产量即在产品的数量,因此,原材料可以按单位产品材料成本计算分配。

（2）原材料伴随生产陆续投入。如果直接材料的投入程度与生产工时完全一致或基本一致,分配直接材料费用时在产品约当产量按完工程度计算。

$$某工序投料程度(\%)=\frac{单位在产品上道工序累计投入直接材料(数量)费用+单位在产品本工序投入直接材料(数量)费用×50\%}{单位完工产品直接材料应投(数量)费用}$$

当直接材料分阶段在每道工序开始时投入,月末在产品投料程度可按下列公式计算。

$$某工序投料程度(\%)=\frac{单位在产品上道工序累计投入直接材料(数量)费用+单位在产品本工序投入直接材料(数量)费用}{单位完工产品直接材料应投(数量)费用}$$

【例 3.13】 设某产品经三道工序加工而成,其原材料分三道工序在每道工序开始时一次性投入,其有关数据如表 3.9。

表 3.9 各工序定额及在产品资料

工序	各工序开始时单位产品投料定额(元)	各工序在产品数量(件)
1	400	100
2	200	150
3	200	180
合计	800	—

第一道工序投料程度＝400÷800×100％＝50％
第一道工序在产品约当产量＝100×50％＝50(件)
第二道工序投料程度＝(400＋200)÷800＝75％
第二道工序在产品约当产量＝150×75％＝112.5(件)
第三道工序投料程度＝(600＋200)÷800＝100％
第三道工序在产品约当产量＝180×100％＝180(件)
在产品总约当产量＝50＋112.5＋180＝342.5(件)

(3) 分配加工费用时在产品完工程度的确定

对于直接材料费用以外的费用，通常按完工程度计算约当产量。因为这些费用的发生与完工程度关系密切，它们随着生产过程的进行而逐渐增加。在产品完工程度可按产品实耗(或定额)工时占完工产品实耗(或定额)工时的百分比计算。完工程度的计算可按照产品加工工序分别计算，也可计算平均完工率。为了简化计算，在计算各工序内在产品完工程度时，按平均完工50％计算。计算公式为：

$$\text{某工序完工程度}(\%)=\frac{\text{单位在产品上道工序累计工时定额}＋\text{单位在产品本工序工时定额}\times 50\%}{\text{单位完工产品工时定额}}$$

2. 约当产量法下分配生产费用

【例 3.14】 建华公司本月生产 A 产品 2 000 个，在产品数量为 400 个。完工程度按平均完工50％计算，材料在开始时一次性投入，其他成本按约当产量比例分配。A 产品本月月初在产品和本月耗用直接材料成本共计 144 000 元，直接人工成本 88 000 元，制造费用66 000 元。

A 产品各项成本分配如下：

直接材料成本的分配率＝144 000÷(2 000＋400)＝60(元/个)
完工产品应负担的直接材料费用＝60×2 000＝120 000(元)
月末在产品应负担的直接材料费用＝60×400＝24 000(元)
直接人工费用和制造费用的月末在产品约当产量＝400×50％＝200(个)
直接人工费用分配率＝88 000÷(2 000＋200)＝40(元/个)
完工产品应负担的直接人工费用＝40×2 000＝80 000(元)
月末在产品应负担的直接人工费用＝40×200＝8 000(元)
制造费用分配率＝66 000÷(2 000＋200)＝30(元/个)
完工产品应负担的制造费用＝30×2 000＝60 000(元)
月末在产品应负担的制造费用＝30×200＝6 000(元)
A 产品本月完工产品成本＝120 000＋80 000＋60 000＝260 000(元)
A 产品本月在产品成本＝24 000＋8 000＋6 000＝38 000(元)

编制完工产品入库的会计分录如下：
借：库存商品——A 产品　260 000
　　贷：生产成本——基本生产成本——A 产品　260 000
上述分录的英文分录为：

Dr：Finished goods—product A　260 000
　　　Cr：Work in process—Basic department—product A　260 000
"生产成本——基本生产成本"的科目余额就是期末在产品的成本。

六、定额成本法

定额成本法是指月末在产品的成本根据在产品数量和单位定额成本计算,然后从本月生产费用总额中扣除,其余额为完工产品成本。计算公式为：

某产品月末在产品(定额)成本＝月末在产品数量×在产品单位定额

某产品完工产品总成本＝该产品本月生产费用总额－该产品月末在产品成本

【例3.15】　建华公司本月生产 A 产品 2 000 个,在产品数量为 400 个。在产品单位定额成本为直接材料 60 元,直接人工 25 元,制造费用 15 元。A 产品本月月初在产品和本月耗用直接材料成本共计 144 000 元,直接人工成本 88 000 元,制造费用 66 000 元。

直接材料在产品定额成本＝400×60＝24 000(元)
完工产品负担直接材料费用＝144 000－24 000＝120 000(元)
直接人工在产品定额成本＝400×25＝10 000(元)
完工产品负担直接人工费用＝88 000－10 000＝78 000(元)
制造费用在产品定额成本＝400×15＝6 000(元)
完工产品负担的制造费用＝66 000－6 000＝60 000(元)
在产品成本＝24 000＋10 000＋6 000＝40 000(元)
完工产品成本＝120 000＋78 000＋60 000＝258 000(元)

此方法适用于定额管理基础较好,各项消耗定额或费用较准确、稳定,各月末在产品数量较少且变动不大的情况。

七、定额比例法

定额比例法是按照完工产品的定额成本(或定额耗用量)和期末在产品的定额成本(或定额耗用量)比例来分配实际生产费用,确定完工产品和期末在产品实际成本的方法。一般情况下,直接材料费用按直接材料定额消耗量或定额成本比例分配,直接人工和制造费用按工时比例或定额成本比例分配。具体计算公式如下：

完工产品定额消耗量＝完工产品产量×单位产品消耗定额

在产品定额消耗量＝在产品数量×完工率×单位产品消耗定额

$$原材料费用分配率＝\frac{月初原材料费用＋本月发生原材料费用}{完工产品定额消耗量＋在产品定额消耗量}$$

完工产品应负担的直接材料费用＝完工产品定额消耗量×费用分配率

在产品应负担的直接材料费用＝在产品定额消耗量×费用分配率

完工产品定额工时＝完工产品产量×工时定额

在产品定额消耗量＝在产品数量×完工率×工时定额

$$人工(制造)费用分配率＝\frac{月初费用＋本月费用}{完工产品定额工时＋在产品定额工时}$$

完工产品负担人工(制造)费用＝完工产品定额工时×人工(制造)费用分配率

在产品应负担的人工(制造)费用＝在产品定额工时×人工(制造)费用分配率

定额比例法的结果比较合理,便于考核定额执行情况。适用于定额比较准确、稳定的情况。

【例3.16】 某企业2018年8月生产甲产品,完工产品400件,月末在产品100件,材料开始时一次投入,加工程度60%,其他资料如表3.10。采用定额比例法计算本月完工产品和月末在产品成本。

表3.10 生产费用资料

2018年8月   单位:元

摘要	直接材料	直接人工	制造费用	合计
月初在产品成本	3 800	1 400	4 000	9 200
本月生产费用	16 200	7 000	24 000	47 200
单位完工产品消耗定额	50	30 小时	30 小时	
月末单位在产品消耗定额	50	20 小时	20 小时	

计算过程如下:

直接材料分配率＝(3 800＋16 200)÷(400×50＋100×50)＝0.8(元/件)
完工产品应负担的直接材料成本＝400×50×0.8＝16 000(元)
月末在产品应负担的直接材料成本＝100×50×0.8＝4 000(元)
直接人工分配率＝(1 400＋7 000)÷(400×30＋100×20)＝0.6(元/小时)
完工产品应负担的直接人工成本＝400×30×0.6＝7 200(元)
月末在产品应负担的直接人工成本＝100×20×0.6＝1 200(元)
制造费用分配率＝(4 000＋24 000)÷(400×30＋100×20)＝2(元/小时)
完工产品应负担的制造费用＝400×30×2＝24 000(元)
月末在产品应负担的制造费用＝100×20×2＝4 000(元)
完工产品成本＝16 000＋7 200＋24 000＝47 200(元)
月末在产品成本＝4 000＋1 200＋4 000＝9 200(元)

第五节 联产品和副产品的成本计算

一、联产品的成本计算

1. 联产品的含义

联产品是指使用同种原料,经过同一个加工过程而同时生产出来的两种或两种以上的主要产品,如奶制品加工厂可以同时生产出牛奶、奶酪和黄油等联产品;炼油厂的原油经过催化可以同时生产出汽油、柴油等。

根据各联产品之间的产量增减关系,联产品可分为补充联产品和代用联产品两种。补充联产品是指一种联产品增加或减少会导致其他联产品的同比例增加或减少。代用联产品是指一种联产品的增加会导致另一种联产品的减少。

2. 联产品的成本计算

联产品从原材料投入,经过同一生产过程后,在某一个"点"上分离成不同的产品,通常称这个点为"分离点"。分离后的联产品,有的可以直接销售,有的还需要进一步加工才可供销售。

联产品在分离点前发生的各项生产耗费,成为"联合成本"。分离点后,继续加工发生的各项耗费可追溯到产品,所以也称为可归属成本。联产品成本计算的关键是联产品的联合成本的分配。常用的分配方法有实物数量法、相对销售价格分配法等。

联产品成本计算的一般程序为:

① 将联产品作为成本核算对象,设置成本明细账。② 归集联产品成本,计算联合成本。③ 计算各种产品的成本。④ 计算联产品分离后的加工成本。

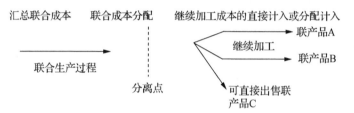

图 3.2　联产品成本计算示意图

3. 实物量分配法

实物量分配法是指按分离点上各种联产品的重量、容积或其他实物量度比例来分配联合成本的一种方法。

【例 3.17】　某企业用同一种原料经过同一生产过程生产 A、B 两种联产品。联产品 A 可直接对外销售,联产品 B 要进一步加工后才能销售。联合成本为 46 000 元,其中原材料 30 000 元,生产工人工资 6 000 元,制造费用 10 000 元,可归属成本 10 000 元。假定本期生产 A 产品 80 吨,B 产品 150 吨,按实物量比例分配法计算成本。

　　　A 产品:46 000÷(80+150)×80=16 000(元)
　　　B 产品:46 000÷(80+150)×150=30 000(元)

联产品 A 产品可直接对外销售,所以 A 产品的总成本即为 16 000 元。

联产品 B 产品要进一步加工,可归属成本为 10 000 元,所以 B 产品的总成本为 40 000 元。

用实物量法分配联合成本比较简便,分配标准便于取得。这种方法仅适用于特征、销售单价相近的联产品成本分配。

4. 相对销售价值分配法

相对销售价值分配法是指按照各种联产品的销售收入比例来分配联合成本。

【例 3.18】　仍以上例题目为例。假设在分离点 A 产品和 B 产品的销售价格总额为 57 500,其中 A 产品销售价格为 27 500 元,B 产品销售价格为 30 000 元,用相对销售价值分配法分配联合成本如下。

　　　A 产品:46 000÷57 500×27 500=22 000(元)
　　　B 产品:46 000÷57 500×30 000=24 000(元)

二、副产品的成本计算

1. 副产品的含义

副产品是指使用同种原材料在生产主要产品的过程中附带生产出的非主要产品。如炼钢厂的炉渣，制皂的生产过程中产生的甘油等。

副产品与联产品的相同点主要表现在它们都是联合生产过程的产物，都是投入相同的原材料经过同一生产过程而产生的。它们之间的区别在于经济价值的大小不同。副产品的价值较低，不是企业生产的主要产品；联产品的价值较大，是企业的主要产品。

2. 副产品成本计算

在分配主产品和副产品的生产成本时，通常先确定副产品的生产成本，然后再确定主产品的生产成本。确定副产品的生产成本的方法有不计算副产品成本扣除法、副产品成本按固定价格或计划价格计算法、副产品只负担继续加工成本法、联合成本在主副产品之间分配法以及副产品作价扣除法等。其中副产品作价扣除法指把副产品的销售价格扣除继续加工成本、销售费用、销售税金及合理利润后作为扣除价格，再从联合成本中扣除。

副产品扣除单价＝单位售价－（继续加工单位成本＋单位销售费用＋
单位销售税金＋合理的单位利润）

如果副产品与主产品分离后，还需要进一步加工才能形成市场所需的产品，企业应根据副产品进一步加工生产的特点和管理要求，用适当的方法计算副产品的成本。

【例 3.19】 假设某企业生产甲产品的同时还生产出乙和丙两种副产品。本月月末没有在产品。甲、乙、丙三种产品的产量分别为 8 260 千克、770 千克和 135 千克。乙产品按扣减后的单价 11.5 元/千克计算，丙产品按固定的单价 3 元/千克计算，乙和丙产品无须再继续加工。本月发生总的生产成本 51 650 元，分别计算三种产品应负担的成本。

乙产品成本＝11.5×770＝8 855（元）

丙产品成本＝3×135＝405（元）

甲产品成本＝51 650－8 855－405＝42 390（元）

产品完工验收入库的分录为：

借：库存商品——甲产品　42 390
　　　　　　——乙产品　8 855
　　　　　　——丙产品　405
　贷：生产成本——基本生产成本　51 650

上述分录的英文分录为：

Dr：Finished good —product A　42 390
　　　　　　　　—product B　8 855
　　　　　　　　—product C　405
　Cr：Work in process—Basic department　51 650

副产品和联产品可以相互转换，具体看企业主要是生产什么产品的。

练习题

一、单项选择题

1. 某企业只生产一种产品,采用约当产量比例法将生产费用在完工产品和月末在产品之间进行分配,原材料在产品投产时一次性投入。月初在产品的直接材料成本为20万元,当月投入的材料成本为60万元。当月完工产品30件,月末在产品10件,完工程度60%,本月完工产品成本中直接材料成本为_____万元。
   A. 40　　　　B. 60　　　　C. 50.8　　　　D. 66.67

2. 某企业产品入库后发生可修复废品一批,生产成本26万元,返修过程中发生材料费1.5万元、人工费用1万元、制造费用2.6万元,废品残料作价0.1万元已回收入库。假定不考虑其他因素,该批可修复废品的净损失为_____万元。
   A. 5.5　　　　B. 31　　　　C. 5　　　　D. 21

3. 甲公司基本生产车间领用某种材料2 000千克,单价12元/千克,生产A产品800件,B产品200件。A产品消耗定额为2千克,B产品消耗定额为4千克。采用定额比例法分配材料成本。A产品应该分配的该种材料成本为_____元。
   A. 16 000　　　B. 8 000　　　C. 4 800　　　D. 9 600

4. 如果企业月末在产品数量较大,各月末在产品数量变化也较大,产品成本中原材料费用和工资等其他费用所占比重相差不大,月末可以采用的在产品和完工产品之间分配的方法是_____。
   A. 不计算在产品成本法　　　　B. 在产品按固定成本计算法
   C. 约当产量比例法　　　　　　D. 在产品按所耗直接材料成本计价法

5. 某企业本月生产完工甲产品200件,乙产品300件,月初月末均无在产品,该企业本月发生直接人工成本6万元,按定额工时比例在甲、乙产品之间分配,甲、乙产品的单位工时分别为7小时、2小时,本月甲产品应分配的直接人工成本为_____万元。
   A. 2.4　　　　B. 1.8　　　　C. 3.6　　　　D. 4.2

6. 属于辅助生产费用直接分配法的特点的是_____。
   A. 不考虑各辅助生产车间之间相互提供劳务或产品的情况
   B. 各辅助生产车间按受益多少的顺序依次排列
   C. 只适宜在各辅助生产车间或部门之间相互受益程度有明显顺序的情况下采用
   D. 对各辅助生产车间的成本费用进行两次分配

7. 甲企业共有两道生产工序,已知第一道工序定额工时为60小时,第二道工序定额工时为40小时,两道工序平均完成率都为50%,则第二道工序完工率是_____。
   A. 60%　　　　B. 80%　　　　C. 50%　　　　D. 30%

二、多项选择题

1. 下列各项中,不应计入产品成本的有_____。
   A. 基本生产车间管理人员的工资　　　B. 专设售后服务网点的职工薪酬
   C. 支付的矿产资源补偿费　　　　　　D. 企业负担的生产职工养老保险费

2. 下列各项中,属于制造费用分配方法的有_____。
   A. 按年度计划分配率分配法　　　　　B. 交互分配法

C. 约当产量比例法　　　　　　D. 机器工时比例法

3. 下列关于停工损失的说法中,正确的有_____。
   A. 季节性停工在产品成本核算范围内,应计入产品成本
   B. 非正常停工费用应计入产品成本
   C. 停工损失属于自然灾害的部分转入"营业外支出"
   D. 停工损失属于应由本月产品成本负担的部分计入"基本生产成本"

4. 下列各项中,关于生产费用在完工产品和在产品之间分配的表述正确的有_____。
   A. 月末在产品数量较多,但各月变化不大的产品,可以采用在产品按固定成本计价法
   B. 直接材料所占比重较大且在生产开始时是一次全部投入的产品,可以采用在产品按所耗直接材料成本计价法
   C. 月末在产品数量较多的产品,可以采用不计算在产品成本法
   D. 各项消耗定额准确、稳定、各月末在产品数量变动较大的产品,可以采用定额比例法

5. 下列各项中,不应计入产品成本的有_____。
   A. 支付的矿产资源补偿费　　　　B. 生产产品消耗的材料费用
   C. 预计产品质量保证损失　　　　D. 基本生产车间设备计提的折旧费

6. 下列关于辅助生产费用分配方法的表述,不正确的有_____。
   A. 采用顺序分配法,辅助生产车间受益多的先分配,受益少的后分配
   B. 采用计划成本分配法,辅助生产费用需进行对外和对内的分配
   C. 采用直接分配法,实际发生的费用与分配转出的计划费用之间的差额计入制造费用
   D. 采用交互分配法,辅助生产费用需要经过两次分配完成

7. 影响废品净损失的因素有_____。
   A. 可修复废品发生的修复费用　　B. 不可修复废品发生的成本费用
   C. 回收废品的残料的入账价值　　D. 收回过失人的赔偿款

三、计算分析题

1. 某个基本生产车间同时生产甲、乙、丙三种产品,本期共发生制造费用 12 000 元,其中变动制造费用 8 000 元,固定制造费用 4 000 元。甲产品生产工人工时数为 700 小时,乙产品生产工人工时数为 390 小时,丙产品生产工人工时数为 910 小时。该车间根据工时比例分配总制造费用。

   要求:根据上述信息,计算出甲、乙、丙三种产品应负担的制造费用。

2. 某工业企业下设供水和供电两个辅助生产车间。辅助生产车间的制造费用不通过"制造费用"科目核算。基本生产成本明细账设有"直接材料""直接人工"和"制造费用"三个成本项目。2018 年 12 月各辅助生产车间发生的费用及提供的产品和劳务数量如下:

各辅助生产车间发生的费用及提供的产品和劳务数量

2018 年 12 月

数量单位:度、吨
金额单位:元

辅助车间名称		供水车间	供电车间
待分配费用		51 000	48 000
提供的产品和劳务数量		45 000	35 000
耗用量	供水车间耗用照明电	—	5 000
	供电车间耗用水	2 500	—
	基本车间耗用水及照明电	40 000	26 000
	行政部门耗用水及照明电	2 500	4 000

要求:采用交互分配法分配水费和电费。

辅助生产费用分配表

2018 年 12 月

数量单位:度、吨
金额单位:元

辅助生产车间			交互分配			对外分配		
			供水	供电	合计	供水	供电	合计
待分配费用								
供应劳务数量								
费用分配率(单位成本)								
辅助生产车间耗用	供水车间	耗用量						
		分配金额						
	供电车间	耗用量						
		分配金额						
	小计							
基本生产车间	耗用量							
	分配金额							
行政部门	耗用量							
	分配金额							
合计								

3. 某工业企业下设供水和供电两个辅助生产车间。辅助生产车间的制造费用不通过"制造费用"科目核算。基本生产成本明细账设有"直接材料""直接人工"和"制造费用"三个成本项目。供水车间计划分配率为 2.3 元/立方米,供电车间计划分配率为 1.9 元/度。2018 年 12 月各辅助生产车间发生的费用及提供的产品和劳务数量如下:

各辅助生产车间发生的费用及提供的产品和劳务量

2018 年 12 月

数量单位:度、立方米
金额单位:元

辅助车间名称		供水车间	供电车间
待分配费用		42 000	36 000
提供产品和劳务数量		16 800	20 000
辅助生产车间	供电车间	1 300	—
	供水车间	—	1 800
基本生产车间	一车间	7 000	8 500
	二车间	7 800	10 000
行政部门		200	200

要求:采用计划成本法分配,填写下表,并编制辅助生产费用的分配及结转差异的会计分录。

辅助生产费用分配表

2018 年 12 月

数量单位:度、立方米
金额单位:元

辅助生产车间			供水车间	供电车间
待分配费用				
供应劳务数量				
计划分配率				
耗用劳务数量	供电车间	耗用量		
		分配金额		
	供水车间	耗用量		
		分配金额		
	基本一车间	耗用量		
		分配金额		
	基本二车间	耗用量		
		分配金额		
	行政部门	耗用量		
		分配金额		
按计划成本分配合计				
辅助生产实际成本				
辅助生产成本差异				

4. 某企业 2018 年 3 月联合加工成本为 1 200 万元,E 产品与 F 产品为联产品,分离后 E 产品可直接出售,销售价格为 400 万元,分离后 F 产品需要进一步加工才可销售,销售价格为 300 万元,后续单独加工成本为 100 万元。

要求:用相对销售价值分配法分配联合成本。

第四章　成本计算方法

❖ 学习目标

- 掌握成本计算的品种法的特点、适用范围及成本计算程序；
- 掌握成本计算的分批法的特点、适用范围及成本计算程序；
- 掌握成本计算的分步法的特点、适用范围及成本计算程序；
- 掌握作业成本法的特点、适用范围及成本计算程序。

第一节　成本计算的品种法

一、品种法的概念

在企业中，选择何种成本计算方法，主要是根据企业生产组织、工艺流程的特点以及成本管理的要求而确定的。产品成本计算方法是指将生产过程中发生的生产费用按照不同的成本计算对象进行归集，以确定成本计算对象的总成本和单位成本的方法。成本计算对象是区分不同产品成本计算方法的标志。成本计算对象有产品的品种、批别、生产步骤等。

品种法是以产品品种为成本计算对象归集、分配生产费用，计算产品成本的一种成本计算方法。品种法主要适用于大量、大批的单步骤生产产品的企业，如供电、采掘、煤气等企业。品种法还可以应用于大量、大批、多步骤生产但管理上不要求分步计算的产品成本，如糖果厂、小水泥厂等。

二、品种法的特点

1. 成本计算对象

在采用品种法的企业中，如果只生产一种产品，就以该产品作为成本计算对象，并设置产品成本明细账。企业所发生的所有费用，都是该产品的直接费用，可以直接记入该产品的产品明细账。如果生产的是多种产品，则需按每种产品作为成本计算对象，按产品品种分别设置成本明细账，对企业发生的各项生产费用按品种分别进行不同成本项目的归集和分配。对于各种产品直接耗费的费用，如直接材料、直接人工等，可根据有关原始凭证和费用分配表,直接计入该种产品的成本明细账。对于几种产品共同耗用的费用,如厂房折旧费、车间照明费等,则需要按一定的分配方法编制费用分配表计入各种产品的成本明细账中。

2. 成本计算期

品种法一般以月作为成本计算期。因为采用品种法的企业,其生产组织方式往往是大批量生产,这种类型的企业连续不断地重复生产一种或几种产品,很难在产品全部完工后再计算成本,因此成本计算定期于每月月末。在多步骤生产中,如采用品种法,成本计算期也定于月末。因此,在品种法下,成本计算期一般按月历月份划分,与会计报告期一致,而与生产周期不一致。

3. 费用在完工产品和月末在产品之间的分配

在单一品种的单步骤大量生产企业中,由于生产周期短,没有或很少有在产品,一般不需要在期末完工产品和在产品之间分配费用,本月产品成本明细账中归集的全部费用,都计入该产品本月完工产品的成本;总成本除以总产量,即可得到该产品的单位成本。在采用品种法的其他企业中,如果月末在产品数量很少,可以不计算在产品成本;如果月末在产品数量较多,就需要采用适当的方法,如约当产量法、在产品按定额成本法等,在完工产品和月末在产品之间分配生产费用,以便准确计算完工产品和月末在产品的成本。

三、品种法成本核算的一般程序

(1) 按产品品种设立成本明细账,根据各项费用的原始凭证及相关资料编制有关记账凭证并登记有关明细账,编制各种费用分配表分配各种要素。

(2) 根据上述各种费用分配表和其他有关资料,登记基本生产明细账、辅助生产成本明细账、管理费用明细账、销售费用明细账、制造费用明细账等。

(3) 根据辅助生产成本明细账编制辅助生产成本分配表,分配辅助生产成本。

(4) 根据制造费用明细账编制制造费用分配表,在各种产品之间分配制造费用,并据以登记基本生产成本明细账。

(5) 根据各产品基本生产成本明细账编制产品成本计算单,分配完工产品成本和在产品成本。

(6) 汇编完工产品的成本汇总表,结转完工产品成本。

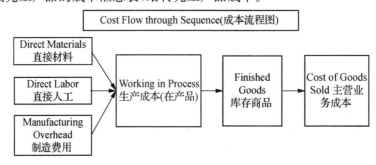

图 4.1　生产费用流程图

四、品种法举例

【例 4.1】 基美电子厂设有一个基本生产车间生产 A、B 两种产品,设有一个机修辅助生产车间提供机修劳务。该企业采用品种法计算产品成本。基本生产车间的原材料在产品投产时一次性投入,机修车间只设置"辅助生产成本"账户,其提供的机修劳务费用假设全部为固定成本,归集后全部转入基本生产车间"制造费用"账户,基本生产车间制造费用按生产工时比例分配。A、B 两种产品采用约当产量法计算完工产品和月末在产品成本。该厂 2018 年 10 月有关资料如表 4.1~表 4.4。

表 4.1 期初在产品成本

2018 年 10 月　　　　　　　　　　　　　　　　　单位:元

产品	直接材料	直接人工	制造费用	合计
A 产品	12 000	3 000	7 000	22 000
B 产品	7 500	2 000	4 500	14 000
合计	19 500	5 000	11 500	36 000

表 4.2 生产产品资料

2018 年 10 月　　　　　　　　　　　　　　　　　单位:件

产品名称	本月投产	本月完工	期末在产品	期末在产品完工程度
A 产品	6 000	8 000	1 000	50%
B 产品	5 000	6 000	1 500	50%

表 4.3 生产工时资料

2018 年 10 月　　　　　　　　　　　　　　　　　单位:小时

项目	生产工时
A 产品	8 118
B 产品	6 144
基本生产车间一般耗用	0
合计	14 262

表 4.4 生产费用资料

2018 年 10 月　　　　　　　　　　　　　　　　　单位:元

用途	原材料	人工费用	折旧费	外购动力费	办公费及其他(已付)	合计
A 产品	24 000	17 100	—	—	—	41 100
B 产品	15 000	12 312	—	—	—	27 312
基本生产车间一般耗用	3 000	3 990	4 600	1 600	1 800	14 990
机修辅助生产车间	3 500	2 280	1 400	800	—	7 980
合计	45 500	35 682	6 000	2 400	1 800	91 382

根据上述资料,A、B两种产品成本计算过程如下。

(1) 根据原材料费用资料,编制会计分录

借:生产成本——基本生产成本——A产品　24 000
　　　　　　　　　　　　　　　——B产品　15 000
　　制造费用　3 000
　　生产成本——辅助生产成本——机修车间　3 500
　贷:原材料　45 500

上述分录英文分录为:

Dr：Work in process—Basic department—product A　24 000
　　　　　　　　　　　　　　　　　　—product B　15 000
　　　Manufacturing overhead　3 000
　　　Work in process—Assistant department—maintenance　3 500
　Cr：Raw materials　45 500

(2) 根据人工费用资料,编制会计分录

借:生产成本——基本生产成本——A产品　17 100
　　　　　　　　　　　　　　　——B产品　12 312
　　制造费用　3 990
　　生产成本——辅助生产成本——机修车间　2 280
　贷:应付职工薪酬　35 682

上述分录英文分录为:

Dr：Work in process—Basic department—product A　17 100
　　　　　　　　　　　　　　　　　　—product B　12 312
　　　Manufacturing overhead　3 990
　　　Work in process—Assistant department—maintenance　2 280
　Cr：Salary payable　35 682

(3) 根据折旧费资料,编制会计分录

借:制造费用　4 600
　　生产成本——辅助生产成本——机修车间　1 400
　贷:累计折旧　6 000

上述分录英文分录为:

Dr：Manufacturing overhead　4 600
　　　Work in process—Assistant department—maintenance　1 400
　Cr：Accumulated depreciation　6 000

(4) 根据外购动力费用资料,编制会计分录

借:制造费用　1 600
　　生产成本——辅助生产成本——机修车间　800
　贷:应付账款　2 400

上述分录英文分录为:

Dr：Manufacturing overhead　1 600

Work in process—Assistant department—maintenance　800
　　　　Cr：Accounts payable　2 400
（5）根据办公费及其他费用资料，编制会计分录
借：制造费用　1 800
　　贷：银行存款　1 800
上述分录英文分录为：
Dr：Manufacturing overhead　1 800
　　Cr：Cash in bank　1 800
（6）根据上述分录，归集机修车间辅助生产成本，见表4.5。

表 4.5　辅助生产成本明细账

车间：机修车间　　　　　　　　　　2018 年 10 月　　　　　　　　　　　单位：元

日期	摘要	材料费	人工费用	折旧费用	动力费用	合计
10月31日	分配材料费	3 500				3 500
	分配人工费用		2 280			2 280
	分配折旧费			1 400		1 400
	分配动力费				800	800
	合计	3 500	2 280	1 400	800	7 980
	分配转出	−3 500	−2 280	−1 400	−800	−7 980

根据归集的辅助生产成本，全部转入生产车间制造费用：
借：制造费用　7 980
　　贷：生产成本——辅助生产成本——机修车间　7 980
上述分录英文分录为：
Dr：Manufacturing overhead　7 980
　　Cr：Work in process—Assistant department—maintenance　7 980
（7）根据上述会计分录，归集和分配制造费用，见表4.6、表4.7。

表 4.6　制造费用明细账

车间：基本生产车间　　　　　　　　2018 年 10 月　　　　　　　　　　　单位：元

日期	摘要	材料费	人工费用	折旧费用	动力费用	办公费及其他	辅助生产成本	合计
10月31日	分配材料费	3 000						3 000
	分配人工费用		3 990					3 990
	分配折旧费			4 600				4 600
	分配动力费				1 600			1 600
	分配办公费用					1 800		1 800
	分配辅助生产成本						7 980	7 980
	合计	3 000	3 990	4 600	1 600	1 800	7 980	22 970

分配制造费用,见表 4.7。

表 4.7 制造费用分配表

车间:基本生产车间　　　　　　　　　2018 年 10 月

分配对象	直接工时(小时)	分配率(元/小时)	分配金额(元)
A 产品	8 118	1.61	130
B 产品	6 144	1.61	9 900
合计	14 262		22 970

注:分配率=22 970/14 262≈1.61(元/小时),尾差由 B 产品负担

编制分配制造费用会计分录:

借:生产成本——基本生产成本——A 产品　13 070
　　　　　　　　　　　　　　　——B 产品　9 900
　贷:制造费用　22 970

上述分录英文分录为:

Dr:Work in process—Basic department—product A　13 070
　　　　　　　　　　　　　　　　　　—product B　9 900
　Cr:Manufacturing overhead　22 970

(8) 根据上述分录和分配表,填制产品成本计算单,见表 4.8、表 4.9。

表 4.8　A 产品成本计算单

产品名称:A 产品　　　　　　　2018 年 10 月　　　　　　　　产量:8 000 件

摘要	直接材料	直接人工	制造费用	合计
月初在产品成本	12 000	3 000	7 000	22 000
分配本月材料费用	24 000			24 000
分配本月人工费用		17 100		17 100
分配本月制造费用			13 070	13 070
本月分配小计	24 000	17 100	13 070	54 170
生产费用合计	36 000	20 100	20 070	76 170
产成品数量	8 000	8 000	8 000	—
在产品数量	1 000	1 000	1 000	
约当总产量	9 000	8 500	8 500	—
结转完工产品成本	32 000	18 918	18 889	69 807
单位成本	4.00	2.36	2.36	8.73
月末在产品成本	4 000	1 182	1 181	6 363

结转 A 产品成本的会计分录:

借：产成品——辅助生产成本——A产品　69 807
　　贷：生产成本——基本生产成本——A产品　69 807

上述分录英文分录为：

Dr：Finished goods—Assistant department—product A　69 807
　　Cr：Work in process—Basic department—product A　69 807

表4.9　B产品成本计算单

产品名称：B产品　　　　　　　2018年10月　　　　　　　　产量：6 000件

摘要	直接材料	直接人工	制造费用	合计
月初在产品成本	7 500	2 000	4 500	14 000
分配本月材料费用	15 000			
分配本月人工费用		12 312		12 312
分配本月制造费用			9 900	9 900
本月分配小计	15 000	12 312	9 900	37 212
生产费用合计	22 500	14 312	14 400	51 212
产成品数量	6 000	6 000	6 000	—
月末在产品数量	1 500	1 500	1 500	
约当总产量	7 500	6 750	6 750	
结转完工产品成本	18 000	12 722	12 800	43 522
单位成本	3.00	2.12	2.13	7.25
月末在产品成本	4 500	1 590	1 600	7 690

结转B产品成本的会计分录：

借：产成品——B产品　43 522
　　贷：生产成本——基本生产成本——B产品　43 522

上述分录英文分录为：

Dr：Finished goods—Basic department—product B　43 522
　　Cr：Work in process—Basic department—product B　43 522

在我国品种法作为一种最基本的成本核算方法被许多企业广泛应用。而在西方国家，很少有企业采用品种法。因为西方国家很少有企业是进行单品种、单步骤的大批量生产。企业产品品种变动比较频繁，种类繁多且更新换代快，采用品种法不利于会计一贯性原则。同时西方国家的会计基础和计算机技术比较强，它们追求更精确的成本计算，所以西方国家的企业更倾向于使用分批法。品种法在西方国家不作为一种成本计算的基本方法。

第二节 成本计算的分批法

一、分批法的概念

分批法又称订单法(job-order costing,是以产品的批别作为成本核算对象归集和分配生产费用,计算产品成本的一种成本计算方法。这种方法在西方国家的企业中被广泛应用,它适用于单件、小批量的生产企业,如造船、机械制造、新产品研制、在建工程及修理作业等。当生产过程或订单有要求完成的时间框架,此时应采用分批成本计算法。顾名思义,在生产/制造过程开始之前,费用就收取和归集到订单中。当材料、劳动力成本和制造费用发生,相关的成本记录到每个订单成本明细账中,然后在报告中汇总订单完成时的总成本。定制珠宝、汽车修理,甚至公司审计或法律案件都可以使用分批成本计算法。

很多西方国家企业由于产品品种多,更新换代快,所以多数企业倾向于使用分批法而不是品种法计算产品成本。如李维斯牛仔服生产厂家,它们每一季都会生产不同款式的男女服装,而下一季度款式又会更新,所以这种企业基本都会采用分批法计算产品成本。假如本月李维斯要生产一种型号为 A310 的女式牛仔裤 10 000 条,那么这 10 000 条牛仔裤就被称为一个订单或批别。在分批法下,成本费用的归集与分配都是按照订单或批别来进行的。

二、分批法的特点

1. 成本计算对象

分批法以生产产品的企业规定的批别或事先收到的客户订单为成本计算对象。

2. 成本计算周期

分批法通常是与订单的签发和结束紧密配合的,所以成本的计算往往是不定期的。产品成本的计算期通常与生产周期一致,而与财务报告期不一致。

3. 生产费用在完工产品和月末在产品之间的分配

由于成本的计算周期与财务报告期不一致,所以一般不存在生产费用在完工产品和月末在产品之间分配的问题,但根据批量的大小,又可分为以下几种情况。

(1)如果是单件生产,那么在单件产品没完工时,所有的生产费用在月末都为在产品。当产品完工时,所有生产费用归为完工产品成本,即单位产品成本。所以这种情况下不存在生产费用在完工产品与在产品间分配的问题。

(2)如果是数量很少的小批生产,产品基本可以同时完工。所以和单件产品类似,产品完工前全部都为在产品成本,完工后全部转为产成品成本。月末不需要把生产费用在完工产品和在产品之间进行分配

(3)如果订单的数量较大,产品是跨越时间陆续完工的,那么就要在月末分配完工产品和在产品的成本。可以按照计划单位成本、定额单位成本或标准成本计算完工产品成本。用总的生产费用减除如此计算出的完工产品成本,剩余差额即是月末在产品成本。

三、分批法的成本核算程序

(1) 按客户订单或产品批别来设立成本明细账。

(2) 根据各项费用的原始凭证及相关资料编制有关记账凭证并登记有关明细账,编制各种费用分配表分配各种要素。对于可直接追溯的成本直接计入该批别成本,对于间接成本,一般按生产地点归集,并按适当方法分配计入产品成本。

(3) 月末根据完工批别产品的完工通知单,将已计入该批完工产品成本明细账的生产费用,按成本项目加以汇总,计算该批产品的总成本和单位成本,结转入产成品库存。

【例 4.2】 德马吉精密设备厂收到一笔订单,为一家过山车生产商生产两个实验性的联合器。该联合器是将车厢固定在轨道上的重要部件,对过山车的运行安全也至关重要。这种联合器要被用于一种新型过山车的实验中,所以本次只订购两个,如果实验成功,该过山车厂商未来所需的所有联合器都将向德马吉订购,而这两个将先按生产成本价支付,所以德马吉需要比较精准地计算出该订单的成本。德马吉把该订单编号为 2B47,从 3 月 2 日开始生产,并把成本分为直接材料、直接人工和制造费用三大类来归集生产费用。以 3 月 2 日为例演示直接费用的归集。

(1) 归集直接材料成本:假如生产一个该产品需要的原料包括两个连接器和一个机盒,生产一车间按需填制领料单领料,见表 4.10。

表 4.10 德马吉公司成本资料

领料单号:14873　　　　　　　　　　　日期:3 月 2 日

订单号/批号:2B47

领料单位:生产一车间

摘要	数量	单位成本(元/个)	总成本(元)
M46 机盒	2	124	248
G7 连接器	4	103	412
合计			660

假如该订单还需其他材料,则为该订单发生的每一笔领料都标明订单号 2B47,期末归集所有 2B47 的领料单就可得出该订单的直接材料成本。

(2) 归集直接人工成本:人工成本的归集主要是依据工时记录单。在信息技术比较发达的企业,每个员工的工牌和每个工种都有个唯一的代码,员工在进行每一项工作的开始和结束时都要在工作的刷卡处刷卡,这样每位员工在各自岗位的工作时间就能准确地记录下来。假如在德马吉,2B47 这笔订单是由李梅和刘勇两名员工一天内完成的。工时记录单(time ticket)如表 4.11、表 4.12。

表 4.11　德马吉公司工时记录单(1)

工时单号：843　　　　　　　　　日期：3月2日
员工：刘勇　　　　　　　　　　　所属部门代码：4

开始	结束	时长(小时)	工资率	工资额(元)	订单号
9:00	12:00	3.0	40	120	2B47
13:00	18:00	5.0	40	200	2B47
合计				320	

表 4.12　德马吉公司工时记录单(2)

工时单号：844　　　　　　　　　日期：3月2日
员工：李梅　　　　　　　　　　　所属部门代码：4

开始	结束	时长(小时)	工资率	工资额(元)	订单号
9:00	12:00	3.0	45	135	2B47
13:00	15:00	2.0	45	90	2B50
15:00	18:00	3.0	45	135	维护
合计				360	

我们可以看到为2B47所发生的直接人工即订单号是2B47的成本共320+135=455元。而李梅在15:00—18:00发生的工资费用属维护成本，要计入间接费用归集到"制造费用"科目并在月末分配计入各项成本，而不能直接计入2B47的直接人工。当然中国很多企业并没有如此详细的工时纪录，一般只能精确到天。所以技术的应用对会计行业有着重要的影响。

假如2B47共生产了6天完工，总结出的成本计算单如表4.13。

表 4.13　德马吉成本计算单(1)

订单号：2B47　　　　　　　　　开始日期：3月2日
部门：一车间　　　　　　　　　完工日期：3月8日
项目：特制联合器
存货：　　　　　　　　　　　　完工产量：2

直接材料		直接人工			制造费用		
领料单号	成本(元)	工时单号	小时	工资(元)	小时	分配率	总额(元)
14 873	660	843	8	320			
14 875	506	844	3	135			
14 912	238	850	4	160			
	1 404	851	10	450			
			25	1 065			

(3) 根据以上资料分配制造费用：加入本月共归集制造费用3 200 000元，共发生直接

人工成本 40 000 元,德马吉按直接人工小时分配制造费用。则：

制造费用分配率＝3 200 00÷80 000＝40（元/小时）

表 4.13 中归集出 2B47 的直接人工为 25 小时,则订单 2B47 应负担的制造费用为：

制造费用＝40×25＝1 000（元）

现在我们就可以完成上述成本计算单,如表 4.14。

表 4.14　德马吉成本计算单(2)

订单号：2B47　　　　　　　　　　　开始日期：3 月 2 日
部门：一车间　　　　　　　　　　　完工日期：3 月 8 日
项目：特制联合器
存货：　　　　　　　　　　　　　　完工产量：2

直接材料		直接人工			制造费用		
领料单号	成本（元）	工时单号	小时	工资（元）	小时	分配率（元/小时）	总额（元）
14 873	660	843	8	320	25	40	1 000
14 875	506	844	3	135			
14 912	238	850	4	160			
	1 404	851	10	450			
			25	1 065			

成本汇总			存货汇总				
直接材料（元）	1 404		日期	转入数量（个）	发出数量（个）	余额（个）	
直接人工（元）	1 065		3 月 8 日	2	0	2	
制造费用（元）	1 000		3 月 9 日	—	2	0	
总成本（元）	3 469						
单位成本（元/个）	1 734.5						

相应的会计分录如下：

(1) 记录直接材料和直接人工成本

借：生产成本——基本生产成本——2B47 订单　2 469
　贷：原材料　1 404
　　　应付职工薪酬　1 065

相应的英文分录为：

Dr：Work in process—Basic department—2B47　2 469
　Cr：Raw materials　1 404
　　　Salary payable　1 065

(2) 分配计入制造费用

借：生产成本——基本生产成本——2B47 订单　1 000
　贷：制造费用　1 000

相应的英文分录为：

Dr：Work in process—Basic department—2B47　1 000
　　Cr：Manufacturing overhead　1 000

（3）3月8日结转产成品成本

借：库存商品——2B47　3 469
　　贷：生产成本——基本生产成本——2B47订单　3 469

相应的英文分录为：

Dr：Finished goods—Basic department—2B47　3 469
　　Cr：Work in process—2B47　3 469

（4）3月9日卖出商品结转成本

借：主营业务成本　3 469
　　贷：库存商品——2B47　3 469

相应的英文分录为：

Dr：Cost of goods sold　3 469
　　Cr：Finished goods—2B47　3 469

> **商业实例**
>
> 在服务行业管理订单成本
>
> IBM公司开发了一款名为Professional Marketplace的软件来匹配公司的员工与客户需求。在这款软件中IBM将向客户提供咨询服务这块业务分成了100项工作任务（订单）并细分成10 000种技能。一旦有客户需求时，IBM将这种需求与预定的任务相匹配并在全球范围内寻找能够胜任的员工，确定他们的位置以及用工成本。至2005年，IBM因使用这款软件已经将公司专业服务外包量减少了7%。公司的咨询人员能将工作时间更多地花费在可计费服务中。并且，IBM的高级咨询师很容易地通过电脑在全球范围内寻找适合某个订单的员工，从而节省了大量打电话或发邮件的时间和成本。
>
> 来源：Charles Forelle，"IBM Tool Deploys Employees Efficiently" The Wall Street Journal, July 14，2005 pB3

四、分批法的优缺点

分批成本法能够对特定批次或订单的成本和营运状况提供详细的信息，所以它是特定批次成本计算的理想方法。但对于大规模的生产，分批法则是不适合的。分批法可以和标准成本法、正常成本法等其他方法融合使用，可以更灵活地在不同类型的企业中使用。

同时分批成本法对企业具有战略价值，因为它对所有不同种类的成本都给出了详细的分解说明。这些数据可以使管理层了解不同批次产品的盈利情况，并且对于盈利较差的批次还可以进一步分析其过高的成本来自于哪一个成本项目。

第三节 成本计算的分步法

一、分步法概述

1. 分步法的概念和适用范围

产品成本计算的分步法(processing costing),是以产品的生产步骤作为产品成本计算对象,按每一生产步骤归集生产费用、计算产品成本的方法。分步成本计算法应用于在一段持续的时间一批同质产品的生产过程中。不同于分批成本计算过程,分步成本计算根据不同部门所做的工作对生产过程进行记录。分步法的成本计算通常是按月计算,与会计报告期保持一致。分步法适用于大批大量的多步骤生产且在管理上要求分步骤计算产品成本的企业,例如冶金、纺织、造纸、机械制造等行业。在最后一个步骤生产完的产品为产成品,而在其他各个步骤生产完成的产品都是各种半成品。分步法通常是按照不同品种产品的不同生产步骤来进行成本计算的。

2. 分步法的特点

(1) 成本计算对象

分步法是以产品的生产步骤为成本计算对象。成本计算明细账按产品的品种和生产步骤设立,但生产步骤不一定和实际的生产步骤或生产车间保持完全的一致。例如一个复杂的实际生产步骤可以分解为几个生产步骤来计算成本,而几个较小的生产车间的几个步骤也可以合并为一个生产步骤。

(2) 成本计算期

分步法的成本计算以月为周期,在每个月末计算成本。成本计算期与会计周期保持一致,与生产周期不一致。

(3) 生产费用在完工产品和月末在产品之间的分配

分步法的产品基本都是跨月陆续完成的,产品计算与生产周期不一致,因此月末有在产品存在。所以在月末通常要选用适当的方法将生产费用在完工产品和月末在产品之间进行分配,分别计算完工产品和在产品的成本。

(4) 各步骤之间的成本结转

由于产品在生产时是分步骤进行的,上一步骤生产完成的半成品是下一步骤的加工对象,所以产品的生产成本要在各个步骤之间进行结转,这也是分步法的一个重要特征。

3. 分步法的分类

采用分步法的时候,由于企业管理要求和生产特点的不同,在结转各步骤的成本时,可分为逐步结转分步法和平行结转分步法。逐步结转分步法又可以根据半成品成本在下一步骤成本计算单中的反映方式的不同,分为逐步综合结转分步法和逐步分项结转分步法。下面我们就不同类型来逐一讲解每一种分步法的成本计算程序。

二、逐步结转分步法

1. 逐步结转分步法概述

逐步结转分步法是按照产品加工步骤的先后顺序,逐步计算并结转半成品成本,上一步骤所生产的半成品成本,要随着半成品实物的转移,从上一步骤的产品成本明细账中转入到下一步骤相同产品的明细账中,直到最后的步骤累计出产成品的成本的一种成本计算方法。这种方法的最大优点是能够提供每一步骤的半成品成本,所以也被称为"计算半成品成本法"。这种方法适用于大批量连续复杂生产的企业。其中的半成品不仅可以用于下一步骤的生产来加工成为最终的产成品,也可以进行单独的出售,所以半成品成本计算非常必要。当然,半成品的成本信息对企业成本的监控管理也是非常重要的。

2. 逐步结转分步法的计算程序

逐步结转分步法的计算程序可概括如下:

(1) 按照各生产步骤,为每个生产步骤的每种产品开设明细账和成本计算单。

(2) 归集和分配生产费用。对于当期发生的各种直接费用,直接计入直接材料和直接人工明细账,而对于其他的间接费用(如制造费用)则先进行归集,再按一定方法分配到各步骤的明细账中。

(3) 计算各中间步骤的完工产品即半成品的成本和各步骤的在产品成本。各步骤作为一个独立的生产环节而言可以像品种法一样计算分配完工产品和在产品的成本。而每个步骤的完工产品在整个生产过程中就是半成品,半成品的成本随着实物的转移,一同被转入下一生产步骤,这样就可以逐步计算出每一步骤的半成品成本直至最后一步的产成品成本。生产费用在各步骤完工产品和在产品之间的分配,可以采用约当产量法、定额比例法和定额成本法。

(4) 月末按产品品种结转各步骤半成品成本直至最后一步,计算出每种产品的总成本和单位成本。

逐步结转分步法按半成品成本在下一步产品成本明细中的反映方式,可分为逐步综合结转分步法和逐步分项结转分步法两种。

3. 逐步结转分步法的使用

采用这种方法时,各步骤所耗的上一步骤半成品的成本,按所耗的半成品的数量乘以半成品的实际单位成本计算。如果上一步完工半成品直接转入本步骤,则其成本直接从上一步转入;如果企业设立半成品仓库,从半成品库中领用,由于各月生产的半成品成本基本都不同,因而企业要选择用先进先出法或加权平均法等发出存货的计价方法来计算领用的半成品成本。

【例 4.3】 江南设备厂大量生产产品 FG,该产品需要经过三个步骤连续加工而成。原材料在生产开始时一次性投入,第一步骤由第一车间完成,产成的半成品为 A 半成品,第一车间完工的半成品直接移交下一生产步骤车间——第二车间。第二车间生产第二步骤的完工产品称为 B 半成品。B 半成品完工后先交入自制半成品库,领用时采用全月一次加权平均法计价。第三步骤由第三车间完成,第三车间从半成品库领用 B 半成品并将其加工成产成品FG。该企业采用综合结转分步法计算产品成本,生产费用采用约当产量法在完工产品和在产品之间进行分配。该企业2018年4月有关成本资料如表4.15、表4.16。

表4.15 本月生产费用资料

单位:元

项目	月初在产品成本			本月发生费用		
	一车间	二车间	三车间	一车间	二车间	三车间
直接材料	390			1 610		
半成品		3 900	1 648		待定	待定
直接人工	180	484	169	1 200	1 752	1 792
制造费用	268	396	139	1 940	2 412	1 610
合计	838	4 780	1 956	4 750		

表4.16 产量记录

单位:件

项目	一车间	二车间	三车间	在产品完工率
月初在产品	10	18	8	
本月投产	40	42	48	
本月完工	42	44	50	
月末在产品	8	16	6	50%

(1)第一车间的完工产品(A半成品)成本计算如表4.17。

第一车间约当产量计算:

直接材料在产品约当产量=8×100%=8(件)

直接材料约当总产量=8+42=50(件)

其他项目在产品约当产量=8×50%=4(件)

其他项目约当总产量=4+42=46(件)

表4.17 A半成品成本计算单

第一车间:A半成品　　　　　　　　2018年4月　　　　　　　　单位:元

摘要	直接材料	直接人工	制造费用	合计
月初在产品成本	390	180	268	838
本月生产费用	1 610	1 200	1 940	4 750
生产费用合计	2 000	1 380	2 208	5 588
约当总产量	50	46	46	—
完工产品单位成本(元/件)	40	30	48	118
完工产品总成本	1 680	1 320	2 400	5 400
月末在产品成本	320	184	192	696

第一车间的完工产品成本直接转移到下一生产步骤即第二车间,根据成本计算单编制下列会计分录:

借:生产成本——基本生产成本——二车间B半成品　5 400
　　贷:生产成本——基本生产成本——一车间A半成品　5 400

上述分录的英文分录为:

Dr:Work in process—Basic department—Department Two—semi-finished goodsB　5 400
　Cr:Work in process—Basic department—Department One—semi-finished goodsA
　　　5 400

(2)第二车间的完工产品(B半成品)成本计算如表4.18。

第二车间约当产量计算:

半成品在产品约当产量＝16×100％＝16(件)

在产品约当总产量＝16＋44＝60(件)

其他项目在产品约当产量＝16×50％＝8(件)

其他项目约当总产量＝8＋44＝52(件)

表4.18　B半成品成本计算单

第二车间:B半成品　　　　　　　　　2018年4月　　　　　　　　　　　　单位:元

摘要	半成品(B)	直接人工	制造费用	合计
月初在产品成本	3 900	484	396	4 780
本月生产费用	5 400	1 752	2 412	9 564
生产费用合计	9 300	2 236	2 808	14 344
约当总产量	60	52	52	—
完工产品单位成本(元/件)	155	43	54	252
完工产品总成本	6 820	1 892	2 376	11 088
月末在产品成本	2 480	344	432	3 256

第二车间的完工产品转入自制半成品库,根据成本计算单编制下列会计分录:

借:生产成本——自制半成品——B半成品　11 088
　　贷:生产成本——基本生产成本——二车间B半成品　11 088

上述分录的英文分录如下:

Dr:Work in process—Semi-finished goods—semi-finished goodsB　11 088
　Cr:Work in process—Basic department—Department Two—semi-finished goodsB　11 088

(3)第三车间产成品成本计算

第三车间要从B自制半成品库领用B半成品,假设B半成品本月期初余额为16件,总成本为3 792元。根据本月数据填制B半成品明细账如表4.19。

表 4.19 B自制半成品明细账

数量单位:件,金额单位:元

月初结存		本月增加		本月累计		本月领用			月末结存	
数量	总成本	数量	总成本	数量	总成本	数量	总成本	单位成本	数量	总成本
16	3 792	44	11 088	60	14 880	48	11 904	248	12	2 976

第三车间领用B半成品分录:

借:生产成本——基本生产成本——三车间FG产品　11 904
　　贷:生产成本——自制半成品——B半成品　11 904

上述分录的英文分录为:

Dr:Work in process—Basic department—Department Three—FG　11 904
　　Cr:Work in process—Semi-finished goods—Semi-finished goodsB　11 904

第三车间产成品成本计算如表4.20。

第三车间约当产量计算:

半成品在产品约当产量=6×100%=6(件)

在产品约当总产量=6+50=56(件)

其他项目在产品约当产量=6×50%=3(件)

其他项目约当总产量=3+50=53(件)

表 4.20 FG产品成本计算单

第三车间:FG产品　　　　　　　　2018年4月　　　　　　　　单位:元

摘要	半成品(B)	直接人工	制造费用	合计
月初在产品成本	1 648	169	139	1 956
本月生产费用	11 904	1 792	1 610	15 306
生产费用合计	13 552	1 961	1 749	17 262
约当总产量	56	53	53	—
完工产品单位成本(元/件)	242	37	33	312
完工产品总成本	10 648	1 628	1 452	13 728
月末在产品成本	3 872	296	264	4 432

产成品入库会计分录:

借:库存商品——FG　13 728
　　贷:生产成本——基本生产成本——三车间FG产品　13 728

上述分录的英文分录为:

Dr:Finished goods—FG　13 728
　　Cr:Work in process—Basic department—Department Three—FG　13 728

(4) 综合结转分步法的成本还原

采用综合结转分步法时,有些中间步骤所耗用的上一步骤半成品是接着按"半成品"项目综合反映的,这样计算出的产成品成本不能反映出原始项目的成本构成,不便于进行成本分析,所以我们一般需要进行成本还原。

成本还原就是将完工产品成本中的"半成品"项目,分解还原为最初的"直接材料""直接人工""制造费用"等原始的成本项目,使产成品成本是以原始成本项目反映,而不出现半成品项目。成本还原从成本计算的最后一个步骤开始按照成本计算的相反顺序,依次还原,直到第一个成本计算步骤为止。然后将各步骤相同的成本项目相加汇总,即可求出按原始成本计算的产成品成本。每一步还原可采用成本还原分配率还原法,成本还原分配率计算公式如下:

$$成本还原分配率 = \frac{本期产品所耗用(需还原)的上一步半成品的成本}{本月所生产的该种完工半成品成本合计}$$

以本例为例,将产成品的成本进行还原如表 4.21。

表 4.21 FG 产成品成本还原计算表

第三车间:FG 产品　　　　2018 年 4 月　　　　　　　　　　单位:元

项目	还原分配率	半成品 B	半成品 A	直接材料	直接人工	制造费用	合计
还原前产成品成本		10 648			1 628	1 452	13 728
本月所产 B 半成品成本			6 820		1 892	2 376	11 088
一次还原——B 半成品成本还原	0.96	(10 648)	6 549		1 817	2 282	0
本月所产 A 半成品成本				1 680	1 320	2 400	5 400
二次还原——A 半成品成本还原	1.21		(6 549)	2 038	1 601	2 911	0
还原后产成品总成本				2 038	5 046	6 645	13 728
还原后单位成本(元/件)				46.31	114.68	151.01	312

表中数据计算如下:

(1) 第一次还原 B 半成品成本项目

还原率=10 648÷11 088=0.96

还原 A 半成品的费用=6 820×0.96=6 5497(元)

还原直接人工的费用=1 892×0.96=1 817(元)

还原制造费用=2 376×0.96=2 282(元)

(2) 第二次还原 A 半成品成本项目

还原率=6 549÷5 400=1.21

还原 A 半成品的费用=1 680×1.21=2 038(元)

还原直接人工的费用=1 320×1.21=1 601(元)

还原制造费用=2 400×1.21=2 911(元)

(3)还原后各成本项目汇总

还原后产成品直接材料=2 038(元)

还原后直接人工的费用=1 628+1 817+1 601=5 046(元)

还原后制造费用=1 452+2 282+2 911=6 645(元)

由上例可知,综合结转分步法可以在各生产步骤的产品明细账中反映各步骤所耗费用的水平,有利于各步骤的成本管理,但需要进行成本还原,计算工作量大。

4. 逐步分项结转分步法

逐步分项结转分步法,简称分项结转法,是将各生产步骤所耗的上一步骤半成品的成本,按照成本项目分别转入其本步骤产品成本明细账的各个成本项目中。如果半成品通过半成品库收发,那么在自制半成品明细账中也要按成本项目进行分配。

【例4.4】 假设李维斯服装厂分裁剪和缝制两个步骤来生产牛仔裤,分别有裁剪车间和缝制车间进行。2018年4月裁剪车间完成A半成品600件,交半成品库验收;缝制车间按照所需数量从A半成品库领用A半成品,所耗A半成品的成本费用按全月一次加权平均法计算。缝制车间本月完工700件C产成品。两个车间月末的在产品均按全月定额成本计价。成本核算数据如表4.22。

表4.22 本月生产费用资料

单位:元

项目	月初在产品成本		本月发生费用			月末在产品定额成本	
	一车间	二车间	一车间	二车间新投入费用	二车间领用半成品成本	一车间	二车间
直接材料	15 000	10 200	35 000	0	待定	20 000	15 300
直接人工	12 000	33 000	56 000	107 000	待定	14 000	51 800
制造费用	7 500	12 800	22 500	60 000	待定	12 000	18 800
合计	34 500	56 000	113 500	167 000		46 000	85 900

(1)根据上述材料计算出A半成品的成本,如表4.23。

表4.23 A半成品成本计算单

裁剪车间:A半成品　　　　　　　　2018年4月　　　　　　　　单位:元

摘要	直接材料	直接人工	制造费用	合计
月初在产品成本	15 000	12 000	7 500	34 500
本月生产费用	35 000	56 000	22 500	113 500
生产费用合计	50 000	68 000	30 000	148 000
完工产品单位成本	50	90	30	170
完工产品总成本	30 000	54 000	18 000	102 000
月末在产品成本	20 000	14 000	12 000	46 000

其中每个成本项目的完工半成品总成本等于该项目本月生产总费用减去该项目月末在产品定额成本而得到。单位成本等于总完工产品成本除以总完工产品数量求得。

裁剪车间的会计分录如下：

借：生产成本——自制半成品——A 半成品　102 000
　　贷：生产成本——基本生产成本——裁剪车间 A 半成品　102 000

上述分录的英文分录为：

Dr：Work in process—Semi-finished goods—A　102 000
　　Cr：Work in process—Basic department—sewing—A　102 000

（2）A 自制半成品成本明细账如表 4.24。（其中期初结存与领用件数为企业给定数据）

表 4.24　A 半成品明细账

产品名称：A 半成品　　　　　　　　　2018 年 4 月　　　　　　　　　　　单位：元

项目	数量（件）	直接材料	直接人工	制造费用	合计
月初结存	400	21 700	36 800	13 750	72 250
本月入库	600	30 000	54 000	18 000	102 000
本月累计	1 000	51 700	90 800	31 750	174 250
单位成本（元/件）		51.70	90.80	31.75	174.25
缝制车间领用	800	41 360	72 640	25 400	139 400
月末结存	200	10 340	18 160	6 350	34 850

本明细账体现了分项结转法与上面的综合结转法的不同。在表 4.24 中，半成品明细账只列示了数量和总成本，而分项结转法则将每个成本项目都分别列明。

根据半成品出库凭证编制领用半成品会计分录如下：

借：生产成本——基本生产成本——缝制车间 C 产品　139 400
　　贷：生产成本——自制半成品——A 半成品　139 400

上述分录的英文分录为：

Dr：Work in Process—Basic department—sewing product C　139 400
　　Cr：Work in Process—Semi-finished goods—A　139 400

（3）计算产成品成本如表 4.25。

表 4.25　C 产成品成本计算单

缝制车间：C 产成品　　　　　　　　　2018 年 4 月　　　　　　　　　　　单位：元

摘要	直接材料	直接人工	制造费用	合计
月初在产品成本	10 200	33 000	12 800	56 000
本月本车间生产费用	0	10 7 000	60 000	167 000
领用半成品成本	41 360	72 640	25 400	139 400
生产费用合计	51 560	212 640	98 200	362 400
完工产品单位成本（元/件）	51.80	229.77	113.43	395
完工产品总成本	36 260	160 840	79 400	276 500
月末在产品成本	15 300	51 800	18 800	85 900

在上面的成本计算单中,产品成本以各原始成本项目登记,而不是以"半成品"综合项目出现,所以不需要进行成本还原,但成本结转工作比较复杂,而且无法看出各步骤所耗用的上一步骤的半成品成本。

产成品入库会计分录:

借:库存商品——C产品　276 500

　　贷:生产成本——基本生产成本——缝制车间 C产品　276 500

上述分录的英文分录为:

Dr:Finished goods—product C　276 500

　　Cr:Work in process—Basic department—sewing—C　276 500

5. 逐步结转分步法的优缺点

逐步结转分步法的优点包括:能够提供各个生产步骤的半成品资料;各步骤的半成品成本随着实物的转移而同时结转,可以为实物管理和资金管理提供信息;各步骤的产品生产成本既包括了本步骤所耗用的生产费用,还包括了所耗用的上一步骤半成品的成本,所以能全面地反映各生产步骤的生产耗用水平,便于各步骤的成本管理和企业决策。

逐步结转分步法的缺点包括:各个生产步骤的成本是逐步结转的,每一步骤必须等上一步骤成本计算完成才能进行本步骤的成本计算;采用逐步结转分步法要进行成本还原,采用分项结转法要在各步骤分项结转,这些使成本结转的工作量变得很大。

三、平行结转分步法

1. 平行结转分步法概述

平行结转分步法是在计算各步骤产品成本时,不计算各步骤半成品成本,也不计算本步骤耗用的上一步骤半成品的成本,只计算本步骤发生的生产费用及这些费用应计入产成品成本的份额,然后平行结转、汇总计算产成品成本的方法。此方法也称不计列半成品成本分步法。

平行结转分步法的特点包括:① 各生产步骤只归集本步骤的生产费用,而不归集所领用的半成品的费用。② 各步骤半成品的成本不随实物的转移而转移,也不用开设"自制半成品"科目。③ 各步骤要计算生产费用应计入产成品成本的份额。每一步骤所发生的费用要分为耗用于最后步骤的完工产品部分和尚未最后完工的广义在产品部分。这里的广义在产品包括:本步骤还没加工完成的在产品,即狭义的在产品;本步骤已完工转入半成品库的半成品;已转入以后各步骤进行继续加工,但尚未最终形成产成品的半成品。平行结转法适用于多步骤大批量生产,但半成品出售很少,且管理上不要求计算产成品成本的企业。

2. 平行结转分步法的计算程序

逐步结转分步法的计算程序可概括如下:

(1) 按照各生产步骤,为每个生产步骤的每种产品开设明细账和成本计算单。

(2) 归集和分配本生产费用。对于当期发生的各种直接费用,直接计入直接材料和直接人工明细账,而对于其他间接费用(制造费用)则先进行归集,再按一定方法分配到本步骤明细账中(本步骤不包括耗用的上一步骤的半成品的成本)。

(3)月末将各步骤归集的生产费用在产成品与广义的在产品之间进行分配,计算出本步骤耗费中应计入产成品成本中的份额。

(4)将各步骤生产费用中应计入产成品成本的份额按成本项目平行结转,将各项目成本汇总得出产成品的总成本和单位成本。

3. 应计入产成品成本中的"份额"的计算

(1)采用定额比例法计算份额

采用定额比例法计算应计入产成品成本中的份额,就是将各步骤的生产耗费按完工产成品和月末广义在产品定额消耗量或定额消耗的比例进行分配,以确定应计入产成品中的份额。直接材料通常按材料耗用定额比例分配,其他生产费用通常按工时定额比例分配。某步骤应计入产成品成本中的份额的计算公式为:

$$耗费分配率 = \frac{该步骤月初在产品成本 + 该步骤本月投入的生产成本}{完工产品在该步骤的定额消耗量 + 月末该步骤广义在产品定额消耗量}$$

由于广义在产品的实物分散在各个生产步骤和半成品库,具体的盘存和计算比较困难,通常采用倒挤的方法进行计算,计算公式为:

$$月末广义在产品定额消耗量 = 月初在产品定额消耗量 + 本月投入产品定额消耗量 -$$
$$本月完工产成品定额消耗量$$

$$计入产成品成本的份额 = 完工产成品定额消耗量 \times 耗费分配率$$

(2)采用约当产量比例法计算应计入产成品成本的份额

采用约当产量比例法计算应计入产成品成本的份额,就是将各步骤生产耗费按照完工产成品数量与月末广义在产品的约当产量的比例进行分配,以确定应计入产成品中的份额。计算公式为:

$$某步骤应计入产成品成本的份额 = 产成品数量 \times 单位产成品耗用的该步骤半成品数量 \times$$
$$该步骤半成品单位成本$$

$$某步骤半成品单位成本 = \frac{该步骤月初在产品成本 + 该步骤本月投入的生产成本}{完工产品所耗该步骤半成品数量 + 月末该步骤广义在产品约当产量}$$

$$某步骤广义在产品约当产量 = 该步骤完工转入半成品库的半成品数量 +$$
$$该步骤以后各步骤的在产品数量 + 该步骤月末狭义的在产品数量$$

如果企业不设半成品库,而是将半成品直接转入下一步骤,则上述公式中该步骤完工转入半成品库的半成品数量为0。

4. 平行结转分步法计算成本

【例4.5】 长江数控机床厂生产的数控车床由三个连续加工的部门完成。产品的加工开始于安装部门,生产出的A半成品直接转入程序部门,程序部门生产出的B半成品直接转入包装部门,包装部门将B半成品加工成产成品TM。一台数控车床耗用一件半成品B,一件半成品B耗用一件半成品A。原材料在开始生产时一次性投入,生产费用采用约当产量法在产成品和在产品之间分配。企业采用平行结转分配法计算产品成本。2018年4月成本资料如表4.26、表4.27。

表 4.26 产量资料

单位:件

项目	月初在产品	本月投产	本月完工	月末在产品	在产品在本步骤完工率
安装部门	10	140	130	20	50%
程序部门	20	130	135	15	60%
包装部门	30	135	160	5	80%

表 4.27 成本资料

单位:元

项目	月初在产品成本			本月发生费用		
	安装部门	程序部门	包装部门	安装部门	程序部门	包装部门
直接材料	620			1 380		
直接人工	870	832	518	1 980	2 300	2 516
制造费用	310	237	93	830	633	481
合计	1 800	1 069	611	4 190	2 933	2 997

(1) 安装部门成本计算

安装部门的广义在产品数量=20+15+5=40(件)

直接材料半成品单位成本=(620+1 380)÷(160+40×100%)=10(元/件)

直接材料应计入产成品成本的份额=10×160=1 600(元)

直接材料应计入在产品成本的份额=10×40=400(元)

直接人工半成品单位成本=(870+1 980)÷(160+15+5+20×50%)=15(元/件)

直接人工应计入产成品成本的份额=15×160=2 400(元)

直接人工应计入在产品成本的份额=15×(15+5+20×50%)=450(元)

制造费用半成品单位成本=(310+830)÷(160+15+5+20×50%)=6(元/件)

制造费用应计入产成品成本的份额=6×160=960(元)

制造费用应计入在产品成本的份额=6×(15+5+20×50%)=180(元)

根据上述数据登记 A 半成品成本计算单,如表 4.28。

表 4.28 产品成本计算单

安装部门:A 半成品　　　　　　　　　2018 年 4 月　　　　　　　　　单位:元

摘要	直接材料	直接人工	制造费用	合计
月初在产品成本	620	870	310	1 800
本月生产费用	1 380	1 980	830	4 190
生产费用合计	2 000	2 850	1 140	5 990
约当总产量(件)	200	190	190	—
完工产品单位成本(元/件)	10.00	15.00	6.00	31.00
完工产品总成本	1 600	2 400	960	4 960
月末在产品成本	400	450	180	1 030

(2) 程序部门成本份额计算

直接人工半成品单位成本=(832+2 300)÷(160+15×60%+5)=18(元/件)
直接人工应计入产成品成本的份额=18×160=2 880(元)
直接人工应计入在产品成本的份额=18×(15×60%+5)=252(元)
制造费用半成品单位成本=(237+633)÷(160+15×60%+5)=5(元/件)
制造费用应计入产成品成本的份额=5×160=800(元)
制造费用应计入在产品成本的份额=5×(15×60%+5)=70(元)
根据上述数据登记B半成品成本计算单,如表4.29。

表4.29 产品成本计算单

程序部门:B半成品　　　　　　　　　　　　　　　　　　　　　　　　　　　　单位:元

摘要	直接人工	制造费用	合计
月初在产品成本	832	237	1 069
本月生产费用	2 300	633	2 933
生产费用合计	3 132	870	4 002
约当总产量(件)	174	174	—
完工产品单位成本(元/件)	18.00	5.00	23.00
完工产品总成本	2 880	800	3 680
月末在产品成本	252	70	322

(3) 包装部门成本份额计算

直接人工半成品单位成本=(518+2 516)÷(160+5×80%)=18.5(元/件)
直接人工应计入产成品成本的份额=18.5×160=2 960(元)
直接人工应计入在产品成本的份额=18×(5×80%)=74(元)
制造费用半成品单位成本=(93+481)÷(160+5×80%)=3.5(元/件)
制造费用应计入产成品成本的份额=3.5×160=560(元)
制造费用应计入在产品成本的份额=3.5×(5×80%)=14(元)
根据上述数据登记TM产品成本计算单,如表4.30。

表4.30 产品成本计算单

包装部门:TM产成品　　　　　　　　　　　　　　　　　　　　　　　　　　　单位:元

摘要	直接人工	制造费用	合计
月初在产品成本	518	93	611
本月生产费用	2 516	481	2 997
生产费用合计	3 034	574	3 608
约当总产量(件)	164	164	—
完工产品单位成本(元/件)	18.50	3.50	22.00
完工产品总成本	2 960	560	3 520
月末在产品成本	74	14	88

(4) 汇总完工产品成本

将上述三个部门应计入产成品成本的份额,平行结转汇总即可得到产成品 TM 的成本,如表 4.31。

表 4.31 TM 产品成本汇总表

产量:160 件　　　　　　　　　　2018 年 4 月　　　　　　　　　　单位:元

部门份额	直接材料	直接人工	制造费用	合计
安装部门	1 600	2 400	960	4 960
程序部门		2 880	800	3 680
包装部门		2 960	560	3 520
产品总成本	1 600	8 240	2 320	12 160
产品单位成本(元/件)	10.00	51.50	14.50	76.00

结转产成品成本的会计分录如下:
借:库存商品——TM 产品　12 160
　　贷:生产成本——基本生产成本——安装部门　4 960
　　　　　　　　　　　　　　　　——程序部门　3 680
　　　　　　　　　　　　　　　　——包装部门　3 520

上述分录的英文分录为:
Dr：Finished goods—TM　12 160
　　Cr：Work in process—Basic department —installment　4 960
　　　　　　　　　　　　　　　　　　　　—software　3 680
　　　　　　　　　　　　　　　　　　　　—packaging　3 520

5. 平行结转分步法的优缺点

平行结转分步法可以同时计算各步骤产品成本,然后将各步骤应计入产成品成本的份额平行结转汇总计入产成品成本。该方法的优点是不需要逐步结转半成品成本,避免等待上一步骤产品成本结转,从而简化和加速了成本计算过程;能够直接提供按原始成本项目反映的产成品成本资料,不必进行成本还原,减少了成本计算工作量。该方法的缺点是不能提供各步骤半成品成本资料;各步骤的成本不随实物的转移而结转,因而不能为各步骤在产品的成本管理和实物管理提供资料;各步骤不计算所耗用的半成品成本,因而不能全面反映该步骤产品的生产耗费水平,可能不利于这些步骤的成本管理需求。

商业实例

比利时的圣西修斯修道院的修道士从 1839 年开始酿造啤酒。消费者需预约采购这种啤酒并且每月限购 2 箱(每箱 24 瓶)。这种稀有并享有盛誉的啤酒每瓶(约 320 毫升)价格约合人民币 100 元。

修道院酿造的啤酒原料包括水、麦芽、糖、啤酒花和酵母。啤酒的生产分为以下几个连续的步骤:

> ① 碾磨麦芽;② 酿造和过滤,在碎的麦芽中加水并将麦芽汁过滤出来;③ 煮沸消毒;④ 加入酵母发酵至少3周;⑤ 装瓶,在装瓶过程中会再次加入酵母和糖。啤酒会在装瓶后继续发酵2周以上。和其他追求增长和利润的企业不同,这家修道院从1946年至今都没有扩大过产量,他们只希望获得的销售利润能够负担修道士们的基本生活费用。
>
> 来源:John W. Miller,Trappist Command:Thou Shalt Not Buy Too Much of Our Beer. The Wall Street Journal,November29,2007,pp. A1 and A14.

第四节 作业成本法

一、作业成本法概述

作业成本法又称 ABC 成本法(activity-based costing),这种成本计算方法是以作业为成本核算对象,通过成本动因确认和计量耗用企业资源的所有作业,将耗用的资源成本计入作业,将所有作业成本分配给产品或服务的一种成本计算方法。作业成本法的基本指导思想是"产品消耗作业,作业消耗资源"。这种方法试图将制造费用更精确地分配到产品中。一个客户订单可能会引起一系列的行为或作业。例如,山姆超市从迪斯尼童装厂订购了1 000件女童裙子,迪斯尼工厂会相应产生一系列行为,如建立生产订单、设计款式、购买原材料、裁剪和缝制、质检和包装等,这些行为都将消耗资源。在 ABC 成本法下,各种行为被分为作业并将其成本直接分配到引起成本的产品中去。作业成本法适用于产品极为多样化、流程很复杂或产量相当高的公司,或是那种很容易发生成本扭曲的公司。作业成本法最先由制造公司采用,现在很多服务行业如医院、银行、保险公司也开始采用作业成本法。

在作业成本法下,直接成本直接计入有关产品,与传统成本计算方法相同,但直接成本的范围比传统成本计算方法要大。凡是可以方便地追溯到产品的成本,如材料、人工和其他成本都可以直接计入特定产品,尽量减少不准确的分配。不能追溯的成本,则先计入或分配到有关作业,再从作业成本分配到有关产品。引起相关成本对象的总成本发生变动的因素称之为成本动因。在作业成本计算中,成本动因可分为资源成本动因和作业成本动因。

在作业成本法下,我们不是采用单一的标准来分配制造费用,而是针对不同的作业采用不同的分配标准。在作业成本法中的作业指能引起制造费用发生的一类事项,例如调试机器、开发票、律师会见客户、在银行开户、设备维护等。作业成本法为每一种重要的作业设立作业成本库,所有和该作业相关的成本都被归集到相应的作业成本库中,作业动因则代表了某项作业被执行的次数或作业量,它是分配成本的基础,例如开出的采购订单的数量就是采购订单这一作业的作业动因。作业分配率即为每项作业分配的比率,其计算公式为：

$$作业分配率 = \frac{该项作业总成本}{总的作业动因}$$

【例 4.6】 某企业将机器调试成本列为一个成本库，每批产品生产都需要调试一次机器，该企业按批次生产产品。如果本月机器调试成本库中共归集了制造费用 150 000 元，总的机器调试次数为 1 000 次。A 批次产品 100 件，调试机器 300 次，B 批次产品 1 000 件，调试机器 300 次。每批次产品应负担的机器调试成本计算如下：

作业分配率＝150 000÷1 000＝150（元/次）

A 批次产品应负担的调试费用＝300×150＝45 000（元）

B 批次产品应负担的调试费用＝300×150＝45 000（元）

可见虽然 B 批次产品的数量是 A 批次产品的 10 倍，但它们产生的调试机器的费用是相等的。作业成本法使得费用的分配更加精确，并且便于管理层发现问题，可以更好地评估某项订单的成本和利润率。

二、设计作业成本系统

在设计作业成本系统（activity-based costing system）时最重要的是决定系统中设立哪些作业以及每项作业如何计量。在大部分公司，能产生制造费用的活动有成千上万种，如果每一种活动都设为一个作业来归集成本显然是不现实也不经济的，所以在设计作业成本系统时我们需要确定几种重要的成本，并决定把相似或相关的活动归于同一种作业中。在此过程中设计者应参照高层管理者的意见不断地调整作业分类，使作业最终确定在合理并经济的范围内，最终应形成作业说明来详细列举在作业成本系统中每一种作业名称和包含的具体活动以及相应的每种作业的作业动因和计量方式。

通常来说，作业可以被分为 4 个层次：单位作业（unit level）、批别作业（batch level）、产品作业（product level）和支持作业（facility level）。

单位作业是指是单位产品受益的作业，每生产一单位的产品都会产生相应的作业成本。单位作业成本与产品的数量成正比，如加工设备耗用的电费，每加工一个产品，都会产生一定的电费。

批别作业指能使一批产品受益的作业。批别作业成本与产品的批别数量成正比，如生产准备、设备调试一次可以生产一批产品，生产准备作业成本由生产准备的次数决定。

产品作业指能使一种产品收益的作业，如新产品设计费，它的成本与生产多少个产品或多少批次无关。

支持作业是为维持企业正常运营，能使所有产品都受益的作业。支持作业的成本与产品的生产数量和批次都没有关系。常见的例子如高层管理者工资、保险费、办公楼折旧费用等。这种费用无法追溯出和产品的因果关系，所以通常这种费用都是采用主观的分配方法分配到产品中去，这种分配可能会产生一些误导。

表 4.32　生产企业中 4 个作业层次举例

作业层次	作业举例	作业动因
单位作业(unit level)	产品检测 手工加工产品	检测的产品单位数 直接人工小时
批别作业(batch level)	处理采购订单 处理生产订单 调试机器 材料收货	采购订单数量 生产订单数量 调试机器数量 材料的重量或材料整理的次数
产品作业(product level)	产品设计 新产品测试	设计的小时 测试的小时
支持作业(facility level)	厂部的行政工作 厂房	直接人工小时 直接人工小时

作业成本系统的复杂程度可以视公司的具体情况和管理要求而有所不同。有些公司的作业成本系统可能只在不同层次的作业中设立 1~2 个成本库,而有些公司的作业成本系统则要复杂得多。

图 4.2 给出了一个简单的作业成本系统的示例。在本例中的企业分两步把间接的制造费用分配到最终产品中去。第一步是将所有的制造费用归集到相应的成本库中,第二步是将每个成本库中的费用按相应的分配标准分配到产品中去。例如在第一步归集费用到"生产订单成本库"中时,可以将那些调整产品设计以满足不同订单需求的工程师或设计师的工资费用计入该成本库,还可以将安排和监控订单生产的成本以及其他接收和处理生产订单的成本都归集在生产订单成本库中。在第一步归集费用完成之后,就可以计算每一个成本库的分配率并将费用分配到产品中去。每个成本库的分配率及分配费用的计算与其他成本计算方法一致。唯一不同的是作业成本法每一个成本库采用一种分配标准,整个成本计算系统会采用多种分配标准,而传统的成本计算方法往往采用统一的一种分配标准。

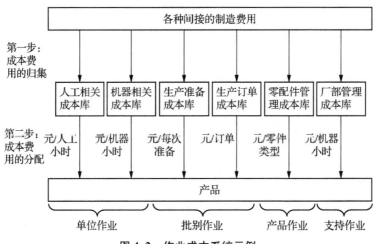

图 4.2　作业成本系统示例

三、作业成本法下成本的计算

不同的产品对企业资源的耗用需求是不同的。在传统的成本计算体系中,企业只采用单一的分配标准,如人工工时或机器工时,这样就忽略了产品对企业资源耗用方式的不同,从而可能导致成本的扭曲。下面我们用一个例子来比较作业成本法和传统成本法的不同。

【例 4.7】 康迈音响现在采用分批法计算产品成本,制造费用统一采用直接人工小时为标准进行分配。公司主要生产 CD 播放机(简称 CD 机)和 DVD 播放机(简称 DVD 机)两种产品,这两种产品都销给汽车生产商用于安装在汽车上。最近,公司丢掉了很多 CD 机的订单,因为其竞争者能提供更低的价格。同时,康迈在 DVD 的竞标中总是能够胜出,因为他们的价格存在优势。但 DVD 机只是公司的二级产品,CD 机才是需求量巨大的主打产品,所以市场营销经理非常希望能保住 CD 机的市场份额,而不是单纯依靠 DVD 机的销量。目前,康迈公司的竞争者给出的 CD 的报价要低于康迈公司当前计算出的 CD 机成本,所以销售经理怀疑现在采用的成本计算体系歪曲了两种产品真正耗费的企业资源,因而得出了不准确的成本数字。为了更准确地分配生产费用,公司成立了专门小组(ABC 小组)设计了作业成本体系。

首先 ABC 小组收集了以下产品费用信息,如表 4.33、表 4.34。

表 4.33 产品费用资料

产品	数量(台)	单位所耗直接工时(小时)	直接工时合计(小时)
DVD 机	50 000	2	100 000
CD 机	200 000	2	400 000
合计			500 000

表 4.34 直接费用资料

单位:元

项目	DVD 机	CD 机
直接材料	90	50
直接人工	20	20

本公司预计当年发生的总的制造费用将达到 10 000 000 元。ABC 小组调查发现,尽管两种产品所耗的直接人工工时相等,但 DVD 机需要耗用更多的机器工时、更多的测试和更多次的设备调试。同时,因为 DVD 机大部分是小批量订单生产,DVD 机的生产订单处理成本也更高。现在公司只采用人工工时来分配制造费用,按这种方法计算的成本如表 4.35:

制造费用分配率=10 000 000÷500 000=20(元/人工工时)
每台 DVD 机应负担的制造费用=20×2=40(元)
每台 CD 机应负担的制造费用=20×2=40(元)

表 4.35　单位成本计算单

单位:元

项目	DVD 机	CD 机
直接材料	90	50
直接人工	20	20
制造费用	40	40
合计	150	110

这种成本计算方法的缺陷在于它采用了直接人工小时作为唯一的费用分配标准来分配所有的制造费用,这样就忽略了其他因素的影响,如测试的次数、生产订单的处理和安排。根据历史数据,我们可以看出 DVD 机和 CD 机对企业资源的要求不同,但在传统的成本计算法下,每单位产品要负担的制造费用是相等的,因为它们耗用的直接人工时间相同。这种计算方法简单易行,在其他因素对产品成本的影响很小时是适用的,但在康迈公司这种其他因素对成本有重大影响的情况下,传统的成本计算方法无疑会造成产品成本的扭曲。

ABC 小组分析了康迈公司的生产特点,在作业成本系统中设计了六项重要的作业,将所有的制造费用重新归集在了六大作业成本库中。重新归集的生产费用资料如下表 4.36。

表 4.36　成本资料

作业和作业动因	制造费用(元)	作业量(小时或次)		
		DVD 机	CD 机	合计
直接人工相关(直接人工小时)	800 000	100 000	400 000	500 000
机器相关费用(机器工时)	2 100 000	300 000	700 000	1 000 000
机器调试(调试次数)	1 600 000	3 000	1 000	4 000
生产订单(订单数)	3 150 000	800	400	1 200
零部件管理(零部件种类)	350 000	400	300	700
厂部费用(机器工时)	2 000 000	300 000	700 000	1 000 000
制造费用合计	10 000 000			

首先,我们可以用每种作业库的总制造费用除以该作业库两种产品总的作业量即可得到每种作业库的分配率,见表 4.37。

表 4.37　作业分配率计算

	(a)	(b)	(a)÷(b)
作业和作业动因	制造费用(元)	作业量(小时或次)	分配率(小时/台或次/台)
直接人工相关(直接人工小时)	800 000	500 000	1.6
机器相关费用(机器工时)	2 100 000	1 000 000	2.1
机器调试(调试次数)	1 600 000	4 000	400
生产订单(订单数)	3 150 000	1 200	2 625
零部件管理(零部件种类)	350 000	700	500
厂部费用(机器工时)	2 000 000	1 000 000	2

用每种作业库的分配率分别乘以两种产品在该作业库的作业量即是该产品应负担的本作业库的制造费用,将所有作业库的制造费用相加即是总的制造费用,总制造费用除以总产品量即为该产品单位产品应负担的制造费用。计算结果如下表 4.38 所示。

表 4.38 单位产品应负担的制造费用计算表

作业	分配率	DVD 机 作业量（小时或次）	DVD 机 制造费用（元）	CD 机 作业量（小时或次）	CD 机 制造费用（元）
直接人工相关	1.6	100 000	160 000	400 000	640 000
机器相关费用	2.1	300 000	630 000	700 000	1 470 000
机器调试	400	3 000	1 200 000	1 000	400 000
生产订单	2 625	800	2100 000	400	1 050 000
零部件管理	500	400	200 000	300	150 000
厂部费用	2	300 000	600 000	700 000	1 400 000
制造费用合计			4890 000		5110 000
产品数量			50 000		200 000
单位产品制造费用			97.8		25.55

由上表可知,在作业成本法下,每台 DVD 机应负担的制造费用为 97.8 元,而每台 CD 机需负担的制造费用为 25.55 元。ABC 小组根据这一数据进一步计算出了两种产品的生产成本,并与传统成本计算方法下计算的成本进行了比较,如表 4.39 所示。

表 4.39 单位产品成本计算及比较

单位:元

方法	作业成本法 DVD 机	作业成本法 CD 机	分批法 DVD 机	分批法 CD 机
直接材料	90	50	90	50
直接人工	20	20	20	20
制造费用	97.8	25.55	40	40
单位产品成本	207.8	95.55	150	110

由此,ABC 小组总结了以下结论:

在过去的成本计算法下,两种产品的单位制造费用都是 40 元,但按它们真正对企业资源的耗费情况计算两种产品应负担的单位制造费用应分别为 97.8 元和 25.55 元。因此,如果单纯使用直接人工小时这一种分配标准势必造成成本的严重扭曲。在这种成本扭曲的情况下,DVD 机很可能是被亏本销售的。相对应的,我们一直认为竞争者所报出的 CD 机价格过低,甚至低于了我们的成本,可能只是因为我们高估了 CD 机的成本。CD 机在传统的成本方法下承担了不应由它承担的制造费用,所以并不是康迈公司没有价格竞争力,而是我们扭曲了产品成本。

通常来讲,在使用作业成本法时,相较于传统的成本计算法制造费用会从大批量的产品转移到小批量的产品中去,这是因为在规模经济下,大批量产品在批次级作业和产品级作业中的单位成本会更低。

四、作业成本法的优缺点

1. 作业成本法的优点

作业成本法能更准确地计算产品的成本。因为作业成本法分成多个成本库归集成本并采用多个分配率分配制造费用,所以比传统的全厂统一归集、采用统一标准进行分配这种方法计算的成本更为准确,不易发生产品成本严重扭曲失真的情况。

作业成本法计算不同作业动因的成本,允许管理层在改变产品设计和作业设计的同时,了解这些改变对总成本和价值的影响。

与传统的成本计算法相比,作业成本法往往会产生较高的单位成本和较低的产量这一结果,这可以帮助管理层在增加或舍弃某条产品线的问题上做出更好的决策。

2. 作业成本法的缺点

有些成本可能并不和特定的成本动因相关联,还有些成本如果追溯其相关动因,所耗费的成本可能大于获得的效益,所以作业成本法同样存在随意分配间接成本的情况。

作业成本法需要大量的开发和维护时间,很多时候并不为管理者所认同。

作业成本法要应用于管理、定价等决策才更有价值,如果单独作为一项会计创新,很可能会导致失败。

作业成本法下会产生大量的信息,这些信息很可能会误导管理者去关注一些不必要的数据。

作业成本法并不遵循公认的会计准则,所以重新披露财务数据将导致额外的费用,同时会造成混淆。

商业实例

在 Providence Portland Medical Center (PPMC) 这一美国的医疗中心采用作业成本法(ABC)改善了护理部最耗时又最易出错的环节——定药、配药和发药环节。让 ABC 专业人员惊讶的是护理部的日常工作时间中 43% 都花在了药品相关活动中。ABC 小组成员发现最耗时间的一个原因是传递药方的传真机不够清晰。在中心将普通传真机换成了价值 5 000 美元的更高级的传真机后,解决了无法辨认药方的问题,而之前由此产生的后续确认药方的电话数量减少了 90%,这意味着为医疗中心每年节省了 500 000 美元的开支。ABC 小组提出的改进方案为医疗中心节省可灵活配置资源价值总计 100 万美元,这使得医院的医护人员可以在直接照顾病患上花更多的时间。

来源:How ABC Analysis Will Save PPMC Over $1 Million a Year,Financial Analysis,Planning & Reporting,Novermber 2003,pp. 6 - 10.

练习题

一、单项选择题

1. 成本的计算周期和其生产周期一致的成本计算方法是_____。
   A. 分批法　　　　B. 品种法　　　　C. 分步法　　　　D. 分类法
2. 下列各种产品成本计算方法中,适用于单件、小批生产的是_____。
   A. 品种法　　　　　　　　　　　　B. 分批法
   C. 逐步结转分步法　　　　　　　　D. 平行结转分步法
3. 区分各种产品成本计算基本方法的标志是_____。
   A. 产品成本对象　　　　　　　　　B. 成本计算期间
   C. 间接费用的分配方法　　　　　　D. 在产品费用的分配方法
4. 造船、服装加工的生产,其成本计算一般应采用_____。
   A. 分批法　　　　B. 品种法　　　　C. 分步法　　　　D. 分类法
5. 在计算产品成本时,不计算本步骤半成品成本,也不计算各步骤所耗的前一步骤的半成品成本,只计算本步骤发生的各项其他成本以及这些成本中应计入产成品的份额,这种方法属于_____。
   A. 综合结转分步法　　　　　　　　B. 逐步结转分步法
   C. 分项结转法　　　　　　　　　　D. 平行结转分步法
6. 需要进行成本还原的是_____。
   A. 平行结转分步法　　　　　　　　B. 逐步结转分步法
   C. 分项结转法　　　　　　　　　　D. 平行结转分步法
7. 成本还原应从_____生产步骤开始。
   A. 第一个　　　　B. 最后一个　　　C. 任意一个　　　D. 中间一个
8. 采用分批法时,会计部门应根据_____设立产品成本明细账。
   A. 产品品种　　　B. 产品步骤　　　C. 产品规格　　　D. 产品批号
9. 品种法的成本计算对象是_____。
   A. 产品品种　　　B. 产品类别　　　C. 产品批别或订单　D. 生产步骤
10. 分步法的主要特点是_____。
    A. 为了计算半成品成本
    B. 为了计算各步骤应计入产成品中的份额
    C. 按产品的生产步骤计算产品成本
    D. 分车间计算产品成本
11. 综合结转法下成本还原的对象是_____。
    A. 产品成本
    B. 各步骤半成品的成本
    C. 各步骤所耗上一步骤半成品的综合成本
    D. 最后步骤的产成品成本

12. 下列关于作业成本法中,不正确的是_____。
    A. 产品成本是全部作业所消耗资源的总和,产品是消耗全部作业的成果
    B. 作业成本法下,所有成本都要先分配到有关作业,然后将作业成本分配到有关产品中
    C. 成本动因分为资源成本动因和作业成本动因
    D. 在作业成本法下,直接成本的范围较传统成本计算法要更大
13. 作业成本法的一个特点是强调因果关系,要求在成本分配中尽量避免使用_____。
    A. 追溯   B. 间接分配   C. 动因分配   D. 分摊

二、多项选择题

1. 影响产品成本计算方法的因素主要有_____。
    A. 生产组织特点   B. 生产工艺过程特点
    C. 管理要求   D. 生产规模
2. 成本计算分批法的特点有_____。
    A. 产品成本计算期与产品生产周期基本一致,成本计算不定期
    B. 月末无需进行在产品和完工产品之间的费用分配
    C. 比较适用于冶金、纺织、机械制造企业
    D. 以成本计算品种法原理为基础
3. 下列各种成本计算法中,不适用于单件、小批量生产的方法是_____。
    A. 品种法   B. 分批法   C. 逐步结转分步法 D. 平行结转分步法
4. 逐步结转分步法按照成本在下一步骤成本计算单中的反映方式,还可以细分为_____。
    A. 单项结转   B. 分项结转   C. 综合结转   D. 分批结转
5. 下列各项中,适合作为单位级作业的作业动因有_____。
    A. 生产准备次数 B. 产品产量   C. 采购次数   D. 耗电千瓦时数

三、计算分析题

1. 某企业大批量生产甲产品,该产品顺序经过两个生产步骤连续加工,最后形成产成品。原材料在生产开始时一次投入,其他费用陆续发生,各步骤完工的半成品直接交下步骤加工,不通过半成品库收发。该企业采用逐步结转分步法计算产品成本,半成品成本按实际成本综合结转,各步骤在产品成本采用约当产量法计算,所耗半成品成本按全月一次加权平均单位成本计算。甲产品产量及有关费用资料如下:

产量记录

单位:件

摘要	一车间(甲A半成品)	二车间(甲产成品)
月初在产品	200	80
本月投入或上步转入	1 200	1 000
本月完工	1 000	800
月末在产品	400	280

说明:各步骤在产品完工程度均为50%。

各步骤发生的成本费用资料

单位:元

摘要	车间	直接材料	自制半成品	直接人工	制造费用	合计
月初在产品成本	一车间	18 000	—	2 200	3 800	24 000
	二车间	—	12 000	1 920	2 080	16 000
本月发生费用	一车间	108 000	—	24 200	41 800	174 000
	二车间	—	—	43 200	46 800	90 000

要求:(1) 采用逐步结转分步法按实际成本综合结转,填写下列明细表。

第一车间产品成本计算表

甲 A 半成品完工量:1 000 件　　　　　　　　　　　　　　　单位:元

摘要	直接材料	直接人工	制造费用	合计
月初在产品成本				
本月生产费用				
生产费用合计				
约当总产量(件)				
半成品单位成本(元/件)				
完工半成品成本				
月末在产品成本				

第二车间产品成本计算表

甲产成品完工量:800 件　　　　　　　　　　　　　　　　　单位:元

摘要	自制半成品	直接人工	制造费用	合计
月初在产品成本				
本月生产费用				
生产费用合计				
约当总产量(件)				
产品单位成本(元/件)				
完工产品成本				
月末在产品成本				

(2) 请将产成品成本还原为原始的成本项目。

成本还原计算单

单位:元

项目	还原分配率	半成品	直接材料	直接人工	制造费用	合计
还原前产成品成本						
本月所产半成品成本						

续表

项目	还原分配率	半成品	直接材料	直接人工	制造费用	合计
半成品成本还原						
还原后产成品成本						
还原后单位成本(元/件)						

2. 某企业生产甲、乙产品采用品种法计算成本,本月发生的有关经济业务如下:

直接材料、人工费用分配表

单位:元

项目		直接材料	职工薪酬
基本生产成本	甲产品	2 400 000	48 000
	乙产品	600 000	22 500
制造费用(基本车间)		3 000	5 000

分配的其他制造费用

单位:元

项目	金额
办公费	2 000
水电费	7 000
折旧费	13 000
其他	3 000
合计	25 000

要求:

(1) 编制下列制造费用明细账

单位:元

摘要	工资	材料消耗	办公费	水电费	折旧费	其他	合计
金额							

(2) 根据制造费用明细账所登数据,采用生产工时的比例分配,编制下表:

单位:元

产品名称	生产工时(小时)	分配率(小时/件)	分配金额
甲产品	15 000		
乙产品	5 000		
合计	20 000		

(3) 甲产品按所耗原材料费用计算在产品成本,本月完工 80 件,在产 20 件;乙产品本月完工 100 件,在产 10 件。产品原材料生产开始一次性投入,其他在生产过程中均衡投入。乙产品在产品采用约当产量法计算,按要求编制下列明细账。

甲产品成本明细账

单位:元

摘要	产量(件)	直接材料	直接人工	制造费用	合计
月初在产品成本		850 000			850 000
本月生产费用					
生产费用合计					
完工产品成本					
产成品单位成本(元/件)					
月末在产品成本					

乙产品成本明细账

单位:元

摘要	产量(件)	直接材料	直接人工	制造费用	合计
月初在产品成本		60 000	30 000	23 250	113 250
本月生产费用					
生产费用合计					
约当总产量(件)					
完工产品成本	100				
产成品单位成本(元/件)					
月末在产品成本	10				

3. 埃里公司生产并销售两种木制折叠椅:豪华椅和旅游椅。有关生产和销售资料如下:

产品所耗直接工时

单位:小时

产品	生产数量(个)	单位产品耗时	总直接人工小时
豪华椅	2 000	5	10 000
旅游椅	10 000	4	40 000
合计			50 000

单位产品所耗直接生产费用

单位:元

	豪华椅	旅游椅
直接材料	25	17
直接人工(每小时12元)	60	48

本年发生总的制造费用800 000元。公司将所有制造费用细分为以下六个成本库:

作业	成本动因	制造费用(元)	作业量(小时或次)		
			豪华椅	旅游椅	合计
人工相关	人工小时	80 000	10 000	40 000	50 000
机器调试(生产准备)	调试次数	150 000	3 000	2 000	5 000

续表

作业	成本动因	制造费用(元)	作业量		
			豪华椅	旅游椅	合计
零部件管理	零部件数量	160 000	50	30	80
生产订单处理	订单数量	70 000	100	300	400
材料收发	收发数量	90 000	150	600	750
厂部管理	机器小时	250 000	12 000	28 000	40 000
合计		800 000			

要求：

(1) 请将上述六种作业分类：单位作业、批别作业、产品作业或支持作业。

(2) 假如该公司以直接人工小时为基础分配制造费用，分别计算每种产品的单位成本。

(3) 假如该公司采用作业成本法计算产品成本，分别计算每种产品的单位成本，并与(2)中的结果进行比较分析。

4. A公司为一家机械制造企业，生产多种厨房设备，按照客户订单要求分批组织生产。本月生产的201号和301号订单的有关资料如下：

① 批号201订单生产甲产品，6月底在产品10台(6月投产)，7月20日全部完工入库，月末无在产品。

② 批号301订单生产乙产品，6月底无在产品，7月投产8台，7月底3台完工入库，剩余5台为在产品(完工程度40%)。

生产201号、301号订单的直接材料均在生产开始时一次性投入，直接人工费用和制造费用在加工过程中陆续发生。A公司采用分批法计算产品成本，各车间的直接人工费用和制造费用按实际加工工时比例在各批产品之间进行分配，各批产品采用约当产量法在完工产品和在产品之间进行分配。

7月有关成本核算的资料如下：

(1) 直接材料费用，201号订单耗用12 000元，301号订单耗用48 000元。

(2) 实际加工工时，各车间除加工201号、301号订单外，还加工其他批别的产品。实际加工工时资料如下：

7月实际加工工时

单位：小时

批号	工时
201号(甲产品)	2 800
301号(乙产品)	3 400
其他批别产品	2 800
合计	9 000

(3) 直接人工费用合计发生81 000元，制造费用合计发生67 500元。

(4) 201号订单月初在产品成本资料如下：

单位：元

项目	直接材料	直接人工	制造费用	合计
月初在产品成本	28 000	7 000	7 600	42 600

要求：
(1) 计算填列 201 号订单的产品成本计算单。

产品成本计算单

批号：201(甲产品)　　　　　　　　　　　　　　　　开工时间：2018 年 6 月 1 日
批量：10 台　　　　　　　完工数量：10 台　　　　完工时间：2018 年 7 月 20 日
　　　　　　　　　　　　　　　　　　　　　　　　　产量单位：台，金额单位：元

项目	直接材料	直接人工	制造费用	合计
月初在产品成本				
本月生产费用				
完工产品成本				
月末在产品成本				

(2) 计算填列 301 号订单的产品成本计算单。

产品成本计算单

批号：301(乙产品)　　　　　　　　　　　　　　　　开工时间：2018 年 7 月 1 日
批量：8 台　　　　　　　　完工数量：3 台　　　　　完工时间：2018 年　月　日
　　　　　　　　　　　　　　　　　　　　　　　　　产量单位：台，金额单位：元

项目	直接材料	直接人工	制造费用	合计
月初在产品成本				
本月生产费用				
约当总产量(台)				
单位完工产品成本(元/台)				
完工产品成本				
月末在产品成本				

5. 甲公司生产 A 产品，生产过程分为两个步骤，分别在两个车间进行。一车间为二车间提供半成品，二车间将半成品加工成产成品。每件产成品消耗一件半成品。甲公司采用平行结转分步法结转产品成本，月末对在产品和产成品进行盘点，用约当产量比例法在在产品和产成品之间分配成本。原材料在生产开始时一次投入，其他成本费用陆续发生。第二车间除了耗用第一车间的半成品外，还需要其他辅助材料，辅助材料在生产过程中陆续投入，其他成本费用陆续发生。两个车间的在产品相对本车间的完工程度均为 50%。相关资料如下：

本月产量记录

单位：件

摘要	一车间	二车间
月初在产品	40	60
本月投入或上步转入	600	590
本月完工	590	610
月末在产品	50	40

各步骤发生的成本费用资料

单位:元

摘要	车间	直接材料	直接人工	制造费用	合计
月初在产品成本	一车间	20 000	4 000	4 000	28 000
	二车间	1 500	3 600	2 400	7 500
本月发生费用	一车间	120 000	29 750	29 750	179 500
	二车间	30 000	72 000	48 000	150 000

要求：

(1) 编制第一车间的 A 产品成本计算单。

第一车间产品成本计算单

单位:元

摘要	产量(件)	约当产量(件)	直接材料	直接人工	制造费用	合计
月初在产品成本	—					
本月生产费用	—					
生产费用合计	—					
产成品中本步骤份额						
月末在产品成本						

(2) 编制第二车间的 A 产品成本计算单。

第二车间 A 产品成本计算单

单位:元

摘要	产量(件)	约当产量(件)	直接材料	直接人工	制造费用	合计
月初在产品成本	—					
本月生产费用	—					
生产费用合计	—					
产成品中本步骤份额						
月末在产品成本						

(3) 编制 A 产品的成本汇总计算表。

单位:元

生产车间	产成品数量(件)	直接材料	直接人工	制造费用	合计
第一车间	—				
第二车间	—				
合计					
单位成本	—				

(4) 与逐步结转分步法相比，平行结转分步法主要有什么优缺点？

第五章　本量利分析及应用

❖ **学习目标**

- 熟识本量利分析的基本假设及定义；
- 熟练掌握单一及多种产品的盈亏临界点的计算；
- 熟识贡献毛益、安全边际及经营杠杆的定义；
- 熟练掌握贡献毛益、安全边际及经营杠杆系数的计算；
- 掌握各个因素对本量利分析的影响；
- 计算并应用盈亏临界点分析；
- 计算目标利润并分析；
- 掌握安全边际及经营杠杆的应用；
- 理解利润的敏感性分析。

追求利润最大化几乎是所有企业的共同目标，那么利润是不是就是利润表上的净利润大于零就好了呢？在全球经济化发展和管理会计日益成为企业管理发展趋势的今天，看一个企业的未来发展趋势和值得投资与否，不再只看利润表上的净利润金额或者利润总额了，企业的长足发展和企业的良性进步，需要从管理会计的角度进行利润模型分析。从产销量、成本和利润的三个关键点出发，分析并把握好其间的关系，利用这样的关系去设计和管理公司的运作，才是公司持续良性运作的根本。

第一节　本量利分析的定义

一、本量利分析的概念

本量利分析是对成本（cost）、业务量（volume）和利润（profit）三者相互依存关系进行的分析，简称 CVP 分析或者 VCP 分析。它是指在成本习性分析（变动成本计算）的基础上，运用数学模型和图式，对成本、利润、业务量与单价等因素之间的依存关系进行具体的分析，研究其变动的规律性，以便为企业进行经营决策和目标控制提供有效信息的一种方法。

借助本量利分析，可以在企业决策过程中解决以下问题：销售多少才可以保本，销售价格为多少才能达到目标利润，目前的销售规模可以实现多少利润等。这样的模式可以轻松帮助企业管理者做出短期的决策和筹划,制订清晰的经营计划,实现利润规划和预测,为领导者的更多决策提供科学依据。

二、本量利分析的基本假设

本量利分析理论是建立在一定的假设基础上的,就像会计的基本假设一样,抛开这些假设加上其他各种因素的影响,往往会造成与实际不符的情况。所以用本量利分析法做决策必须保证这些假设的成立,否则会做出错误的决策。本书后文中的本量利模型及图形等也都以下假设为前提。

1. 成本性态假设

假设产品成本性态分析已经完成,即成本已经被划分为固定成本和变动成本,固定成本性态模型 $y=a$,变动成本性态模型 $y=bx$。

2. 相关范围及线性关系假设

假设在一定的时期和一定的业务量范围(相关范围)内,固定成本总额(a)、单位变动成本(b)及售价(p)不变,那么成本总额和销售收入与业务量之间就表现为线性关系:成本 $y=a+bx$,收入 $y=px$。

3. 产销平衡及品种结构假设

一种产品的计算中,假设企业只生产一种产品并且产品有足够市场实现产销平衡;多种产品的计算中,总销量即使发生变化,各种产品的销售额所占总销售额的比重不变。

4. 目标利润及变动成本法假设

本书中提到的目标利润如无特别说明均指营业利润,并且该营业利润是用变动成本法下的贡献式利润表计算出来的,即利润=销售收入-变动成本-固定成本。

三、本量利的基本公式

在上述基本假设成立的前提下,本量利的所有因素可以表达为如下公式:

利润=销售收入-变动成本-固定成本
$$P=p\times v-b\times v-a$$
$$P=(p-b)\times v-a$$

这就是本量利分析的基本公式。在管理会计的功能和运用中,这个公式有很多变体,但是万变不离其宗,公式里面的5个变量互相关联、相互牵制,给定其中4个都可以对第5个变量做预测分析和计算,所以它是最基本的公式,也是我们进行相关分析的出发点。

由本量利基本公式衍生的公式还有以下几个,也相应地出现了几个新的概念和比率,同时也是在本量利分析中经常用到的变体公式。

1. 贡献毛益(Contribution)

又称"边际收益""边际贡献""创利额",是指产品销售收入减去变动成本后所剩可供抵偿固定成本并创造利润的数额。单位贡献毛益就是每单位产品提供的贡献毛益。

计算公式：
$$贡献毛益 = 销售收入 - 变动成本 = (p-b) \times v$$
$$单位贡献毛益 = p - b$$

贡献毛益很显然不是公司的利润，但是与企业的利润有着密切关系。企业经营首先应该取得贡献毛益然后抵消固定成本后形成利润。如果贡献毛益已经是负数，那么企业注定是要亏损的，因此贡献毛益是一个反映企业盈利能力的指标。

2. 贡献毛益率

贡献毛益率指贡献毛益总额占销售收入的比重，又称边际贡献率或贡献边际率。
其计算公式为：
$$贡献毛益率 = 贡献毛益总额/销售收入 \times 100\%$$
$$= (p-b) \times v/(p \times v) \times 100\%$$
$$= (p-b)/p \times 100\%$$
$$= (1-b/p) \times 100\%$$

贡献毛益率表明企业每销售一百元能提供的贡献毛益。它是一个正向指标，该指标越大则说明企业盈利能力越强，给企业带来的收益越多；反之亦然。

3. 变动成本率

变动成本率表明了百元收入中有多少用来弥补变动成本的，因此它是一个与贡献毛益率相反的逆指标，数值越大说明盈利能力越弱，反之越强。其公式为：
$$变动成本率 = 变动成本总额/销售收入 \times 100\%$$
$$= b \times v/(p \times v) \times 100\%$$
$$= b/p \times 100\%$$

由上可知，变动成本率与贡献毛益率存在如下关系：
$$贡献毛益率 + 变动成本率 = 1$$

所以当一个企业的变动成本率越高的时候，贡献毛益率越低，企业的盈利能力越弱；反之变动成本率越低，贡献毛益率则越高，企业盈利能力越强。

【例 5.1】 云泽公司 2018 年只生产甲产品，销售单价 60 元/件，单位变动成本 25 元/件，2018 年 4 月单月销售量为 1 000 件，发生的固定成本总额为 10 000 元，任务要求如下：

(1) 计算本期甲产品的单位贡献毛益、边际贡献总额、边际贡献率和变动成本率。
(2) 利用贡献毛益的指标，计算本期云泽公司的利润。

解答：

(1) 单位贡献毛益 $= p - b = 60 - 25 = 35$(元/件)
　　边际贡献总额 $= (p-b) \times v = 35 \times 1\,000 = 35\,000$(元)
　　边际贡献率 $= (p-b)/p \times 100\% = 35/60 \times 100\% \approx 58.33\%$
　　变动成本率 $= 1 -$ 边际贡献率 $= 41.67\%$

(2) 利润 = 贡献毛益总额 − 固定成本 $= 35\,000 - 10\,000 = 25\,000$(元)

四、本量利关系图

本量利关系图是把成本(cost)、业务量(volume)和利润(profit)三者关系用直角坐标图展示出来的形式,又被称为保本图、盈亏平衡图或者利润规划图等。这里出现一个概念叫保本(盈亏平衡),在讲解坐标图之前要先掌握这个概念。企业经营的长期目的是为了取得利润赢取长期发展,那么亏损是企业不想看到的境况,所以规划或者确定一个保本点尤为重要。保本是指一个企业在一定期间内收支平衡、不赢不亏、利润为零的一个专业术语,而保本点(break-even-point,BEP)就是企业达到以上状态时的销售额或者销售量。很显然,保本点有个明显的特点就是利润为零,那么就是 P 为零,其他 4 个变量之间如何构造都可能造成这个结果,所以保本点的计算或者构思应该不是只考虑销量或者价格等因素,可以由四个因素协作完成。下面通过直角坐标图进一步明朗这个点的来源。

【例 5.2】 苏锦公司在 2016 年 6 月份只生产 B 产品(单位:件),B 产品销售单价为 50 元/件,单位变动成本 30 元/件,固定成本总额 40 000 元,6 月份实现销售 B 产品 3 000 件。根据三者关系图分别表示出保本点(BEP)。

1. 基本的本量利关系图

基本本量利关系图是实际中用到最多的一种图形,把固定成本 a 表示为一条平行于销售量(横轴)的直线,突出了固定成本不会随着业务量的变化而变化的显著特征。具体图示如图 5.1。

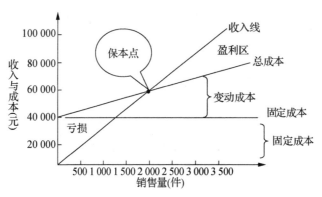

图 5.1 基本本量利关系图

(1) 绘制直角坐标系,横轴是销售量,纵轴是成本和收入;
(2) 绘制固定成本线,平行于横轴,在纵轴上取一点 $(0,a)$ 画一条平行线为 $y=a$ 即可;
(3) 绘制收入线,以原点为起点,画出一条斜率为 p 的直线,即收入 $=px$;
(4) 绘制总成本线,以 $(0,a)$ 为起点,画出一条以 b 为斜率的直线,即 $y=a+bx$;
(5) 收入线与成本线交叉的点就是保本点,此时企业利润为零;而在此之前交叉的区域为亏损区,保本点之上的区域则为盈利区。

通过基本的本量利关系图能很明了地看出保本点是什么,也很清晰地表达了亏损和盈利区域,但有一个最显著的缺点就是没有显示贡献毛益。

2. 贡献式本量利关系图

贡献式本量利关系图把总成本置于变动成本之上,平行于变动成本,与总成本之间的差距既是固定成本,这样比较直观地表达出贡献毛益与固定成本和利润之间的关系,绘制方法与第一种关系图类似。如图 5.2 所示。

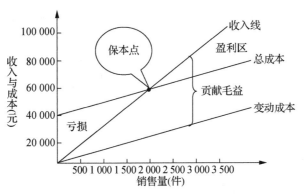

图 5.2 基本本量利关系图

(1) 绘制直角坐标系,横轴是销售量,纵轴是成本和收入;
(2) 以原点为起点,以 p 为斜率绘制销售收入线,以 b 为斜率绘制变动成本线;
(3) 在纵轴取点 $(0,a)$ 作一条平行于变动成本线的直线 $y=a+bx$,即为总成本线;
(4) 标记销售收入线与总成本线的交点即为保本点,那么保本点以下的销量区域内企业处于亏损状态,随着销售量的增长,超过保本点的销量范围则是企业的盈利状态。

该方法比较形象地表述出贡献式利润表中描述的公式,即收入-变动成本-固定成本=利润,并且把中间过程的贡献毛益表述得很清晰,很符合保本点分析的原理。

3. 利量式本量利关系图

利量式保本图是三种图示里面最简单的一种,它其实是被简化了的保本图,以利润线代替收入和总成本线,只反映销售量与利润之间的关系,比较简明扼要,多数供高层管理者参照使用。绘制方法如下:

(1) 绘制直角坐标系,横轴是销售量,纵轴是利润;
(2) 纵轴上找到 $(0,-a)$ 点,绘制一条平行于横轴的直线 $y=-a$,这条直线表示销售量为 0 的时候,企业亏损为 a;
(3) 横轴上找到利润为 0 的点,以 $(0,-a)$ 为起点穿过横轴上利润为零的点绘制一条直线,这条线就是利润线。

如图 5.3 所示,利量式本量利关系图可以很清晰地反映出业务量对利润的影响:
(1) 当企业没有销售的时候,企业处在最大的亏损状态,亏损额等于固定成本 a;
(2) 利润线与固定成本之间的区域都是贡献毛益额,那么当贡献毛益额低于固定成本的时候,企业处在亏损区;当贡献毛益等于固定成本的时候,企业不赢不亏;当贡献毛益大于固定成本时,企业盈利。

利量式本量利关系图的缺点是不能显示业务量与成本的关系。

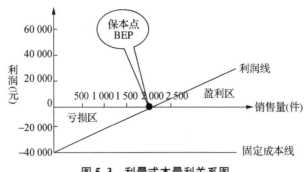

图 5.3 利量式本量利关系图

综上所述,不管用哪个图示表示,该公司的保本点是一样的,都是产量为 2 000 件。实际公司管理层做相关决策分析的时候,采用第三种方法比较多,但是对财务部门来说,用方法二比较多。后面章节的盈利模式等内容都是从这些图延伸而来的,也是最直观的计算企业盈亏平衡点的方法。

第二节 本量利分析的运用

一、盈亏临界模型及应用

如上节所述,保本点又叫盈亏临界点,所以我们把企业处在成本与收入相等的状态下的一种本量利关系分析叫作盈亏临界分析,盈亏临界分析又被称为保本点分析或者损益平衡点分析。

公司生产存在多种经营状态,我们就一种产品和多种产品分别进行分析,所使用的原理都是贡献式利润表的公式:利润=(销售单价-单位变动成本)×销售量-固定成本,即 $P=(p-b)\times v-a$,那么盈亏临界点就是 $P=0$,由此可推算出保本点(盈亏临界点)销售量=固定成本/(销售单价-单位变动成本)=固定成本/单位贡献毛益=$a/(p-b)$。

1. 单一产品模型及应用

单一产品意味着公司只生产一种产品,这时候固定成本 a 是该产品独享的,该公司的所有利润来自单一产品,因此可以用最简单的图示法很容易就得出保本点,根据保本点公式也很容易算出保本销售量及销售额。

单一产品盈亏临界点销售量=固定成本/单位贡献毛益=$a/(p-b)$

单一产品盈亏临界点销售额=盈亏临界点销售量×销售单价
=$a/(p-b)\times p=a/$贡献毛益率

接例 5.2,单一产品的指标如下:

BEP 销量=$a/(p-b)$=40 000/(50-30)=2 000(件)

贡献毛益率=(50-30)/50=40%

BEP 销售额=$a/$贡献毛益率=40 000/40%=100 000(=BEP 销售量×p=2 000×50)

2. 多种产品模型及应用

上一节讲到单一产品的 BEP 计算,实际经济生活中,只生产经营一种产品的企业少之又少,那么对于经营多种产品的企业,售价和单位变动成本都不尽相同,销售量也不能简单叠加,我们用单一计算模式就无法正确计算各个产品的保本点,因此多种产品的盈亏平衡分析不再续用上述方式。

【例 5.3】 华培公司经营甲、乙、丙三种产品,有关资料如表 5.1 所示。

表 5.1 产品资料表

产品项目	销售量(个)	单价(元/个)	单位变动成本(元/个)	固定成本(元)
甲	1 000	10	7	
乙	500	40	25	18 000
丙	100	20	15	

分别用两种方法做盈亏平衡分析。

多种产品的盈亏平衡分析主要有两种方法:联合单位法和加权贡献毛益法(又称综合贡献毛益法)。

1) 用联合单位法进行多种产品的盈亏临界分析

联合单位法的前提是事先对公司多种产品进行分析,掌握各种产品销售量之间客观存在的一种相对稳定的比例关系,在此基础上用联合单位法确定联合单价和联合变动成本,把多种产品变成一种联合产品,再用单一产品的盈亏临界分析法进行分析。该方法简单易掌握,但是事先需要进行仔细观察和总结,发现产品间的联系,并且该联系在一定时期内是相对稳定不变的,因此联合单位法有一定的适用局限性。

联合单位法的计算步骤:

(1) 找出销售量最小的产品作为标准产品,以此为比值计算产品的销量比。

(2) 计算联合单价,联合单价=Σ(产品的销售单价×该产品的销量比)。

(3) 计算联合单位变动成本,联合单位变动成本=Σ(产品的单位变动成本×该产品的销量比)。

(4) 计算联合单位贡献毛益,联合单价减去联合单位变动成本即可。

(5) 计算联合保本销售量及销售额,用单一产品盈亏临界分析法求得即可。

(6) 计算各产品的保本量,即联合保本量×该产品的销售比。

方法一:承上例 5.3,用联合单位法计算保本量及保本额。

解答:

(1) 丙产品作为标准产品,各产品的产销比为甲∶乙∶丙=10∶5∶1

(2) 联合单价=10×10+5×40+1×20=320(元/个)

(3) 联合单位变动成本=7×10+25×5+1×15=210(元/个)

(4) 联合单位贡献毛益=320-210=110(元/个)

(5) 联合保本量=固定成本/联合单位贡献毛益=18 000/110≈164(个)

(6) 甲产品的保本量＝164×10＝1 640(个)

乙产品的保本量＝164×5＝820(个)

丙产品的保本量＝164×1＝164(个)

2) 加权贡献毛益法

按照联合单位法计算多种产品的保本点简单易行，但是由于企业多种产品性能差异可能很大，简单的以销量比例确定的联合贡献毛益有时候不一定适合所有企业，而且企业的多种产品销售，每个产品的贡献毛益不一样，产生的预计收益等都不一样，因此如果以产品的贡献毛益为基础计量会比较准确，由此产生的方法就叫作综合盈亏平衡分析法，而加权平均法就是这样的一种方法。以企业各种产品的加权平均贡献毛益作为基础，按照各产品销售额占全部销售额的比重进行加权平均，进而计算保本量和保本额。其具体步骤如下：

(1) 计算各产品的销售比重：

某产品的销售比重 = 该产品的销售额 / $\sum$(各产品的销售单价×各产品的销售量)

(2) 计算加权平均贡献毛益率：

加权平均贡献毛益率 = $\sum$(各产品的贡献毛益率×各产品的销售比重)

(3) 计算综合保本额：

综合保本额＝固定成本总额/加权平均贡献毛益率

(4) 计算各个产品的保本量和保本额：

各产品的保本额＝综合保本额×销售比重

各产品的保本量＝各产品的保本额/该产品的销售单价

方法二：承上例5.3，用加权贡献毛益法计算保本量及保本额。

(1) 甲产品的销售比重 10 000/32 000＝31.25%

乙产品的销售比重 20 000/32 000＝62.5%

丙产品的销售比重 2 000/32 000＝6.25%

(2) 加权平均贡献毛益率＝31.25%×[(10－7)/10]＋62.5%×[(40－25)/40]＋

6.25%×[(20－15)/20]

＝9.375%＋23.44%＋1.56%＝34.375%

(3) 综合保本额＝18 000/34.375%＝52 364(元)

(4) 甲产品的保本额＝52 364×31.25%≈16 364(元)

甲产品保本量＝16 364/10≈1 637(个)

乙产品的保本额＝52 364×62.5%≈32 728(元)

乙产品的保本量＝32 728/40≈819(个)

丙产品的保本额＝52 364×6.25%≈3 273(元)

丙产品的保本量＝3 272/20≈164(个)

二、利润模型及应用

上节已经分析了企业的保本点和盈亏临界点的销售额及销售量，作为市场经济大环境下的企业,其最终目的是为了实现更多的利润,也只有取得足够多的利润才能够让企业获得长足的进步和发展,因此企业绝不会只满足于保本的状态,所以我们应该来分析在盈利状态下企业的本量利分析,以期为企业的决策提供相应的帮助。

通过保本点的分析我们已经发现,p、v、a、b等变量是相互制约和影响的,所以在P大于零的状态下,这几个因素会互相变动、制约以达到一定的利润目标。那么我们做分析的时候应该把其中某个或者某两个因素视为相对稳定不变从而做出对其他因素的分析。在P大于零的状态下做的本量利分析又被称为保利点分析。那么保利点分析的前提就是单价(p)和成本(a及b)确定的情况下,要达到一定的利润额(本章节提到的利润额指的是税前利润,也就是暂不考虑所得税税率等对保利点的影响)所需要达到的销售量和销售额。

利润模型要分析的就是企业达到目标利润所需要完成的销量或者需要达到的销售额,由此分析出来的量或者额都不应该成为制约企业发展的消极因素,而应该是以目标利润为向导,使得销售量与价格及成本等因素间互相约束发展最终达到目标利润要求。一般企业的目标利润比较难确定,需要在一定的调查研究基础上,掌握历史和同行资料并参照行业或者社会的平均利润率等条件,找到确定目标利润的基础。一般情况下,投资报酬率较多地被用于预测利润,但是投资报酬率不宜过高或者过低,这样会影响企业以及员工的主动积极性及创造性(在本书的预测分析中会有提及)。

$$目标利润 = 预计资产平均占用额 \times 投资报酬率$$

确认了目标利润之后,就可以确认保利点的销售量和销售额了。用TP(target profit)表示目标利润,那么本量利的公式应该表示为:

$$TP = (p-b) \times V - a \text{(其中} V \text{是目标销售量)}$$

由此可见:

$$目标销售量\ V = (TP+a)/(p-b)$$

$$目标销售额 = V \times p = (TP+a)/贡献毛益率$$

1. 单一产品模型及应用

【例5.4】 建颖公司经营和销售一种产品A,其单位变动成本为130元,2017年该产品的销售单价为200元,固定成本总额为100 000元,当年销售量达到5 000台。该行业在2017年投资报酬率为20%,预计在2018年公司的资产平均占用额为500 000元,请计算2018年该企业的保利点是多少?

答:目标利润 = 预计资产平均占用额 × 投资报酬率 = 500 000 × 20% = 100 000(元)

贡献毛益率 = (200 − 130)/200 = 35%

保利点的销售量 = (100 000 + 100 000)/(200 − 130) ≈ 2 858(台)

保利点的销售额 = (100 000 + 100 000)/35% ≈ 571 429(元)

或者,保利点的销售额 = 保利点销售量 × 200 ≈ 571 429(元)

根据以上公式可以看出,要实现目标利润可以通过以下几个途径来解决:

(1) 提高销售单价

$$提高后的单价 = \frac{TP+a}{v+b}$$

(2) 降低单位变动成本

$$降低后的单位变动成本 = p - (TP+a)/v$$

(3) 增加销售数量

$$增加后的销售量 = \frac{TP+a}{p-b}$$

(4) 降低固定成本

$$降低后的固定成本 = (p-b) \times v - TP$$

(5) 因素间相互制约的综合考量

由于在本量利公式中，p、b、v、a 是相互影响、相互制约的，因此通过上述单方面的途径解决目标利润局限性很大，往往一些综合措施考虑因素之间的制衡才比较有实施的可能性，因此"组合拳"往往就会出现在企业的决策中，也会使目标利润更容易实现。

① 单价下降后，要保证目标利润，肯定要多销售产品，所谓薄利多销，那么销售量肯定要重新测算；降价后的销售量 $= TP+a/(p'-b)$，这里的 p' 是降价后的单价。此时销售部门就应该评估，单价下降后销售量的增加能不能保障或者可行性多大。如果方案可以，那就需要进一步去实施，如果不行，也就要另想他法了。

② 市场"蛋糕"是固定的，如果销售量没有增长空间的话，那就是销量被限定，这样的情况下除了考虑价格，就得从成本入手，需要考虑降低变动成本或者降低固定成本。

$$b'(销量确定的变动成本) = p' - (TP+a)/变动后的销量$$

如果此方案计算的变动成本可以降低或者可行，那就需要生产部门实施具体的方法，如果不行，那就要进一步采取措施，从固定成本入手。

$$目标固定成本 = 变动后的单位贡献毛益 \times 既定销售量 - 目标利润$$

这样分析下来，最后降低固定成本的办法通常是企业能够想到的最后解决办法，因为在管理会计中固定成本通常都是具有相对约束性的成本，从固定成本的定义也可以看出固定成本与产销量的关系不大。

通过以上的比对，我们可以通过具体的例子计算来得出一个结论：企业实现目标利润，首先考虑的是单价，其次是销量，再次是变动成本和固定成本。这样的排序被称为敏感性，敏感性分析（sensibility analysis）就是研究与某一个变量相关的因素发生变化时对该变量的影响程度。在与利润有关的变量 p、b、v、a 中，有些因素略有变动就会导致利润大幅度变动，被称为强敏感因素；有的因素变动很大对利润的影响却不明显，被称为弱敏感因素。用敏感度分析，可以为企业做销售策略时提供帮助。

$$敏感系数 = \frac{目标值变动百分比}{因素值变动百分比}$$

通过以下实例的测算，你可以得出什么结论？

【例 5.5】 承上例 5.4，将单价上涨 10%，其他因素不变，计算保本点和实现的利润；

将单位变动成本增加 20 元，其他因素不变，计算保本点和实现利润；

将固定成本增加 10%，其他因素不变，计算保本点和实现利润；

销售量增加 10%，利润可以实现多少？

根据以上计算,p、v、b、a 四个因素对利润的影响敏感度顺序如何?

答:① 单价上涨 10%

$$V_1 = \frac{100\,000}{200 \times (1+10\%) - 130} \approx 1\,122(台)$$

$$P_1 = (220-130) \times 5\,000 - 100\,000 = 350\,000(元)$$

$$\Delta P/P_0 = \frac{350\,000 - 250\,000}{250\,000} \times 100\% = 40\%$$

敏感系数 $= 40\%/10\% = 4$

② 单位变动成本增加 20 元

$$V_2 = \frac{100\,000}{200 - (130+20)} = 2\,000(台)$$

$$P_2 = (200-150) \times 5\,000 - 100\,000 = 150\,000(元)$$

$$\Delta P/P_2 = \frac{150\,000 - 250\,000}{250\,000} = -40\%$$

敏感系数 $= -40\%/-20\% = 2$

③ 固定成本增加 10%

$$V_3 = \frac{100\,000 \times (1+10\%)}{200-130} \approx 1\,572(件)$$

$$P_3 = (200-130) \times 500 - 100\,000 \times (1+10\%) = 240\,000(元)$$

$$\Delta P/P_3 = \frac{240\,000 - 250\,000}{250\,000 \times 100\%} = -4\%$$

敏感系数 $= -4\%/-10\% = 0.4$

④ 销售量增加 10%

$$P_4 = (200-130) \times 5\,000(1+10\%) - 10\,000 = 275\,000(元)$$

$$\Delta P/P_4 = \frac{275\,000 - 250\,000}{250\,000} = 10\%$$

敏感系数 $= 10\%/10\% = 1$

敏感排序为单价(p),单位变动成本(b),销售量(v),固定成本(a)。

2. 多种产品模型及应用

参照之前的保本分析,运用联合单位法和加权平均贡献毛益法计算保利点。

【例 5.6】 则如公司生产甲、乙、丙三种产品,相关数据如表 5.2 所示。

表 5.2 则如公司产品数据表

产品	销量(个)	单价(元/个)	单位变动成本(元/个)	固定成本(元/个)
甲	10 000	10	8.5	—
乙	2 500	20	16	—
丙	1 000	50	25	—
合计	13 500	—	—	30 000

其中甲产品为固定产品,必须维持现状,问如何调整乙和丙的销量才能保证下年度该公司可以实现 35 000 元的目标利润?

答:(1) 计算产品销量比

甲:乙:丙＝10:2.5:1

(2) 计算联合单位贡献毛益(联合 p－联合 b)

$(10×10+2.5×20+1×50)-(10×8.5+2.5×16+1×25)=50$

(3) 计算联合保利量

$(a+TP)/(p-b)=(30\,000+35\,000)/50=1\,300$

(4) 计算每件产品保利量。

甲产品为 $1\,300×10=13\,000$(个)

乙产品为 $1\,300×2.5=3\,250$(个)

丙产品为 $1\,300×1=1\,300$(个)

所以该企业要实现 35 000 元的目标利润需要销售甲产品 13 000 个,销售乙产品 3 250 个,销售丙产品 1 300 个。

第三节　本量利分析的拓展

前文我们进行了本量利的基础分析,即保本、保利分析等,其实一个企业经营的终极目标肯定不只是保本或者实现一定的利润就满足了,而是持续盈利,不断地扩大利润范围。那么我们也可以从这个角度去判定该企业是否是一个持续发展的好企业。本量利分析的拓展运用就是从这个角度用一些概念去衡量企业的这个指标,从而给投资者和管理者提供决策或者管理的依据,为企业的经营管控提供比较可靠的分析、利用数据。

一、安全边际

安全边际是基于盈亏平衡点的一个指标,指的是实际或者预计的销售量(或者销售额)与盈亏临界点的销售量(或者销售额)之间的差额。安全边际实际就是企业的盈利空间,可以表现为绝对指标和相对指标两种形式。绝对指标指的是安全边际量和安全边际额,相对指标指的是安全边际率。

1. 绝对指标

安全边际量＝实际或预计销售量－保本量

安全边际额＝实际或预计销售额－保本额

从这个绝对指标可以看出,该值越大,企业获得的盈利的空间越大,也就意味着发生亏损的可能性越小,相反则意味着企业发生亏损的可能性越大。

2. 相对指标

安全边际率＝安全边际量/实际或预计销售量×100％

或　　安全边际率＝安全边际额/实际或预计销售额×100％

安全边际率同样也是一个正向指标,该数值越大说明企业的盈利能力越强,距离亏损越远,企业经营也就越安全,反之亦然。

一般情况下,以安全边际率判断企业的经营状况时,评价标准如表5.3。

表 5.3　企业经营安全度评价标准(以安全边际率数据为依据)

安全边际率	<10%	10%—20%	20%—30%	30%—40%	>40%
经营安全度	很危险	比较危险	比较安全	安全	很安全

二、盈亏临界点作业率

盈亏临界点(保本点)作业率的意思是在盈亏临界点的销售量(或销售额)占实际或者预计的总销售量(或销售额)的比率,即盈亏临界点作业率=保本量(保本额)/预计或者实际销售量(销售额)×100%。

对比前面的安全边际率不难发现,安全边际率+盈亏临界点作业率=1。

安全边际额=实际或者预计销售额-保本额,可以看出实际上企业的销售被分成两大块,一部分是用来保本的,另一部分就是创造利润的。当然根据这个公式我们也不难得出结论,盈亏临界点作业率越小,对应的安全边际率就会越大,这样企业的经营就越安全,越容易获取利润。

根据安全边际率,我们可以把本量利的基础公式进行变动:

利润=(单价-单位变动成本)×销售量-固定成本
　　=单位贡献毛益×销售量-单位贡献毛益×保本量
　　=单位贡献毛益×(销售量-保本量)
　　=单位贡献毛益×安全边际量
　　=(单位贡献毛益/单价)×单价×安全边际量
　　=贡献毛益率×安全边际额

销售利润率=利润/收入=贡献毛益率×安全边际额/收入
　　　　　=贡献毛益率×安全边际率

思考题:相关因素的变动对安全边际的影响如何?

三、经营杠杆分析

1. 经营杠杆及杠杆系数的定义

某企业5月销售甲产品,产销量一样,销售量为1 000件,每件单价200元,单位变动成本为100元/件,获得息税前利润50 000元。6月计划销售量增加10%,那么6月可以获取利润多少?我们用最基本的本量利计算方法可以首先计算出该企业的固定成本为50 000元,那么6月可以实现的息税前利润为60 000元,对比可以得出,销售量增长10%的情况下,息税前利润的增长率为(60 000-50 000)/50 000=20%,可见利润增长率远大于销售量的增长率。固定成本在相关范围内的总额是不变的,但是随着销售量的增长,单位产品所承担的固定成本呈下降趋势;相反,销售量下降的话,利润的下降比率也会高于销售量的下降比率。只有固定成本不存在的情况下,销售和利润才同比率增减,但是这种假设是不存在的,因此管理会计中把由于固定成本的存在而造成息税前利润变动率大于销售变动率的现象叫作经营杠杆,通常用经营杠杆系数来反映经营杠杆的作用大小。经营杠杆系数就是息税前利润的变动率与销售量变动率的比值。计算公式如下:

$$经营杠杆系数 = \frac{息税前利润变动率}{销售变动率}$$

英文表达式为:

$$DOL(\text{degree of operation leverage}) = \frac{\Delta EBIT/EBIT}{\Delta V/V}$$

其中 EBIT 指的是息税前利润(earnings before interest and tax);$\Delta EBIT$ 指息税前利润的变动值;V 指的是期初的销售量;ΔV 指销售量的变动值。

根据以上公式可以做如下演变:

$$经营杠杆系数(DOL) = \frac{(p-b)v}{(p-b)v-a} = \frac{期初贡献毛益}{期初息税前利润}$$

上面的例题中,经营杠杆系数应该是 20%/10%=2,也可以用期初数据直接计算为(200−100)×1 000/50 000=2。

2. 经营杠杆的作用

(1) 经营预测

由经营杠杆的公式可以预计预期的利润额

预计利润=期初的利润×(1+销售变动率×经营杠杆系数)

(2) 销量预测

$$销售变动率 = \frac{预计利润 - 期初利润}{期初利润 \times 经营杠杆系数}$$

(3) 反映风险

$$经营杠杆系数 = \frac{期初贡献毛益}{期初息税前利润} = 1 + \frac{固定成本总额}{期初息税前利润}$$

由这个公式可以看出,由于固定成本的存在,经营杠杆系数始终都是大于1的,而且经营杠杆系数随着固定成本总额的变动而同方向变动。经营杠杆系数并不是越大越好,在息税前利润确定的情况下,固定成本总额越大,经营杠杆系数也就越大,反之越小。那么在销售量确定的情况下,减少固定成本就可以增加息税前利润且降低企业经营风险。从经营杠杆系数的原始公式可以看出,DOL 与销售变动率成反方向变动,销售增长会造成经营杠杆系数变小,风险降低;而销售下降则会使经营杠杆系数变大,从而使风险加大。因此要充分利用企业产能和销售能力以保证商品销售量的增加,从而增加利润,降低企业经营风险。下面以一案例来详细说明:

云朵度假村设有客房部、商务中心、餐厅和健身房,营业旺季有 20 周,其中高峰期有 8 周。为此,度假村编制了一份详细的旺季预算。客房部拥有 80 个单人间和 40 个双人间,双人间收费是单人间的 2 倍。其余资料如下。

(1) 客房部：单人间每日变动成本 30 元，双人间每日变动成本 40 元，客房部的总固定成本是 730 000 元；

(2) 健身房：住宿客人每人每天 4 元，散客(不住宿)每人每天 10 元，健身设施的总固定成本为 50 000 元；

(3) 餐厅：人均贡献毛益 3 元，总固定成本 30 000 元；

(4) 商务中心：出租可增加贡献毛益总额 40 000 元；

(5) 预定情况预估：高峰期房间都会被预定，其余 12 周双人间客满率 50%，单人间客满率 60%，散客(不住)每天 50 人。

假定：所有散客和住客都是用健身设施和餐厅用餐，双人房间都住满为 2 个人。

综合以上的条件，解决以下问题：

① 如果客房部确认的目标利润是 200 000 元，那么单人房和双人房的收费分别应该达到多少才可以实现？

② 客房部达到保本点时，单人间和双人间的最低收费分别是多少？

③ 如果客房部利润达到了 200 000 元，整个度假村总利润会达到多少？

这是一个很实用的题目，可以举一反三，推而多论。确认利润首先要知道业务量，在本题中，业务量来自消费的客人数量。因此应该从多个层面去看可能的客源总数量，从而计算每一个环节的业务收入与利润情况，最终计算整个利润。

(1) 客房部是最复杂的部分，由于单人间、双人间以及入住率的问题，根据题目给的条件，计算入住人次是第一步，分析如表 5.4。

表 5.4 客房部住客人次

	客满率	租房人数	住客人次
单人房	100%	7×8×80×100%	4 480
	60%	7×12×80×60%	4 032
	小计		8 512
双人房	100%	7×8×40×100%	4 480
	50%	7×12×40×50%	3 360
	小计		7 840
合计			16 352

目标利润＝收入－变动成本－固定成本，因此，收入＝目标利润＋变动成本＋固定成本

变动成本＝8 512×30＋(7 840/2)×40＝412 160(元)

收入＝412 160＋730 000＋200 000＝1 342 160(元)

假设单人间一天房费为 x 元，则双人间一天房费为 $2x$ 元，那么，

收入＝8 512x＋(7 840/2)×2x＝16 352x

x＝1 342 160/16 352≈82

则双人间一天房费为 164 元。

(2) 保本收入即利润为零时的收入,因此保本收入＝变动成本＋固定成本

$$保本收入 = 412\ 160 + 730\ 000 = 1\ 142\ 160(元)$$

即

$$16\ 352x = 1\ 142\ 160, x \approx 70$$

$$2x \approx 140$$

因此客房部要保本,单人间收费不能低于 70 元,双人间收费不能低于 140 元。

(3) 整个度假村的利润＝客房部利润＋健身房利润＋餐厅利润＋商务中心利润

$$健身房利润 = 4 \times 16\ 352 + 10 \times (50 \times 7 \times 20) - 50\ 000 = 85\ 408(元)$$

$$餐厅利润 = 16\ 352 \times 3 + 50 \times 7 \times 20 \times 3 - 30\ 000 = 40\ 056(元)$$

$$总利润 = 200\ 000 + 85\ 408 + 40\ 056 + 40\ 000 = 365\ 469(元)$$

练习题

一、单项选择题

1. 关于贡献毛益率与变动成本率的关系,以下哪种描述是正确的_____。
   A. 变动成本率越高,则贡献毛益率越低　　B. 变动成本率是贡献毛益率的倒数
   C. 两者毫无关系　　　　　　　　　　　　D. 两者同向变动

2. 本量利分析的核心是确定_____。
   A. 贡献毛益率　　　　　　　　　　　　　B. 盈亏平衡点
   C. 安全边际　　　　　　　　　　　　　　D. 贡献边际总额

3. 某企业销售一种产品,其销量为 2 000 件,销售收入为 8 000 元,变动成本为 6 000 元,那么该产品的单位贡献毛益是_____。
   A. 2 元　　　　　B. 1 元　　　　　C. 1.5 元　　　　　D. 1.2 元

4. 用图解法确定盈亏平衡点时,这个点是_____的交点。
   A. 变动成本线与收入线　　　　B. 总成本线与收入线
   C. 固定成本线与收入线　　　　D. 变动成本线与总成本线

5. 销售量不变,保本点越高,那么能实现的利润_____。
   A. 不变　　　　　B. 越大　　　　　C. 越少　　　　　D. 不一定

6. 下列因素的变动可以造成保本点变低的是_____。
   A. 增加固定成本　B. 增加变动成本　C. 提高单价　　　D. 减少生产量

7. 产品单价 100 元,边际贡献率为 40%,固定成本为 30 000 元,安全边际量为 1 000 个,那么可以实现的利润是_____。
   A. 40 000 元　　　B. 60 000 元　　　C. 2 500 元　　　D. 10 000 元

8. 某产品的贡献毛益率为 40%,单位变动成本 30 元,该产品的单价是_____。
   A. 62 元　　　　　B. 50 元　　　　　C. 40 元　　　　　D. 60 元

9. 当企业生产经营处于盈亏临界状态时_____。
   A. 固定成本与贡献边际相等　　　　B. 总成本与贡献边际相等
   C. 变动成本与贡献边际相等　　　　D. 安全边际与贡献边际相等

10. 保本点不变,销售量越大,能实现的利润_____。
    A. 越少　　　　　B. 越多　　　　　C. 不变　　　　　D. 等于零
11. 下面表述不正确的是_____。
    A. 营业利润＝贡献边际率×安全边际额
    B. 安全边际率＋贡献边际率＝1
    C. 贡献边际率＋变动成本率＝1
    D. 贡献边际率＝(固定成本＋利润)/销售收入
12. 企业经营安全程度的判断指标一般采用_____。
    A. 贡献边际率　　　　　　　　　B. 盈亏平衡点作业率
    C. 安全边际率　　　　　　　　　D. 利润率

二、多项选择题

1. 下列各式中,计算结果等于贡献毛益率的有_____。
   A. 贡献毛益/销售收入×100%　　　B. 单位贡献毛益/单价×100%
   C. 1－变动成本率　　　　　　　　D. 销售利润率/安全边际率
   E. 1－保本作业率
2. 判断企业处于保本状态的标志有_____。
   A. 收支相等　　　　　　　　　　B. 贡献毛益等于固定成本
   C. 安全边际量为零　　　　　　　D. 保本作业率为100%
   E. 安全边际率为零
3. 影响保本点的因素包括_____。
   A. 单价　　　B. 单位变动成本　　C. 固定成本　　D. 目标净利润
   E. 所得税税率
4. 下列条件中,能使保本点提高的有_____。
   A. 单价降低　　　　　　　　　　B. 单位变动成本降低
   C. 销售量提高　　　　　　　　　D. 固定成本提高
   E. 目标利润提高
5. 下列说法中正确的有_____。
   A. 安全边际率与单价同方向变动
   B. 安全边际率与单位变动成本同方向变动
   C. 安全边际率与固定成本同方向变动
   D. 安全边际率与销售量同方向变动
   E. 目标利润对安全边际没有影响
6. 在销售量不变的情况下,如果保本点提高,则_____。
   A. 盈利区的三角形面积有所扩大　　B. 盈利区的三角形面积有所缩小
   C. 亏损区的三角形面积有所扩大　　D. 亏损区的三角形面积有所缩小
   E. 盈利区与亏损区的三角形面积都不变

7. 企业经营安全程度的评价指标包括_____。
   A. 保本点　　　　B. 安全边际量　　　C. 安全边际额　　　D. 安全边际率
8. 若企业处于保本状态,则有_____。
   A. 保本点作业率为0%　　　　　　B. 安全边际率为0%
   C. 保本点作业率为100%　　　　　D. 安全边际率为100%
9. 下列指标中受销售量变动影响的指标是_____。
   A. 贡献毛益率　　　　　　　　　B. 安全边际
   C. 贡献毛益总额　　　　　　　　D. 单位贡献毛益
10. 下列各项中,与保本点无关的因素有_____。
    A. 销售单价　　B. 单位变动成本　　C. 销量　　　　D. 目标利润

三、计算分析题

1. 云梨公司生产和销售一种产品,已知该产品单位变动成本为27元/件,固定成本为32 400元,获得息税前利润为6 000元,变动成本率为60%,请解答下列问题:
(1) 确定该产品的保本量和保本额;
(2) 确定该企业的安全边际量和安全边际率。

2. 品云公司生产甲、乙、丙三种产品,他们的销量分别是2 000件、3 200件和4 000件,三件产品的单位贡献毛益分别为14元/件、15元/件和5元/件,固定成本为120 000元,用联合单位法计算每种产品的保本点销售量。

3. 某产品的销售收入为8 000元,保本额为5 000元,变动成本率为65%,该产品的利润是多少?(用至少两种方法计算)

4. 某企业生产 A 产品,单位贡献毛益 40 元,变动成本率 60%,安全边际率 35%,销量为 5 000 件。要求:

(1) 计算盈亏临界点销售额(两种方法);

(2) 计算利润;

(3) 计算销售利润率。

5. 某公司生产 C 产品,当月销量 1 000 台,单价 2 000 元/台,单位变动成本 1 200 元/台,税前利润 50 万元。要求:

(1) 计算经营杠杆系数;

(2) 下月计划增加销售 5%,请用经营杠杆系数预测利润;

(3) 计划实现 60 万利润,用杠杆系数计算应该销售多少才可以实现?

6. (1) 某公司 2018 年息税前利润 20 万元,DOL 为 3,预计 2019 年产销量比 2018 年增长 50%,则 2019 年预计息税前利润是多少?

(2) 某公司 2018 年息税前利润 20 万元,产销量为 10 000 件,DOL 为 2,预计 2019 年息税前利润 30 万元,则 2019 年产销量要达到多少?

第六章　短期经营决策

❖ 学习目标

- 了解决策分析的概念、分类及流程；
- 熟练掌握短期决策的方法：差量分析法、贡献毛益法、成本无差别点法；
- 运用各种方法进行短期决策；
- 掌握各种方法对企业决策的影响。

很多企业经营者会遇到一个选择题，客户订单上需要一批零件，数量不确定，企业自己也有生产该零件的能力，但是考虑到制作成本等因素，还有一个选择是从供应商处直接购买，那到底应该外购还是自制呢？从管理会计角度应该怎么去帮助经营者做出选择呢？

另有公司有一台闲置设备，可以选择开发 A 产品，也可以生产 B 产品，到底如何选择呢？

现代管理科学认为，管理的重心在于经营，经营的核心贵在决策。能否进行科学地规划和决策，关系到企业经营的成败。企业决策是企业行为指南，是企业经营活动和经营结果之间的桥梁，这座桥梁是需要管理会计来设计和建设的。

在做决策之前，进行相关决策分析是必要的。经营决策的正确与否不仅影响到公司经济效益的好坏，甚至会关系到企业的生死存亡。

第一节　决策的类别及流程

一、决策的分类

企业在经营管理过程中，每时每刻都在做着各种决策和相关分析，根据不同标准，决策可以分为不同的类型。

1. 按照决策影响期间长短，可分为短期决策和长期决策

从财务角度提及短期和长期，基本都是以一年为分界点。

短期决策是指涉及一年以内的有关经营活动的决策，一般是为了充分利用企业现有的经济资源以取得最大的经济利益，因此短期决策又被称为经营决策。其主要特点是决策时不考虑货币的时间价值，投入资金相对较少，涉及时间较短，比如购买六个月到期的短期债券等。

长期决策是指报酬的产生时间超过一年,并在较长期间内对生产经营产生影响的决策。长期决策往往需要较大的资金投入,回收时间较长,因此又被称为长期投资决策或者资本性支出决策。其主要特点是决策时要考虑货币的时间价值和风险,并着眼于企业的全局性和战略性决策,比如对子公司的投资等。

2. 按照决策条件的确定性,可分为确定型决策、风险型决策和不确定型决策

确定型决策指企业决策时可以获取跟决策有关的全部信息,决策环境是安全、稳定或者可控的,每个方案有唯一的确定性结果,能够通过直接选择来确定方案。

风险型决策指决策目标很明确,也能够获得足够的决策信息,但每个备选方案的可能性结果都在两个以上,方案的成功概率可以预测,这样的条件下决策者在各种结果中无法确定或者预知哪种状态或者结果会发生,但是可以确定有多少种结果,也可以知道每种结果产生的概率。

不确定型决策指各种备选方案的预知结果不确定,且出现各种结果或者状态的概率无法预知,只能凭决策分析人的主观意识或者凭以往经验去确定。

3. 按照决策的重要性程度,可分为战略决策和战术决策

战略决策是指从企业全局出发,从全面发展的角度来确定企业发展的经营目标、投资方向和生产规模等主要方面的决策,对企业的成败起着决定性的作用,重点在于解决企业的长远规划及与外部市场环境的关系等大问题。

战术决策是指为了达到预期的某个战略决策目标采取的适用于企业局部的方法和手段,主要针对日常经营活动中的某些层面,重点在于如何使企业现有的经济资源可以得到合理和充分的利用,并产生最大的经济效益。

二、决策应考虑的因素

1. 关系方案

(1) 独立方案

又称单一方案,是指一组可行方案完全互相独立、互不排斥,在决策过程中,选择或者拒绝一种方案都与其他的方案无关。

(2) 互斥方案

指互相关联、相互排斥的方案,即一组中各个方案彼此可以互相替代,采纳其中一个,就意味着放弃或者淘汰另外一个,自动排斥掉其他方案。

2. 方案中的相关收入

这里的相关收入是指与特定或者指定方案相关联的、能对决策产生重大影响的、在短期决策中必须予以充分考虑的收入,又称为有关收入。决策中的有关收入只针对特定的方案,也就是方案在,收入在,方案遭拒,收入也就不存在了,这才是相关收入。相关收入的计算,要在具体方案中以该方案的相关单价和相关销售量作为计算依据。

3. 方案中的成本

决策或者方案中有对应的收入,就应该有相应的成本,但是决策中需要用到的成本应该是与相关收入所对应的相关成本。相关成本即选择了该方案就会有这些成本的发生,方案不存在,就不会发生这些成本。决策中的相关成本包括机会成本、差量成本、重置成本、边际成本、付现成本、可避免成本、可延缓成本、专属成本等。

(1) 机会成本

机会成本是指从备选方案中选择一个而放弃其他方案可能丧失的潜在利益。因为并没有实际发生,所以传统财务账务处理中是不需要计算的,只有决策中才把机会成本当作一个因素考虑。例:企业有一台闲置设备,只能生产A产品或者B产品,那么选择生产A产品,就放弃了生产B产品带给企业的收益,这一部分就是选择生产A产品这一方案的机会成本;同样,选择生产B产品,就放弃了生产A产品带给企业的收益,这一部分也是选择生产B产品这一方案的机会成本。

(2) 差量成本

差量成本通常也被称为"差别成本"或"差额成本",是指可供选择的不同备选方案之间预期成本的差额。在相关范围内,差量成本一般指的是变动成本。例:一款零件企业可以自制也可以外购,外购单位成本为200元,自制该零件的单位成本为220元,单位差别成本为20元。

(3) 重置成本

重置成本是指目前从市场购买一项原有资产所需支付的成本。一般在企业决定新旧置换的时候会考虑到重置成本。例:某淘宝店主两个月前以30元/件购入一批玩偶,并决定以60元/件出售,由于图案设计独特流行,现在每件玩偶可以卖到70元,那现在店主该如何定价? 两个月前购入的时候,店主每件可以获利30元,现在该货物涨价了,如果仍然按照原定单价出售,就亏了10元,因此此时考虑出售单价应该以重置成本衡量,以保证店主的原有利益。

(4) 边际成本

边际概念就是单位的增减引起的成本变动。边际成本是指产量每发生一个单位的增减所引起的成本变动。因此,相关范围内,每增减一个单位的产量引起的差量成本就是边际成本。利用边际成本判断可以用到两个规律:当某产品的平均成本与边际成本相等时,平均成本是最低的;当产品的边际收入与边际成本相等时,企业利润最大,此时的生产数量就是最佳产量,由此可以判断产量的增减,从而做出生产决策。

(5) 付现成本

付现成本是指决策引起的需要在现在和未来动用现金来支付的成本,尤其在公司处在资金比较紧张的状态和支付能力受限的情况下,经营决策要偏重于考虑付现成本,此时应该用付现成本最低的决策来代替总成本最低的决策。

(6) 可避免成本

选择一项方案,那么与此方案相关的成本就必然会发生,否则就不会发生,这一成本被称作可避免成本。例:A企业的甲产品最后组装环节可以通过人工组装,也可以实现流水线自动作业和自动组装。那么对于选择流水线的生产方案来说，人工组装费、搬运费等就是该方案的可避免成本。

(7) 可延缓成本

经营决策中有些企业会碰到财力不支的情况，所以不是所有的方案都可以立刻实施的。在财力受限的情况下，如果方案的推迟或者延迟执行不会导致企业的重大损失或者影响全局，那么这一方案的相关成本就被称作可延缓成本，又称作可递延成本。例：某超市扩张规模后决定推行电算化，需要购买80台电脑及相关软件，但目前资金比较紧张，购买时间需要延后。该方案不能立刻执行，对超市的现有运营影响不大（模式切换而已），因此购买电脑及软件的花费就是可延缓成本。

(8) 专属成本

可以明确到某个部门、某批产品甚至某件产品的固定成本被称为专属成本，又被称为特定成本。专属成本往往发生在某些经营策略的补充或者增加项上，比如为了弥补生产能力的不足而增加人手或者增加设备，由此发生的方案成本跟取得方式有关。比如招聘正式员工的招聘成本和工资属于弥补生产力不足的专属成本；从人力资源代理公司租入临时工的租入成本和租入人员工资等也是这一方案的专属成本。另外，如果招聘员工需要去外地招聘，那发生的差旅费也要计算到专属成本中。

以上成本都是做决策方案时要考虑到的成本，与经营者做出何种决策、做出哪个选择息息相关。与之对应的，还有一个无关成本概念。无关成本也是成本，甚至很多时候是很明显、可计算并且是肯定发生了的成本，但是在决策选择的时候，不需要考虑，决策选择中没有直接联系，典型的有沉没成本、不可避免成本、不可延缓成本、共同成本。

(1) 沉没成本

沉没成本就是过去已经发生的、确定无法收回的，并且是目前决策无法改变的成本，又被称为"沉入成本"或"旁置成本"。沉没成本是一种历史成本，现在的决策无法改变也不可控，不会对现在决策产生影响，也不会影响未来的决策执行。

(2) 不可避免成本

无论选择哪种方案，都是不可避免要发生的成本，就是不可避免成本。例：生产某产品的方案选择中构成产品实体的直接材料成本，无论选择哪种方案生产，材料费用都必须发生，那么选择方案的时候材料成本无需考虑。

(3) 不可延缓成本

某方案对企业的正常运行影响直接并重大，一旦制定通过并且立刻执行实施，那与该方案有关的成本都是不可延缓成本。

(4) 共同成本

方案中涉及的成本涵盖了多个部门或者多个产品，成本应该有多部门多产品共同负担，那么该成本的发生就不与某特定方案有关，决策时也不需要予以考虑。

三、决策流程

无论是经营策略还是战略方针，决策的流程都是类似的。

第一步:确定目标。

决策的目标就是明确决策的最终目的(结果)和需要解决的问题。目标应该考虑三点:第一,成果可以计量;第二,时间可以限定或者规定;第三,责任可以明确。

第二步:搜集资料。

根据目标有针对性地搜集尽可能多的数据和资料,并进行必要的加工整理,资料信息要求质量高,选择范围广,可以真实、全面、系统、可靠地为决策服务。

第三步:拟定方案。

根据资料加工整理后拟定可供选择的方案,不宜太少,导致选择余地小;也不宜过多,导致决策者无所适从。拟定方案的步骤决定了最后决策的效果,是整个流程中最关键的一环。

第四步:评价方案。

从决策目标出发,结合定性、定量分析手段,综合多方面考虑因素,从技术、经济效益等多个侧面,全面评价方案的可执行性、合理性、先进性等。

第五步:方案优选。

在评价的基础上,从最主要的指标进行判断选择。由于决策的类型繁多,目标不尽相同,因此主要指标标准很难一致。对不同的决策应该有不同的判断和选择标准,可以经过多次筛选,取长补短,最终选定。

第六步:实施方案。

方案的最终落地实施是很关键的一步,尤其是以结果为导向的企业战略中,方案的执行也就意味着企业的走向。在执行中更要注意不断地更新、修正,以期更好的结果。综上,决策的流程如图6.1。

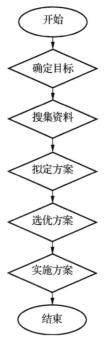

图6.1 决策流程图

第二节 分类决策

一、新产品决策

如果公司的生产设备有闲置或者生产能力有剩余,存在资源没有被充分利用的情况,本着利润最大化和合理充分利用资源的原则,应该采取一定的措施或者方案来用足生产力。那么开发新产品或者增加在产产品的容量都是一种选择,具体应该怎么选择方案呢?

【例6.1】 金发公司目前只生产散热器,评估后发现生产能力有30%剩余。公司可以把剩余的生产力用于生产开发新产品吸热扇或者吸热垫,决策评估过程有如下问题需要考虑:

(1) 若开发生产吸热扇,需要增加一台专用设备;
(2) 若开发生产吸热垫,无需增加设备,但要压缩散热器20%的产能。

面对如上两种情况,金发公司应该做何种选择,为什么?

1. 不压缩老产品产量而开发新产品

利用现有剩余产能开发新产品一般也分为两种情况,一种情况是用足剩余产能,不需要额外或者增加专有设备的专属成本;另一种情况就是用足剩余产能仍需要匹配额外的专有设备,增加专属成本。

第一种情况:剩余产能用来生产吸热扇或者吸热垫,并且不需要再增加设备,那么问题很简单,生产哪种新产品带来的边际效益高,就选择生产哪种产品。所以用贡献毛益法,可以计算单位贡献毛益或者贡献毛益总额,指标越大,方案越优。

附加资料1:金发公司剩余生产力2 400小时,吸热扇售价为120元/台,单位变动成本90元/台,单位定额耗时10小时/台;吸热垫售价为80元/件,单位变动成本40元/件,单位定额耗时8小时/件。因为不需要压缩老产品产能,也不需要增加专属设备,所以采用单位贡献毛益法或贡献毛益总额法做决策。

表6.1 金发公司生产资料

项目	生产吸热扇	生产吸热毯
产品单位贡献毛益	120−90=30元/台	80−40=40元/件
产品单位定额机时	10小时	8小时
单位机时贡献毛益	30/10=3元/小时	40/8=5元/小时
贡献毛益总额	30×2 400/10=7 200元	40×2 400/8=12 000元

从表6.1的计算结果可见,无论采用哪种方法决策,都应该选择生产散热垫。

第二种情况:剩余生产能力用于生产吸热扇或吸热垫,各需要增加一台专属设备(专属设备支出应该属于固定成本),这种情境下比较贡献毛益无法做出决策,因此要采用差别损益分析法。两个互斥方案之间通过比较损益大小来决定取舍。多个方案之间也可以采用这种方式,先两两比较,比较一次淘汰一个,直到找到最优方案。

附加资料2:接附加资料1的内容,其他条件不变的情况下,开发吸热扇或吸热垫都需要追加专属设备,专属设备成本分别是3 000元和11 000元,这时候要采用差别损益分析法来决定到底生产哪种产品。

根据已知条件参照附加资料1,编制表6.2。

表6.2 金发公司损益表

项目	吸热扇	吸热垫	差别
相关收入(元)	120×2 400/10=28 800	80×2 400/8=24 000	28 800−24 000=4 800
相关成本(元)	24 600	23 000	1 600
其中:变动成本(元)	90×2 400/10=21 600	40×2 400/8=12 000	21 600−12 000=9 600
专属成本(元)	3 000	11 000	3 000−11 000=−8 000
差别损益(元)			3 200

表6.2计算结果显示,差别损益为3 200元,应该选择前一个方案,也就是选择生产吸热扇。

换个角度解释,差别损益比对的是最终收益,吸热扇的最终收益是4 200元,而吸热垫的最终收益是1 000元,所以同样结果是选择生产吸热扇。

2. 压缩老产品产量而开发新产品

压缩老产品的产量,对于开发新产品来说,压缩的老产品那部分产量带来的收益是此决策的机会成本,因此决策应该采用利润总额分析法来决策,也就是备选方案的收入和成本全部考虑在内,比较最终的利润总额大小来做出最后的决策。

附加资料3:承例6.1,散热器的年销量(产量)为20 000台,单位售价为250元/台,单位变动成本为160元/台。根据最新的市场调研结果,散热器的市场在缩小,销量呈逐月下降趋势。在此基础上金发的产能并没有用足,经营决策者决定开发生产吸热垫或者吸热扇。若生产吸热垫,预计年销量(产量)20 000件,追加专属设备成本20 000元,并压缩散热器10%的产能;若生产吸热扇,预计年销量(产量)30 000台,追加专属设备成本10 000元,并压缩散热器20%的产能。

应该采用利润总额分析法来决定到底应该生产哪种新产品。

根据附加资料2、3,编制表6.3利润总额分析表:

表6.3 金发公司利润总额分析表

项目	投产吸热垫	投产吸热扇
销(产)量(件、台)	20 000	30 000
单位售价(元/件、元/台)	80	120
单位变动成本(元/件、元/台)	40	90
单位贡献毛益(元/件、元/台)	40	30
贡献毛益总额(元)	800 000	900 000

续表

项目	投产吸热垫	投产吸热扇
减:专属成本(元)	20 000	10 000
机会成本(元)	20 000×10%×(250−160)	20 000×20%×(250−160)
税前利润(元)	600 000	530 000
	600 000＞530 000	

根据表 6.3 的计算结果,投产吸热垫利润总额远大于投产吸热扇,根据这个计算结果,在这个决策中,企业应该选择利润总额偏大的投产吸热垫决策。

利润总额法还可以用于多产品决策中,在剩余产能一定的情况下,如何优先搭配、合理筹划企业产品结构很重要,这对企业的决策来说是非常关键的。

【例 6.2】 吉祥公司有剩余产能(工时)3 600 工时,可以开发的新产品分别是甲、乙、丙三种产品,资料如下。另市场预测统筹,三种新产品的市场需求量分别为 2 000 台、1 000 台和 600 台。那么吉祥公司该如何合理安排和计划新产品的生产呢?

表 6.4 吉祥公司新产品资料

项目	甲产品	乙产品	丙产品
定额工时(工时)	4	6	2
单位售价(元/台)	30	50	35
单位变动成本(元/台)	14	32	25
固定成本(元)		15 000	

根据表 6.4,分析者的第一考虑因素应该是单位贡献毛益额,显然甲产品和丙产品的单位贡献毛益额和单位工时贡献毛益都是相对比较高的,那么数据分析如表 6.5 所示:

表 6.5 新产品贡献毛益分析表

项目	甲产品	乙产品	丙产品
定额工时(工时)	4	6	2
单位售价(元/台)	30	50	35
单位变动成本(元/台)	14	32	25
单位贡献毛益(元/台)	16	18	10
单位工时毛益(元/工时)	4	3	5
市场需求(台)	2 000	1 000	600
合理产量(台)	600	0	600

3 200 工时的分配是生产甲产品 600 台,合计 2 400 工时;生产丙产品 600 台,合计 1 200 工时,合计实现贡献毛益 15 600 元。

二、亏损产品决策

企业在正常生产经营过程中,产品总是有一个周期的,从起始阶段到发展阶段最后进入衰退阶段甚至慢慢退出市场,那在产品处在亏损甚至退出市场之前,企业要做一个决策,是继续生产这些产品还是尽快停产?是不是只要产品是亏损的就一定要选择产品停产退出市场呢?问题不是那么简单,从管理会计角度出发,亏损产品也承担了一部分固定成本,这部分固定成本会随着产品的停产转移到其他产品中,从而增加其他产品的负担。因此,不能不加分析地停止亏损产品的生产,也切不可一刀切地认为只要是亏损的就没有了继续生产的意义,否则企业有可能会因为错误决策遭遇更大的损失。

【例 6.3】 扬扬公司生产 A、B、C 三种产品。目前 C 产品是亏损的,企业有意向停止生产 C 产品,但是决策中碰到以下问题:

(1) 停产 C 产品,固定成本由 A 和 B 产品分担,会导致 A 产品或者 B 产品发生亏损,是否停产?

(2) 目前生产 C 产品还有剩余生产能力,如此下来是要增产 C 产品把产能用足还是直接停产?

(3) 停产 C 产品,跟 C 产品有关的设备可以用于出租获取租金收入,是否停产?

1. 亏损产品的生产能力无法转移

当亏损产品停产之后,设备闲置下来,无法用于其他产品生产,也不能出租或者招揽其他业务,那应该如何决策呢?

(1) 只要亏损产品的单位贡献毛益为正数,就应该继续生产,否则应该选择停产,即 $p-b>0$ 就不应该选择停产,前提是无法转移多余生产能力。

(2) 在生产能力无法转移且亏损产品的单位贡献毛益为正数的前提下,企业如果还有多余的关于该产品的剩余生产能力(既无法转移又有没有用足的产能),那么应该增产该亏损产品。我们现实中见到最多的"薄利多销"就是一个很典型的例子。

(3) 在上面两个条件的基础上,假如增产亏损产品需要额外的专属设备或者其他固定支出,那么只要保证该亏损产品的贡献毛益总额大于该专属成本或者固定支出,仍然可以决定继续增产。

综上所述,亏损产品如果生产能力无法转移,且无法用作他途,只要单位贡献毛益是大于零的,就不应该停产,甚至要增产。至于增产与否,还要看是否有额外成本支出或者剩余生产能力。

附加资料:(以下空白处、问号处和带公式的表格处请学习者自行完成计算结果的填列)

扬扬公司生产 A、B、C 三种产品,总固定成本为 36 000 元,各自的生产能力都不能转移,三种产品的利润计算表如表 6.6 所示:

表6.6 固定成本均按照销售收入来分摊

单位:元

项目	A产品	B产品	C产品	合计
收入	60 000	90 000	30 000	180 000
单价 p	60	180	75	—
单位变动成本 b	36	150	55	—
销量 v(件)	收入/单价	收入/单价	收入/单价	—
总贡献毛益	$v\times(p-b)$	$v\times(p-b)$	$v\times(p-b)$	
固定成本	12 000	18 000	6 000	36 000
税前利润				11 000

根据表6.6的计算数据,可以测算出产品销量分别为1 000件、500件和400件。根据公式利润=$v\times(p-b)-a$,A、B、C三种产品的税前利润分别为12 000元、-3 000元、2 000元,总利润合计11 000元。

根据以上的理论,B产品税前利润为负数,但是其单位贡献毛益是30元,大于0,不应该停产。我们来验证一下,如果停产B产品结果又如何呢?停产B产品,那36 000元的固定成本会在A和C产品间分摊,计算结果如表6.7所示:

表6.7 成本分析表

单位:元

项目	A产品	C产品	合计
收入	60 000	30 000	90 000
单价 p	60	75	—
单位变动成本 b	36	55	—
销量 v(件)	收入/单价	收入/单价	—
总贡献毛益	$v\times(p-b)$	$v\times(p-b)$	
固定成本	24 000	12 000	36 000
税前利润			-4 000

由表6.7的结果可见,不能盲目地采取措施停产仍然有贡献毛益但是出现了亏损的B产品。

续上述资料信息,如果扬扬公司仍具备增产B产品20%的能力,同样生产能力无法转移或者用作他途,那决策又将如何变化呢?

表 6.8 成本利润计算表

单位:元

项目	A产品	B产品	C产品	合计
收入	60 000	108 000	30 000	198 000
单价 p	60	180	75	—
单位变动成本 b	36	150	55	—
销量 v(件)	收入/单价	收入/单价	收入/单价	—
总贡献毛益	$v\times(p-b)$	$v\times(p-b)$	$v\times(p-b)$	—
固定成本	?	?	?	36 000
税前利润	?	?	?	?

根据以上计算结果,判断增产后的三种产品税前利润总计,如果结果大于 11 000 元,那就选择不但不能停产 B 产品而且要用足产能增产 B 产品;如果计算的合计结果小于 11 000 元,那还是不要增产,保持现状,但也不能停产 B 产品。

继续上题资料,如果要增产 B 产品 20%,同时需要增加专属设备成本 1 000 元,那么又该怎么做决策呢?

表 6.9 成本利润计算表

单位:元

项目	A产品	B产品	C产品	合计
收入	60 000	108 000	30 000	198 000
单价 p	60	180	75	—
单位变动成本 b	36	150	55	—
销量 v(件)	收入/单价	收入/单价	收入/单价	—
总贡献毛益	$v\times(p-b)$	$v\times(p-b)$	$v\times(p-b)$	—
固定成本	?	?	?	36 000
专属成本		1 000		
税前利润	?	?	?	?

同样,计算出三种产品的税前利润合计,只要大于最初的税前利润合计,仍然选择不停产 B 产品,而且用足产能,增加专属设备,否则就应该放弃增产 B 产品 20%。

综上所述,对于亏损产品生产能力无法转移,决策主要采取的方法就是利润总额分析法。

2. 亏损产品的生产能力可以转移

亏损产品停产后会有剩余生产能力,剩余生产能力可以挪作他用的就是决策时应该考虑的机会成本。把剩余生产能力用于生产其他产品或者零星加工业务可以产生相关的贡献毛益,把剩余生产能力(相关设备)用于出租可以获取租金收入,这些毛益或者收入就是与该方案选择有关的机会成本。

这时决策要看亏损产品的贡献毛益与转移生产能力带来的收益(机会成本),通过差别损益分析法,最终做出决策。

接例 6.3,扬扬公司的 C 产品年销售收入为 150 000 元,变动成本为 120 000 元,如果停产可以对外出租取得租金年收入 35 000 元,且已无剩余生产能力。此时该如何决策?

表 6.10 差别损益分析法

单位:元

项目	不停产 C 产品	停产 C 产品	差量
相关收入	150 000	35 000	115 000
相关成本:			
变动成本	120 000		120 000
专属成本			
差别损益			−5 000

根据表 6.10 的计算结果,很明显应该选择停产该产品。

三、自制或外购决策

客户订单上需要一批零件,数量不确定,企业自己也有生产该零件的能力,但是考虑到制作成本等因素,还有一个选择是从供应商处直接购买,到底应该外购还是自制呢? 选择中需要考虑的问题是自制有可能需要额外增加设备;不生产时会造成设备闲置,如果能够出租闲置设备,会有租金收入;如果外购,购买量很大,商家还会给予特别的折扣和优惠。这么多的选择该怎么去做决定呢?

很明显这是一个"花钱"的决策,那决策的出发点就应该是哪个省钱选哪个。在此类决策中要分情况去选择用差别成本比较法和成本无差别点分析法。

1. 当客户订单(需求)量确定时

当客户订单(需求)量确定时,使用差别成本比较法。这是差别损益分析法的变体,指在决策中的所有备选方案中,相关收入为零,通过比较各个方案的相关成本,秉承成本最小为优的原则做出决策的一种方法。

【例 6.4】 鸿雁公司每年需要 CC 零件 3 000 个,且具备自己生产该零件的能力,CC 零件的自制成本为 42.5 元/个,其中直接材料和直接人工都为 15 元/个,变动制造费用 10 元/个,固定制造费用 5 元/个。若不生产 CC 零件,可以将生产设备出租取得租金收入 7 500 元。如果外购该零件,单个购买价格为 42 元/个。

鸿雁公司该自制还是外购呢?

鸿雁公司对该零件需求量是确定的,应该使用差别成本分析法。

表 6.11　差别成本分析表

单位:元

项目	自制	外购	差量
相关成本	127 500	126 000	1 500
其中:变动成本	120 000		
机会成本	7 500		
专属成本			
差别损益			+1 500

由表 6.11 结果可见,自制成本高于外购成本,鸿雁公司该选择外购 CC 零件,因此也会节省 1 500 元成本。

2. 当客户订单(需求)量不确定时

当客户需求量不确定的时候,应该采用成本无差别点法。备选方案的收入均为零,相关需求量(业务量)是不确定因素,通过判断处于不同水平上的业务量与成本无差别点业务量之间的关系做出方案决策,这时候的选择方案是互斥方案。选择时要计算成本无差别点业务量:

$$成本无差别点业务量 = \frac{A 方案固定成本 - B 方案固定成本}{B 方案单位变动成本 - A 方案单位变动成本}$$

成本无差别点业务量又被称为成本分界点业务量或成本平衡点业务量。在需求量(业务量)不确定的情况下,通过计算成本无差别点业务量进行决策:当需求量(业务量)小于成本无差别点业务量时,选择固定成本较低的方案;当需求量(业务量)大于成本无差别点业务量时,选择固定成本较高的方案。

另外,在实际工作中,企业如果选择外购零部件,由于批量采购往往可以享受到采购优惠政策,这时候要把能够享受的优惠计算在内,决策时候予以考虑。

【例 6.5】 码雅公司生产 A 产品需要甲零件,该零件可以选择自制或外购。如自制,每件甲零件的单位变动成本为 3 元/件,需要追加专属成本 1 000 元,生产能力无法转移。如外购,采购量小于 1 500 件时,采购单价为 4 元/件,采购量大于 1 500 件时,采购单价为 3.5 元/件。该如何决策?

根据已知条件,1 500 件是一个分水岭,涉及采购单价的波动。

需求量大于 1 500 件:

$$成本无差别点业务量 1 = \frac{1\ 000 - 0}{3.5 - 3} = 2\ 000(件)$$

需求量小于 1 500 件:

$$成本无差别点业务量 2 = \frac{1\ 000 - 0}{4 - 3} = 1\ 000(件)$$

根据以上计算结果,当甲零件的需求量小于 1 000 件时,应采用外购方案;当甲零件的需求量大于 1 000 件小于 1 500 件时,应采用自制方案;当甲零件的需求量大于 1 500 件小于

2 000 件时，应采用外购方案；当甲零件的需求量大于 2 000 件时，应采用自制方案。

四、产品深加工决策

对工艺比较复杂的产品而言，很多公司生产的产品是经过多道工序逐步加工并最终完成成品的，而过程中有些半成品也可以用于出售，当然也可以把所有工序都做完最后以完工产品出售。市场行情的不断变化和客户需求的转型，使得企业会面临如下难题：是生产到中间工序直接出售还是等到最终完工再做销售呢？这就是产品是否要深加工的决策，产品最终以什么形态离开公司，取决于相关成本。

作此类决策必须清楚地是，不管出售半成品还是最终产成品，该产品之前经历的所有工序中耗用的固定成本和变动成本已经发生且无法转回，应该属于无关成本，不予考虑。需要考虑的是，后续决策中进一步加工直接相关的成本，所以应该选择差别损益分析法来做决策。

【例 6.6】 圆圆公司生产甲产品 6 000 个，单位售价为 45 元/件，单位变动成本为 20 元/件，固定成本总额为 25 000 元，如果把甲产品继续深加工为丙产品，单位售价可以提升到 53 元/件，但每件的单位变动成本相应增加 8 元，并且需要添加一台专属设备总值 15 000 元。

问：圆圆公司是否要继续对甲产品进行深加工？

解：根据以上资料，采用差别损益分析法，制表如下：

表 6.12 圆圆公司差别损益表

单位：元

项目	甲产品直接销售	甲产品继续加工	差量
相关收入	270 000	318 000	−48 000
相关成本		63 000	−63 000
其中：变动成本（深加工）	0	48 000	
专属成本		15 000	
差别损益			15 000

根据表 6.12 的计算结果，圆圆公司应该选择直接出售甲产品，可以多获利 15 000 元。

五、最优产量组合决策

企业组织生产产品也是有策略的。除了会考虑到市场的需求因素之外，一般企业都会对常态产品进行安全库存等的生产，根据企业的实际生产条件和大环境，结合市场需求量，做出合理的生产安排，目的是以尽可能少的能耗达到较大的经济收益。

最优产量组合决策又被称为经济生产批量决策，是指成批组织生产的企业对全年应该怎么分批次生产、每批次生产多少产品所做的最经济、最合理的决策。对此类决策，相关成本分为调整准备成本和变动储存成本。调整准备成本是每次生产之前，为做好生产准备工作而发生的成本，比如调整设备、清理现场、准备工具、布置产线、预热、安排人员设备等。这类成本每个批次基本相等,与每批生产的产品数量没有关系,与全年要生产的批次成正比,即批次越多,该成本越高,反之亦然。变动储存成本是指产品或零部件在储存过程中发生的年度成本,比如仓管人员的薪资,仓库及其内部设备的折旧、租金、保险费等。这类成本与批次无关,与产品的产量有关,生产批量(数量)越大,全年储存量也越大,成本就越高,反之亦然。在这个决策中,除了上述两个成本,与生产直接相关的直接材料、直接人工、制造费用等,是与该决策无关的成本,此时不予考虑。

由上述分析和定义可以看出,每批次产量越大,则批次变少,调整准备成本就小,但变动储存成本会变大;每批次产量越小,则批次变多,储存成本变小,但是调整准备成本变大。所以要两项成本都最小是不可能的,最经济合理的决策就是使两者之和达到最小,此时的决策就是最优产量组合。

【例6.7】 吉祥公司生产A产品年产量为5 000件,每件储存成本为3元,每一批的调整准备成本为500元,平均日产50件,每日耗用15件。

最常见的决策方法主要有以下三种。

1. 数学模型法

利用数学求极小值的方法建立数学公式,从而计算出最优生产批量。

以下字母的含义分别是:T,全年生产需要量(总产量total);F,每次调整准备成本(facility);C,每件产品或零件的年储存成本(cost);Q,每批生产产量(quantity);p,每日生产产量(production);d,每日耗用量(daily consumption)。

产品(零件)最高储存量 = 每批的生产天数 × 每日库存增加量

$$= \frac{Q}{p} \times (p-d) = Q - Q \times \frac{d}{p} = Q \times \left(1 - \frac{d}{p}\right)$$

平均储存量 $= Q \times \left(1 - \frac{d}{p}\right) / 2$

年储存成本 $= Q \times C \times \left(1 - \frac{d}{p}\right) / 2$

年调整准备成本 $= F \times \frac{T}{Q}$

年总成本 $= Q \times C \times \left(1 - \frac{d}{p}\right) / 2 + F \times \frac{T}{Q}$

由于调整准备成本与储存成本的相反性特征,因此求极小值 Z 的公式:

最优生产批量 $Q = \sqrt{\frac{2TF}{C} \cdot \frac{p}{p-d}}$

最优生产批次 $N = \frac{T}{Q}$

最优批量的全年总成本 $Z = \sqrt{2TFC \cdot \left(1 - \frac{d}{p}\right)}$

用该方法解答上述案例 $Z = \sqrt{2 \times 5\,000 \times 500 \times 3 \times \left(1 - \frac{15}{50}\right)} \approx 3\,250(元)$

2. 列表法

根据公司的相关资料,按照从1到10共10个批次准备数据资料,制表如6.13:

表6.13 公司生产批次表

数量单位:件,金额单位:元

生产批次	10	9	8	7	6	5	4	3	2	1
生产批量	500	556	625	714	833	1 000	1 250	1 667	2 500	5 000
年平均储存量	175	195	219	250	292	350	438	583	875	1 750
年变动储存成本	525	584	656	750	875	1 050	1 313	1 750	2 625	5 250
年调整准备成本	5 000	4 500	4 000	3 500	3 000	2 500	2 000	1 500	1 000	500
年总成本	5 525	5 084	4 656	4 250	3 875	3 550	3 313	3 250	3 625	5 750

从表6.13中数据可以看出,总成本最低的是批次为3次的,总成本为3 250元。

3. 绘图法

根据方法二中的数据作出坐标图,如图6.2所示:

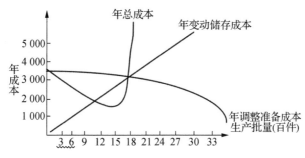

图6.2 产量组合决策图

从以上三种方法都可以得出,最终结果是最优产量组合决策应该选择生产3批次。

六、定价决策

市场经济竞争机制中,价格机制是竞争机制的核心部分,也是最主要的表现形式。因此如何合理、有效地制定产品的价格,决定了一个产品的未来走势、生产规模,甚至可以影响到一个企业的生死存亡。正常的市场机制中,价格与销售量和收入之间的关系前文已经讲过多次,其中对销售收入敏感性最强的就是价格因素。就长远利益而言,企业产品定价过高容易失去市场,定价太低则没有利润可言,因此定价决策是企业很重要的一个决策,目的是保证企业获取最佳经济利益和长远的生存发展。

定价决策中应该考虑的因素除了最为重要的经济利益还应该考虑到市场行情变化、企业产品的市场可持续性等特征及消费者群体的心理等因素,应该采取多因素综合灵活考虑的方式决定价格的最终走向。

企业经常使用的定价决策方法主要有以下几种。

1. 完全成本定价法

完全成本定价法又叫作完全成本加成定价法,是按照单位产品的完全成本加上一定的目标利润作为产品价格的一种方法。计算公式如下:

$$产品单位售价 = 单位完全成本 + 单位目标利润$$
$$= 单位完全成本 \times (1 + 成本利润率)$$

该定价方法的优点是可以保持价格在一定时期的相对稳定,并使得产品的变动成本和固定成本都得到相应补偿,计算简便易行。

该方法的缺点是忽视了市场的供求和竞争因素对产品的影响,也没有考虑到产品周期的影响,不够灵活,并容易掩盖企业经营中的非正常支出,不利于企业内部的自我改善和管理的推进,不利于提高企业的经济效益。

2. 变动成本定价法

变动成本定价法又叫作变动成本加成定价法,是定价时只考虑变动成本,不计算固定成本,在变动成本的基础上加上预期的边际贡献的一种方法。这种定价方法一般在竞争激烈的时候比较实用,尤其是价格必须要降低的时候,只要保证售价不低于变动成本,就说明产品的生产还可以继续维持。如果售价降低到低于变动成本,则生产得越多亏损得越多。这在打价格战中经常使用到,毕竟降价是迅速占领市场的一种最直接的方法,但是过分降价,也会给企业带来巨大的损失。

$$产品单位售价 = 单位变动成本 + 单位贡献毛益$$
$$= 单位变动成本 / (1 - 边际贡献率)$$

3. 利润最大化定价法

利润最大化定价法是把处于不同价格的产品销量预测出来,在此前提下,计算各个方案的利润,最终选择利润最大的方案。

销售价格下降的时候,销量会随之增长。价格下降后增加的销量所带来的收入增加被称为边际收入,相应增加的成本被称为边际成本,边际收入减去边际成本就是边际贡献净增加额。当边际收入等于边际成本时,利润就是最大的,因为此时收入的增加也不会带来利润的增加了,而此时的销售价格就是最优价格,即边际贡献净增加额为 0 时的单价就是最优单价。

除了以上三种方法,还有投资报酬率定价法和认知价值定价法。

课外拓展(案例学习)

月月公司产销 A、B、C 三类产品。2018 年该企业销售部门根据市场需要进行预测,计划部门初步平衡生产能力,编制了 2018 年产品生产计划,财会部门打算据此进行产品生产决策。

该企业多年生产的老产品 A 产品,由于造价高、定价低,长期亏损。尽管是亏损产品,但市场上存在一定的需求量,为满足市场需要,仍继续生产。财会部门根据产品生产计划预测了成本和利润如表 6.14 所示。

表 6.14　2018 年成本、利润预测表

单位:万元

项目	A产品	B产品	C产品	合计
销售收入	850.90	920.66	200.45	1 972.01
销售成本	878.85	803.98	190.20	1 873.03
销售利润	−27.95	116.68	10.25	98.98

CEO 刘某看完数据之后,对财务部门提出了如下问题:

(1) 2018 年企业目标利润能否达到 150 万元?

(2) A 产品亏损 27.95 万元,影响了企业利润,可否考虑停产?

带着这些问题,财务部门与生产、销售等部门一起,共同研究,寻找对策。一周后,他们提出以下三个方案,希望通过分析比较,确定最优方案。

方案一:停止生产 A 产品,按原计划生产 B 产品和 C 产品。

方案二:停止生产 A 产品后,根据生产能力的平衡条件,B 产品最多增产 30%,C 产品最多增产 15%。

方案三:进一步平衡生产能力,调整产品生产计划。B 产品是最近几年开发的新产品,由于技术性能好,质量高,颇受用户欢迎,在市场上供不应求。根据市场预测,调整产品生产结构,压缩 A 产品生产计划 30%,B 产品在原方案基础上增产 40%。

财务人员运用回归分析法,在计算出单位产品变动成本的基础上,计算出变动成本占销售收入的比率如表 6.15 所示。

表 6.15　变动成本比例表

项目	A产品	B产品	C产品
变动成本占销售收入的百分比	70%	60%	55%

要求:请帮助该企业财会人员做出决策。

分析过程:

(1) 计算各产品变动成本和贡献毛益如下表所示。

表 6.16　A、B、C 产品变动成本和贡献毛益

单位:万元

项目	A产品	B产品	C产品	合计
销售收入	850.90	920.66	200.45	1 972.01
变动成本	595.63	552.40	110.25	1 258.28
贡献毛益	255.27	368.26	90.20	713.73
固定成本	283.22	251.58	79.95	614.75
营业利润	−27.95	116.68	10.25	98.98

(2) 若选择方案一,利润计算如表 6.17 所示。

表 6.17　方案一的利润计算表

单位:万元

项目	B产品	C产品	合计
销售收入	920.66	200.45	1 121.11
变动成本	552.40	110.25	662.65
贡献毛益	368.26	90.20	458.46
固定成本	614.76		614.76
营业利润			−156.30

由于 A 产品存在一定的贡献毛益,方案一停产 A 产品后,企业出现亏损 156.30 万元的情况。

(3) 若选择方案二,利润计算如表 6.18 所示。

表 6.18　方案二的利润计算表

单位:万元

项目	B产品	C产品	合计
销售收入	1 196.86	230.52	1 427.38
变动成本	718.11	126.78	844.89
贡献毛益	478.74	103.73	582.47
固定成本	614.76		614.76
营业利润			−32.27

由于 A 产品存在一定的贡献毛益,方案二停产 A 产品,B 产品增产 30%,C 产品增产 15% 后,企业出现亏损 32.27 万元的情况。

(4) 若选择方案三,利润计算如表 6.19 所示。

表 6.19　方案三的利润计算表

单位:万元

项目	A产品	B产品	C产品	合计
销售收入	595.63	1 288.92	200.45	2 085.00
变动成本	416.94	773.35	110.25	1 300.54
贡献毛益	178.69	515.57	90.20	791.46
固定成本	614.76			614.76
营业利润				169.70

由于 A 产品存在一定的贡献毛益,方案三 A 产品压缩 30%,B 产品增产 40%,企业可达到目标利润 150 万元。

综合上述分析,应选择方案三。

练习题

一、单项选择题

1. 贡献毛益总额分析法是指以有关方案的贡献毛益总额作为决策评价指标的一种方法,该项指标_____,方案越优。
   A. 越大　　　　B. 越小　　　　C. 等于 1　　　　D. 等于 0

2. 在确定决策目标时,不考虑的因素是_____。
   A. 可以计量成果　　　　　　　　B. 可以确定责任
   C. 规定时间范围　　　　　　　　D. 规定空间范围

3. 相关成本不包括_____。
   A. 机会成本　　　B. 差量成本　　　C. 共同成本　　　D. 重置成本

4. _____是指为了达到预期的战略决策目标,对日常经营活动所采用的方法和手段的局部性决策。
   A. 战略决策　　　B. 战术决策　　　C. 短期决策　　　D. 长期决策

5. _____的实质就是产量每增减一个单位而引起的成本变动。
   A. 机会成本　　　B. 付现成本　　　C. 边际成本　　　D. 可避免成本

6. 差别损益分析法是指在进行两个_____方案的选择时,以差别损益指标作为评价方案取舍标准的一种决策方法。
   A. 相互排斥　　　B. 独立方案　　　C. 取得共同收入　　　D. 发生共同支出

7. 亏损产品的成本中包含了一部分_____,这部分成本不会因停止亏损产品的生产而减少,只会因亏损产品的停产而转嫁到其他产品身上,从而加重其他产品的成本负担。
   A. 材料成本　　　B. 人工成本　　　C. 固定成本　　　D. 变动成本

8. 当闲置的生产能力无法转移时,只要亏损产品的销售单价大于单位变动成本,应_____。
   A. 减产　　　　B. 增产　　　　C. 停产　　　　D. 继续生产

9. 成本无差别点业务量是指能使两个方案_____相等的业务量。
   A. 总成本　　　B. 固定成本　　　C. 变动成本　　　D. 机会成本

10. 变动成本定价法是指定价时不考虑_____的前提下,在变动成本的基础上加上预期边际贡献。
    A. 边际贡献　　　B. 固定成本　　　C. 完全成本　　　D. 固定价值

二、多项选择题

1. 按决策的重要程度可分为_____。
   A. 短期决策　　　B. 长期决策　　　C. 战略决策　　　D. 战术决策

2. 短期决策特点是_____。
   A. 投入资金少　　　　　　　　B. 涉及时间短
   C. 回收时间长　　　　　　　　D. 不考虑货币时间价值

3. 经营决策应考虑的因素有_____。
   A. 独立方案　　　　B. 互斥方案　　　　C. 相关成本　　　　D. 相关收入
4. _____属于无关成本。
   A. 重置成本　　　　B. 沉没成本　　　　C. 共同成本　　　　D. 可延缓成本
5. 对产品是否深加工做出决策,主要取决于_____等成本。
   A. 差量成本　　　　B. 重置成本　　　　C. 边际成本　　　　D. 专属成本
6. 零部件应该自制还是外购的决策,可根据不同情况分别采用_____。
   A. 差别成本分析法　　　　　　　　B. 利润总额分析法
   C. 单位资源贡献毛益分析法　　　　D. 成本无差别点法
7. 在确定产品产量时,要根据企业本身产品生产的具体情况,本着_____的原则加以具体实施。
   A. 考虑市场需求　　　　　　　　　B. 节约资源
   C. 降低消耗　　　　　　　　　　　D. 提高经济效益
8. 在进行生产决策时,针对不同的生产决策可采用_____等方法。
   A. 贡献毛益总额分析法　　　　　　B. 单位资源贡献毛益分析法
   C. 成本无差别点法　　　　　　　　D. 利润总额分析法
9. 在对最优产量组合选择决策时,主要考虑两个相关成本因素,即_____。
   A. 调整准备成本　　B. 变动储存成本　　C. 直接材料　　　　D. 制造费用
10. 针对不同的定价决策可采用_____等方法。
    A. 变动成本定价法　　　　　　　　B. 利润最大化定价法
    C. 完全成本定价法　　　　　　　　D. 认知价值定价法

三、计算分析题

1. 假定 Mary 公司原来生产老产品 A,现拟利用现有生产能力开发新产品甲或新产品乙。若开发新产品甲,A 产品需减产 1/3,并需追加专属成本 6 000 元;如开发新产品乙,A 产品需减产 40％。这三种产品的产量、售价和成本资料列示如下表所示。

产品的产量、售价、成本表

产品名称	产品A	产品甲	产品乙
生产量(件)	6 000	2 000	2 500
销售单价(元/件)	300	400	365
单位变动成本(元/件)	200	280	255
固定成本总额(元)	200 000		

要求:根据上述资料为该公司做出应开发哪种新产品较为有利的决策分析。

2. 美美公司生产A产品5 000件,单价35元/件,单位变动成本23元/件,固定成本25 000元。如果把A产品继续加工成B产品,售价可提高到每件45元,但每件产品需追加变动成本6元,还需要购置一台价值12 000元的专用设备。

要求:根据上述资料为该公司做出是否对A产品进行深加工的决策。

3. 美美公司生产甲、乙、丙三种产品,总固定成本36 000元,三种产品利润表如下。

利润总额法

单位:元

项目	甲	乙	丙	合计
收入总额	48 000	72 000	24 000	144 000
单价(元/件)	48	144	60	
单位变动成本(元/件)	28	120	40	
销量(个)	1 000	500	400	
贡献毛益总额	20 000	12 000	8 000	40 000
分摊固定成本	12 000	18 000	6 000	36 000
税前利润	8 000	−6 000	2 000	4 000

如果选择停产乙产品,剩余的生产能力可以转移到甲和丙产品中,市场对甲和丙产品的需求量分别为1 650个和680个。

企业该如何做决策?(固定成本按照收入比例平均分摊到产品中)

4. 美扬公司的 C 产品年销售收入 150 000 元，变动成本 120 000 元。该公司还有 20% 的增产 C 产品的剩余生产能力，但需要增加专属成本 2 000 元，但如果停产，出租该产品的相关设备，可以取得租金收入 28 000 元，该如何决策？（采用差别损益法分析）

5. 星美工厂生产甲产品，每月需要 A 零件 5 000 个，市场采购价为 40 元/个，该零件的单位变动成本为 28 元/个。根据以下任务的相关情况，请做出正确决策。

(1) 工厂具有每月生产 A 零件 5 000 个的能力，每月的固定生产成本总额为 50 000 元，该生产设备的生产能力无法转移。

(2) 工厂如果自制 A 零件，需要增加专属成本 70 000 元。

(3) 如果不自制 A 零件，生产 A 零件的设备用于出租，可以获取租金收入 15 000 元。

以上三种情况，分别做出应选择自制还是外购的决策。（采用差异成本比较法分析）

第七章　预算控制

❖ 学习目标

- 了解全面预算的概念、内容及其作用；
- 掌握业务预算、财务预算及专门决策预算的概念和内容；
- 了解弹性预算、滚动预算、零基预算的概念及编制原理；
- 能够编制简单的经营预算表；
- 能够编制简单的销售预算表和生产预算表。

第一节　全面预算的概述

一、为什么要预算

预算对我们每个人来说都很重要。作为学生，需要预算在每门课上所花的时间；作为家庭，需要有每个月、每个季度或者每个年度的预算，包括对支出的预算和对收入的预算；公司也需要预算下一年、下一季度或者下一个月的开支。

很多跨国企业，比如联邦快递、辉瑞集团以及宝马集团等，在全球范围内都是有业务的。这些跨国企业在享受国际化带来的便利和好处的同时，也承担着一定的风险，比如不同的文化、不熟悉的商业环境以及汇率的波动。为了尽可能地降低不利因素带来的影响，跨国公司的团队除了要做好文化、商业环境的调查外，还要做好不同货币的预算甚至外汇汇率预算。这些跨国公司在全球很多地方都有子公司或分公司，赚取的利润以不同的货币来表示，每隔一段时间公司财务人员就需要将业绩换算成同一种货币并向股东汇报经营成果。换算是以当时的平均外汇牌价为标准，这就需要管理者以及管理会计有能力预测当年可能发生的潜在汇率变化。除此之外，国家政策、法律规定也是需要考虑的因素。只有在考虑周到后做出来的预算才会有可参考性。

在我国，企业预算还没有得到推广，很多中小型企业是没有预算的，也不知道为什么要做预算。即使已经开展预算管理的企业，在预算的编制和执行过程中也存在着诸多问题。比如，很多企业在编制预算的时候，只考虑到近期利益，没有结合企业长期战略目标，导致预算毫无用处。市场是不断变化的，有些突如其来的问题使得预算无法执行时，没有及时对预算进行调整,导致预算脱离现实,最终也使得其毫无用处。正是由于这些问题的存在,使企业经营管理者认为预算不是一种有效的管理办法。本章会介绍预算的重要性,预算分类及预算的循环、责任会计、预算与责任会计的关系。相信通过本章节的学习,会使人们对预算有一个新的认识。

二、预算的意义

1. 预估风险,及时修正战略目标

预算能够向企业经营管理者反馈当前计划和战略下可能产生的后果,帮助管理者评价该战略的风险和机会。如果风险太大,经营管理者能够及时修正企业的战略目标。

2. 加强各部门的协调性,有利于管理者考核各部门业绩

预算的制定及下达使得公司各部门不得不互相协调行动,避免了踢皮球现象的出现。另外可将部门成果与计划目标进行比较来判断业绩。

3. 有利于激励公司员工达到目标

有了预算,每个部门支出费用就有了限制,能够在预算这个框架内保质保量完成业绩的,可以给予一定的奖励。

三、预算和全面预算

预算是企业对未来一定时期内的收入和支出的规划,它是一定时期内企业行为的量化表达。预算按照其经济内容可以分为三部分,分别是经营预算、专门决策预算和财务预算。

经营预算又叫作日常业务预算与企业经营预算,是指与企业日常活动相关的预算,最常见的有销售预算、生产预算、直接材料采购预算、直接人工预算、制造费用预算、单位生产成本预算、推销及管理费用预算等。专门决策预算指的是临时性、不经常发生事件的预算。财务预算是指公司在计划期内对现金收支、经营成果和财务状况的预算,主要有现金预算、利润表预算、资产负债表预算等。经营预算、专门决策预算和财务预算这三大部分内容组成了一个完整的预算体系,叫作全面预算,也叫作总预算。

在全面预算体系中各项预算前后衔接,相互勾稽,按经济内容及相互关系形成一个完整有序的有机体,如图 7.1 所示。

四、全面预算的概念

全面预算指的是在预测与决策的基础上,对企业未来一定时期的经营和财务等做出一系列具体计划。企业战略决定全面预算,全面预算支持企业战略,两者是相辅相成、缺一不可的关系。

越来越多的企业认识到全面预算管理的重要性。2014 年中国一些企业已经成为成功实施全面预算管理系统的典范,如中国黄金集团公司、深圳航空有限责任公司、山东航空股份有限公司及山东海洋投资有限公司等。

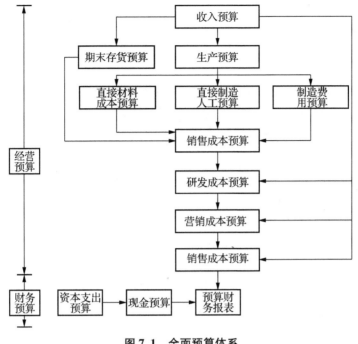

图 7.1　全面预算体系

五、全面预算的作用

全面预算的作用主要包括以下四个方面。

1. 明确工作目标

全面预算的编制有助于整个企业更直接地明确工作目标,有助于各部门员工明确本部门经济活动与企业目标的关系,明确本部门经济活动的重要性,促使员工在日常工作中朝着目标努力前进。

2. 协调各部门关系

全面预算的编制明确了企业目标,整个企业都朝着同一个目标前进,使得各部门必须要紧密联系、统筹兼顾、相互协调,才能完成这一目标。

3. 控制成本的有效手段

全面预算是控制各项经济活动的尺度,使得各项支出都有参照,有效避免了不必要的开支。

4. 考核员工的指标

全面预算是衡量员工业绩的尺子,由于预算是根据本期的具体情况编制的,所以是最具说服力的员工业绩评价指标。

六、全面预算的编制

经营预算和财务预算通常以 1 个年度为一个预算期。预算期与会计年度相一致,不仅有利于预算的编制，也有利于预算执行和后期对预算执行结果的分析评价与考核。资本支出的预算则应按照长期投资决策要求来编制预算。年度预算的编制要细化到季度、月甚至周。一般是每年的10月开始编制预算，到年底形成完整的预算并发给各部门付诸执行。

全面预算的编制是复杂的、工作量大、时间性强且涉及整个企业的一项工作。为了保障这项工作能够顺利进行，在企业内部会成立预算委员会，专门负责预算的编制及对后期预算实施的监督。预算委员会组成人员通常由总经理和分管销售、生产、财务等方面的副总经理和总会计师等高级管理人员组成。

全面预算的编制应采取上下结合、自上而下再自下而上的方法，并且不断反复和修正，最后交由公司有关机构综合平衡，并以书面形式传达，作为正式的预算下发到各部门，由各部门执行。

全面预算编制的一般程序可以分为五步，如图7.2所示。

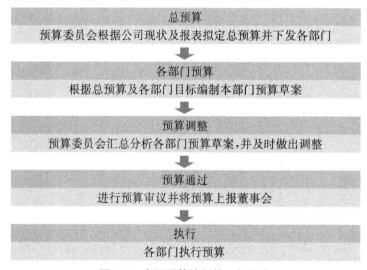

图7.2　全面预算编制的一般程序

第二节　全面预算的编制

一、企业战略目标的确定

战略目标（strategic target）主要包括销售目标（sales target）、价格目标（price target）和利润目标（profit target）。

1. 销售目标（Sales Target）

销售目标是通过销售预测来确定的，主要方法有，推销员判断法、算数平均法、因果预测分析法产品寿命分析周期法等。在具体编制预算的时候，应根据实际需要来选择预测方法。通常情况下，推销员判断法适用于的产品是属于应用广泛、有很多销售记录及顾客反馈的产品。而德尔菲预测法恰恰相反,是适用于没有销售记录的商品的预测。

2. 价格目标(Price Target)

影响价格的因素有很多,比如商品的市场供需情况、国家的价格政策、商品的质量及本身的价值、商品所处寿命周期等因素,在使用定价方法确定价格目标的时候要综合考虑以上因素。

3. 利润目标(Profit Target)

目标利润的确定可以通过基于本量利分析的方法来确定,也能利用利润灵敏度指标的方法和利用经营杠杆系数的方法来确定。在确定利润目标的时候需要考虑最佳利润率的排列顺序及阻力指标问题。

选对参照依据是确定目标利润首先要考虑的问题。大多数公司在确定目标利润的时候是以企业过往水平或者行业、社会利润水平作为参照的。在实践中发现,最佳利润率可以是企业历史最佳水平、行业最佳水平及社会平均水平。企业选择最佳利润率作为目标的理想排序为:行业最佳水平—社会平均水平—企业历史最好水平。

另一个需要考虑的问题则是经营阻力指标。企业若存在经营阻力势必会影响目标利润的实现。常见的经营阻力包括商务混乱、资产阻力损失、超期应收账款呆滞阻力、投资决策预计损失阻力及产品质量不稳定损失阻力等。这些阻力可以通过阻力率指标来表示,公式为:阻力率=经营阻力/公司资产总额

二、公司经营预算(业务预算,Operating Budget)的编制

经营预算是指与公司日常活动相关的预算,最常见的有销售预算(sale budget)、生产预算(production budget)、直接材料采购预算(direct material budget)、直接人工预算(direct labour budget)、制造费用预算(manufacturing overhead budget)、单位生产成本预算(product cost budget)、消费及管理费用预算(selling & administrative expense budget)等。经营预算的期间通常为1年,这样的预算期间有利于对预算执行结果的评价以及对执行人的考核,其预算期间与会计年度是相一致的。预算也是有时间跨度的,有的预算是针对一年的,这种情况最常见,有的是针对一个季度甚至一个月的。现代企业越来越多会用到连续预算,也叫作滚动预算,指的是未来每期期末,剔除已经过期的那部分预测,加上对长度相似的时间段的新预测。

1. 销售预算(Sale Budget)的编制

销售预算是经营预算的一种,是编制全面预算的基础和起点(其他预算都需要建立在销售预算的基础上或者与销售预算无关),它指的是预计预算期内因销售活动而产生的收入。销售预算数据是建立在销售预测的基础上的,需要已知公司预计销售量和销售价格参数,然后进行预算编制。

简单来说,销售预算的编制有以下4个步骤,如图7.3所示。

```
计算预计销售收入和收入总额
预计销售收入=单价×销售量  收入总额=∑各产品销售收入
            ↓
计算销项税
销项税=收入总额×增值税税率
            ↓
计算预计含税收入
预计含税收入=收入总额+销项税
            ↓
经营现金收入预算表
```

图 7.3 销售预算的编制步骤

注:经营现金收入预算指的是反映现销含税收入和回收以前应收账款的现金收入的预算

【例 7.1】 甲公司是增值税一般纳税人,生产 A、B 两种产品,年初应收账款和预计销售单价及数量见表 7.1,每个季度每种产品以现金形式只能收回当季销售额的 70%,其余 30% 在下季度收回。

表 7.1 2017 年度甲公司预计销售单价及预计销售量情况表

项目	A 产品		B 产品	
	单价(元/件)	预计销售量(件)	单价(元/件)	预计销售量(件)
第一季度	70	1 000	80	500
第二季度	70	1 200	85	600
第三季度	70	1 400	90	600
第四季度	70	1 600	90	600
年初应收账款(元)	20 000		15 000	

要求:编制甲公司的销售预算和经营现金收入预算。

【答案】

表 7.2 甲公司销售预算

金额单位:元

季度	销售单价(元/件)		预计销售量(件)		预计销售收入			销项税	含税销售收入
	A	B	A	B	A	B	合计		
第一季度	70	80	1 000	500	70 000	40 000	110 000	17 600	127 600
第二季度	70	85	1 200	600	84 000	51 000	135 000	21 600	156 600
第三季度	70	90	1 400	600	98 000	54 000	152 000	24 320	176 320
第四季度	70	90	1 600	600	112 000	54 000	166 000	26 560	192 260
全年	70.00	86.25	5 200	2 300	364 000	199 000	563 000	90 080	653 080

表 7.3　甲公司经营现金收入预算

金额单位:元

季度	含税销售收入	期初应收账款	第一季度经营现金收入	第二季度经营现金收入	第三季度经营现金收入	第四季度经营现金收入	经营收入合计
第一季度	127 600	35 000	89 320				124 320
第二季度	156 600		38 280	109 620			147 900
第三季度	176 320			46 980	123 424		170 404
第四季度	192 560				52 896	134 792	187 688
全年	653 080	35 000	127 600	156 600	176 320	134 792	630 312

年末应收账款余额=192 560-134 792=192 560×30%=57 768(元)

2. 生产预算(Production Budget)的编制

生产预算是为了生产活动编制的,主要目的是为了规划预算期内企业实际生产数量,是经营预算中唯一一个使用实物量计量单位的指标,这一指标为确定成本和费用提供了数量依据。生产预算是基于销售量数据编制的。由于生产和销售数据不可能完全做到实时同步,即同步同量,为了保证有产品可以销售,公司要保证一定的商品库存量,因此生产预算的编制依据为:预计生产量=预计销售量+预计期末存货(expected ending inventory)-预计期初存货(expected beginning inventory)。其中,预计销售量来源于销售预算。在编制生产预算时,要注意保持生产、销售和存货三者之间的合理比重,避免存货不足、产销脱节或者库存积压等情况。

【例 7.2】 已知广普宏光公司生产甲产品,年初产成品存货量为 1 000 件,年末存货量甲产品为 3 500 件,预计期末产成品占下期销售量的 20%,甲产品年初产成品成本为每件 50 元。2018 年 1 月甲产品预计销售量为 1 200 件,2 月为 1 000 件,3 月为 1 600 件,4 月为 2 000 件。甲产品预计全年销售量为 5 200 件。

要求:编制广普宏光公司第一季度生产预算表。

【答案】

表 7.4　广普宏光公司第一季度生产预算表

单位:件

甲产品	1月	2月	3月
预计销售量	1 200	1 000	1 600
加:期末存货	200	320	400
减:期初存货	1 000	200	320
预计生产量	400	1 320	1 680

注:1月期末存货=2月预计销售量×20%=1 000×20%=200(件);2月期末存货=3月预计销售量×20%=1 600×20%=320(件),同理,3月期末存货为400件

3. 直接材料预算(Direct Material Budget)的编制

直接材料预算包括了直接材料耗用预算和直接材料采购预算。直接材料预算是为了确定预算期内直接材料耗用和直接材料采购的数量、金额而编制的预算。编制依据有生产预算的预计生产产量、单位产品的材料消耗定额、预算期的期初和期末存料量、材料的计划单价及采购材料的付款条件等。

在编制直接材料预算表时,需要注意两个问题。第一,同编制生产预算一样,要注意保持材料采购量、库存量、耗用量之间的合理比重,以防出现材料的积压或者不足。其次,要先确定直接材料需用量和直接材料采购量,才能够进行直接材料预算表的编制。直接材料需用量预算编制如图7.4所示。

> 按照产品材料消耗定额和生产量来预算,公式:
> 某产品预计直接材料需用量=材料消耗定额×预计生产量

> 预计预算期直接材料全部需用量,公式:
> 预计直接材料全部需用量=∑某产品预计直接材料需用量

图7.4 直接材料需用量的编制步骤

直接材料采购预算编制如图7.5所示。

> 预计预算期直接材料的全部采购量,公式:
> 直接材料全部采购量=生产需要量+计划期末预计存料量-计划期初存料量

> 预计预算期直接材料采购成本,公式:
> 直接材料全部采购成本=单价×直接材料全部采购量

> 计算预算期所有品种直接材料采购成本合计数,公式:
> 直接材料采购总成本=∑材料全部采购成本

> 计算相关增值税,公式:
> 进项税=直接材料采购总成本×税率

> 直接材料采购金额=直接材料采购总成本+进项税

图7.5 直接材料采购预算的编制步骤

【例7.3】 承例7.2,已知广普宏光公司生产甲产品,需要A、B两种材料,该公司对材料的付款条件是当月支付本月购料款的50%,其余下月支付。2017年末的应付购料款为5 000元。4月份预计A、B材料生产需用量均为4 000千克。本题目不考虑增值税。详细资料如表7.4、表7.5、表7.6所示。

表7.5 广普宏光公司材料消耗定额及采购价目表

2018年第一季度

甲产品	材料品种	1月	2月	3月
材料消耗定额 (千克)	A材料	4	3	4
	B材料	2	2	2
材料采购单价 (元/千克)	A材料	2	2	2
	B材料	6	6	6

表 7.6　广普宏光公司材料存料量表

单位：件

材料品种	期初存料量	期末存料量	预计期末存料量占下期生产需用量的百分比
A材料	1 600	800	20%
B材料	800	1 200	30%

要求：根据题意，编制广普宏光公司直接材料预算表。

【答案】

表 7.7　广普宏光公司直接材料预算

2018 年第一季度

项目	材料品种	1月份	2月份	3月份	合计	资料来源
预计生产量（件）		400	1 320	1 680	3 400	表7.4
单位产品材料消耗定额（千克）	A材料	4	3	4	—	表7.5
	B材料	2	2	2		表7.5
预计生产需用量（千克）	A材料	1 600	3 960	6 720		
	B材料	800	2 640	3 360		
加：期末存料（千克）	A材料	792	1 344	800		
	B材料	792	1 008	1 200		
减：期初存料（千克）	A材料	1 600	792	1 344		表7.6
	B材料	800	792	1 008		表7.6
预计材料采购量（千克）	A材料	792	4 512	6 176		
	B材料	792	2 856	3 552		
材料采购单价（元）	A材料	2	2	2	2	表7.5
	B材料	6	6	6	6	表7.5
购料总金额（元）	A材料	584	9 024	12 352		
	B材料	4 752	17 136	21 312		
预计材料采购成本合计		5 336	26 160	33 664	65 160	
预计现金支出	期初应付账款（元）	5 000	5 000			
	1月份购料款（元）	2 668	2 668		5 336	
	2月份购料款（元）		13 080	13 080	26 160	
	3月份购料款（元）			16 832	16 832	33 664
	合计（元）	7 668	15 748	29 912	16 832	70 160	用于表7.12

注：(1) 1月份A材料期末存料=2月份预计生产需料量×20%=3 960×20%=792，同理，可计算出2月及3月A和B材料的期末存料量。

(2) 1月份预计现金支出合计数=2016年应付账款5 000+50%×1月预计材料采购成本，同理，可以计算出每个月的预计现金支出数。

4. 直接人工预算(Direct Labour Budget)的编制

直接人工预算(direct labour budget)指的是预算期内直接从事产品生产工人的人工工时消耗水平和人工成本耗费的预算。编制直接人工预算主要依据的是已知的预计生产量、单位产品工时定额、标准工资率等数据。基本公式如下:

预计直接人工成本总额＝预计生产量×(单位工时工资率×单位产品工时定额)

5. 制造费用预算(Manufacturing Overhead Budget)的编制

制造费用指的是与生产产品无直接关系的工厂车间产生的费用,可以按照成本习性分为变动费用和固定制造费用两类。在编制制造费用预算附表时,要剔除固定资产折旧费。编制依据:计划期的业务量、上级管理部门下达的成本降低率等。

6. 产品成本预算(Product Cost Budget)的编制

在编制产品成本预算时,要先确定产品的生产总成本和单位成本。生产总成本由生产预算、直接材料预算、直接人工预算和制造费用预算汇总而成。产品成本预算编制依据:

标准成本＝价格标准×用量标准

7. 销售及管理费用预算(Selling & Administrative Expenses Budget)的编制

销售及管理费用指的是为了销售产品及管理公司业务所发生的费用。按照成本习性分为变动性销售及管理费用和固定性销售及管理费用。

销售及管理费用编制依据:预算期的业务量,上级管理部门下达的成本降低率等。

销售及管理费用预算的编制通常划分为两部分,即变动性费用预算的编制和固定性费用预算的编制。

【例7.4】 已知广普宏光公司2018年第一季度的销售费用预算,见表7.8。

表7.8 广普宏光公司销售费用预算

2018年第一季度　　　　　　　　　　　　　　　　　　　　单位:元

变动性销售费用			固定性销售费用	
项目	单位产品标准费用额		项目	年预算费用额度
	甲产品	乙产品	销售部门	150 000
			管理部门	100 000
运杂费	30	30	广告宣传费	80 000
佣金	12	15	其他	50 004
其他	10	10	合计	380 004
合计	52	55	平均各月	31 667

要求:编制广普宏光公司的销售费用现金支出预算表。

【答案】

表7.9 广普宏光公司销售费用现金支出预算

2018年第一季度　　　　　　　　　　　　　　　　　金额单位：元

项目摘要	单位产品标准费用额		预计销售量		变动性销售费用			固定性销售费用	预计现金支出
	甲产品	乙产品	甲产品	乙产品	甲产品	乙产品	合计		
1月份	52	55	1 000	500	52 000	27 500	79 500	31 667	111 167
2月份	52	55	1 200	600	62 400	33 000	95 400	31 667	127 067
3月份	52	55	1 400	600	72 800	33 000	105 800	31 667	137 467
合计	52	55	5 200	2300	270 400	126 500	280 700	95 001	375 701

【例7.5】 根据广普宏光公司相关资料，编制得出该公司2018年第一季度的管理费用及现金支出预算表，见表7.10。

表7.10 广普宏光公司管理费用及现金支出预算

2018年第一季度　　　　　　金额单位：元

项目	金额
1. 公司经费	3 000
2. 办公费	3 000
3. 折旧费	1 000
4. 无形资产摊销	800
5. 职工培训费	1 000
6. 其他	800
合计	9 600
减：折旧费及无形资产摊销	1 800
预计现金支出	7 800
平均每月现金支出	2 600

三、企业专门决策预算的编制

专门决策预算指的是临时性、不经常发生事件的预算，主要包括经营决策预算的编制和投资决策预算的编制。

1. 经营决策预算

经营决策预算是指与短期经营决策相关的专门决策预算，通过对生产经营决策和存货控制决策的最优化使得企业经营活动所需资源能够达到最合理化的调配。

【例7.6】 甲公司为提高流水线效率，决定购买流水线配件对其进行升级，有以下几种方案。

第一种方案：购买原装进口配件需200 000元，预计可使用10年。

第二种方案:购买非原装配件需 100 000 元,预计可使用 6 年。

第三种方案:用 2 年时间自行研制,预计研制成本 150 000 元。

第四种方案:采用经营租赁方式以每年 10 000 元的租金租借配件。

经公司决策,决定采取第四种方案,因此当期的制造费用预算也应纳入此项,根据第四种方案做出公司当期制造费用预算表。

2. 投资决策预算

投资决策预算是指与企业投资决策相关的专门决策预算,此类预算通常涉及长期建设项目并且是跨年度的,因此一般不纳入经营预算。

四、企业财务预算(Financial Budget)的编制

财务预算是指企业在计划期内对现金收支、经营成果和财务状况的预算,主要有现金预算、利润表预算、资产负债表预算等,其预算时间跨度通常也为 1 年。

1. 现金预算(Cash Budget)的编制

现金预算又叫作现金收支预算,指的是针对预算期内由经营活动和资本投资活动引起的现金收支、现金余缺、现金筹措和运用等编制的预算。现金预算表的编制是以经营预算和专门决策预算为基础的。编制步骤如图 7.6 所示。

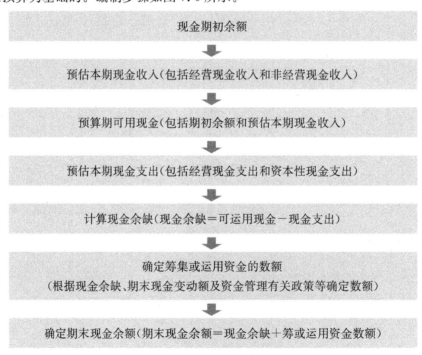

图 7.6 现金预算的编制步骤

【例 7.7】 承例 7.3、例 7.5,已知广普宏光公司 2018 年第一季度的经营现金收入预算(表 7.11)、直接材料采购现金支出预算(表 7.7)、管理费用及现金支出预算(表 7.10)及其他各项预算资料(直接人工第一季度均为 5 000 元每月、制造费用均为 3 000 元每月),2 月份有

5 000元短期借款。

表 7.11　广普宏光公司经营现金收入预算　　　　　　　单位:元

项目	1月份	2月份	3月份
销售收入	20 000	18 000	16 000
期初应收账款	5 000	—	—
1月份经营现金收入	10 000	10 000	—
2月份经营现金收入	—	9 000	9 000
3月份经营现金收入	—	—	8 000
合计	15 000	19 000	17 000

说明:广普宏光公司商品销售收入每月能收回当月的50%,其余的要到下个月收讫。

要求:根据题意,编制广普宏光公司2017年第一季度的现金预算。

【答案】

表 7.12　2017年度广普宏光公司现金预算　　　　　　　单位:元

项目	1月份	2月份	3月份	合计	资料来源
期初现金余额	3 000	(268)	(2 616)	116	
加:现金收入					
预计经营现金收入	15 000	19 000	17 000	51 000	表7.11
可运用现金合计	18 000	18 732	14 384	51 116	
减:现金支出					
采购直接材料	7 668	15 748	29 912	53 328	表7.7
支付直接人工	5 000	5 000	5 000	15 000	
支付制造费用	3 000	3 000	3 000	9 000	
支付管理费用	2 600	2 600	2 600	7 800	表7.10
现金支出合计	18 268	26 348	40 512	85 128	
现金余缺	(268)	(7 616)	(26 128)	(34 012)	注:现金余缺＝可运用现金合计－现金支出合计
资金的筹集和运用					
加:短期借款	0	5 000	0	5 000	
期末现金余额	(268)	(2 616)	(26 128)	(29 012)	

2. 财务费用预算(Financial Expenses Budget)的编制

财务费用预算指的是针对预算期因筹措资金而发生财务费用的预算。该预算需要以现金预算中筹集和运用资金的数额作为基础来编制。

3. 利润表和资产负债表预算(Income Statement & Balance Sheet Budget)的编制

利润表预算指的是预算期内反映公司经营状况的报表。该报表的预算建立在销售预算、产品成本预算、制造费用预算及销售管理费用预算等预算数据的基础上的。

资产负债表预算指的是反映预算期内财务状况的报表。资产负债表预算的编制除了上年期末数是一致的,其他都是建立在经营预算和专门决策预算数据的基础上的。

第三节 预算编制的特殊方法

一、固定预算与弹性预算

预算按其是否可按业务量调整,分为固定预算和弹性预算。

1. 固定预算方法(Static Budgeting)

固定预算又叫作静态预算,指的是根据预算期内正常可实现的业务水平而编制的预算。其具有简便易行的特点,但过于机械呆板且可比性差。固定预算适用于业务量水平较为稳定的企业或者非盈利组织。

【例7.8】 风火轮公司是服装生产企业,采用完全成本法核算,预计预算期内女士服装产量为5 000件,按固定预算方法编制该产品的预算表,如下:

风火轮公司女士服装成本预算

预计产量:5 000件

项目	成本(元)	单位成本(元/件)
直接材料	25 000	5
直接人工	5 000	1
制造费用	10 000	2
合计	40 000	8

该产品预算期的实际产量为7 000件,实际发生总成本为55 000元,其中各成本项目发生额如下表:

项目	成本(元)	单位成本(元/件)
直接材料	37 500	5.36
直接人工	6 000	0.86
制造费用	11 500	1.64
合计	55 000	7.86

根据已知条件编制成本业绩报告,并以此讨论固定预算方法的局限性。

【答案】

风火轮公司成本业绩报告

单位:元

项目	实际成本	预算成本		差异	
		未按产量调整	按产量调整	未按产量调整	按产量调整
直接材料	37 500	25 000	35 000	增加 12 500	增加 2 500
直接人工	6 000	5 000	7 000	增加 1 000	减少 1 000
制造费用	11 500	10 000	14 000	增加 1 500	减少 2 500
	55 000	40 000	56 000	增加 15 000	减少 1 000

按产量调整:7 000×5=35 000(元),7 000×2=14 000(元)

从成本业绩报告中可以看出,实际成本与未按产量调整的预算成本相比,超支较多;实际成本与按产量调整后的预算成本相比,又有所节约。在产量从5 000件增加到7 000件的时候,若不按变动后的产量对预算成本进行调整,就会因业务量不一致而导致所计算的差异缺乏可比性;若所有项目都按实际产量进行调整,这也是不科学的,毕竟制造费用中包括一些固定生产成本,它们不会根据产量而变动。

2. 弹性预算方法(Flexible Budgeting)

弹性预算又叫作可变预算,指的是该预算能适用多种业务量,以便分别反映在各业务量情况下所应开支的费用水平。弹性预算的优点在于扩大了预算范围,能够适用于不同的经营活动情况变化,另外使得对预算执行情况的考核建立在相对客观可比的基础上。这种方法适用于各项随业务量变化而变化的支出。

弹性预算的编制步骤如下:

(1) 预计经营业务活动量。一般按正常营业活动业务量的70%~110%来确定范围。有时候也会以过去经历过的最低业务量和最高业务量来确定上下限,然后再在其中划分若干等级。这种方法编制出的弹性预算相对较为实用。

(2) 确定各种经营活动的计量单位、消耗量、人工小时等。

(3) 按照成本性态分析,将成本分为变动成本和固定成本,并确定线性方程。

(4) 计算预算期内各业务水平的预算额。

二、增量预算与零基预算(Incremental Budgeting & Zero-base Budgeting)

编制预算的方法按其出发点的特征不同,分为增量预算法和零基预算法。

1. 增量预算(Incremental Budgeting)

增量预算又叫调整预算,指的是以基期水平为基础(以过去的成本费用为基础),结合预算期业务量水平及相关因素,通过调整基期项目与数额来编制预算表。增量预算法有两大前提条件:① 现有业务活动是公司必须的;② 原有业务都是合理的。增量预算主要有以下优点:① 由于以前期作为基础,本期预算编制工作量较少;② 系统相对容易操作和理解;③ 容易实现协调预算。采用增量预算编制的缺点包括:① 它假设经营活动以及工作方式都以相同的方式继续下去;② 不能拥有启发新观点的动力;③ 没有降低成本的动力;④ 它鼓励将预算全部用光以便明年可以保持相同的预算;⑤ 它可能过期,并且不再和经营活动的层次或者执行工作的类型有关。

2. 零基预算(Zero-base Budgeting,又叫作"以零为基础编制计划和预算的方法")

零基预算指的是不以前期支出费用等作为基础,一切从零出发,一切从实际需要出发。零预算的优点:① 有利于提高员工的投入—产出意识;② 有利于合理分配资金;③ 有利于提高预算管理水平。缺点是由于一切从零开始,所以零基预算法编制工作量大,费用相对较高。

三、定期预算与滚动预算

编制预算的方法按其预算期的时间特征不同,可以分为定期预算方法和滚动预算方法。

1. 定期预算(Periodic Budgeting)

定期预算即定期编制的预算,也叫作阶段性预算或周期预算。在编制预算时以不变的会计期间作为预算期间。这一方法最大的优点就是便于考核,因为定期预算考核期间就是一个会计期间。但是定期预算也存在盲目性,执行困难、滞后性等特点。由于定期预算不能随情况变动而变动,预算期临时出现变动,便会造成预算执行困难,预算修改滞后。另外,由于定期预算往往是提前两三个月编制的,对后半期的会计期间预算的编制是比较笼统和含糊的。

2. 滚动预算(Continuous Budgeting)

滚动预算即连续预算或永续预算,与定期预算的区别是滚动预算不与会计期间相结合,它的预算期永远保持12个月,每过一个月,往后滚动一个月,随着预算的执行不断补充延伸预算。该方法的优点是保证了预算的完整性和持续性,适用于规模大、时间较长的工程。

滚动预算方法分为逐月滚动方法、逐季滚动方法、混合滚动方法三种。在实际操作中,应根据公司实际需要来确定合适的滚动方法。

逐月滚动方法示意见图7.7。

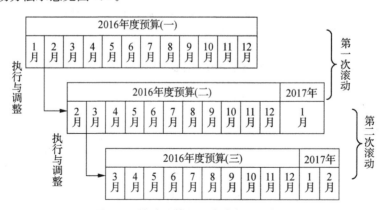

图7.7 滚动预算逐月滚动方法示意图

(1) 逐月滚动法：以月作为编制和滚动单位，时间每向前过一个月，预算日期就滚动向前一个月。逐月滚动法虽然工作量大，但预算比较精确。

(2) 逐季滚动法：以季度作为编制和滚动单位，时间每向前过一个季度，预算日期就滚动向前一个季度。逐季滚动法与逐月滚动法相比，工作量小，但预算不够精确。

(3) 混合滚动法：同时使用月和季度作为滚动单位，是滚动预算法的一种变通方式。由于人们对远期事件的把控性较弱，对近期事件的把控性较强，但是又希望做一个长远规划（长计划短安排），于是便产生了混合滚动法。其特点是对近期预算的精确度高，对远期预算又有了大概规划。

与其他预算方法相比较，滚动预算法有透明度高、及时性强、连续性好及完整性和稳定性强的特点。透明度高体现在滚动预算法始终是从动态角度来把握公司规划的，而不仅仅是预算年度开始前3个月的工作。及时性强体现在滚动预算能够根据阶段预算执行情况和反馈情况，及时做出预算调整。这一优点能够使公司预算更贴合实际，减少浪费。连续性好体现在滚动预算是每向前过一段时间，预算日期便滚动向前，不再受日历年度的限制。完整性和稳定性体现在滚动预算能使管理人员提前了解公司的总体规划、未来规划和近期规划，能够确保管理人员在决策时做长久、深远的考虑。

练习题

一、单项选择题

1. ＿＿＿＿是用于概括与公司日常业务直接相关、具有实质性的基本活动的一系列预算。
   A. 专门决策预算　　B. 业务预算　　C. 财务预算　　D. 销售预算

2. 现金预算属于下列项目中的＿＿＿＿。
   A. 业务预算　　B. 生产预算　　C. 财务预算　　D. 专门决策预算

3. 期初存货有250件，预计本期销售1 100件，期末存货120件，则本期生产量为＿＿＿＿。
   A. 250　　B. 640　　C. 970　　D. 530

4. 下列预算中，属于专门决策预算的是＿＿＿＿。
   A. 财务费用预算　　B. 直接人工预算　　C. 资本支出预算　　D. 产品成本预算

5. 全面预算的起点是＿＿＿＿。
   A. 现金预算　　B. 生产预算　　C. 销售预算　　D. 管理费预算

6. 某产品销售款的回收情况：销售当月收款70%，下个月收款30%，2016年1—3月的销售额估计为7 000元、9 000元、6 000元。由此可预测2016年2月的现金收入为＿＿＿＿。
   A. 7 200元　　B. 7 800元　　C. 8 400元　　D. 9 000元

7. 下列预算中，不属于业务预算的是＿＿＿＿。
   A. 制造费用预算　　B. 销售与管理费用预算
   C. 预计资产负债表　　D. 销售预算

8. 下列项目中,能够克服固定预算方法缺点的是_____。
   A. 固定预算　　B. 滚动预算　　C. 弹性预算　　D. 零基预算
9. 零基预算出发点是_____。
   A. 基期的费用水平　　　　　　B. 历史上费用的最好水平
   C. 费用为零　　　　　　　　　D. 国内外同行业费用水平

二、多项选择题

1. 在下列各项中,属于全面预算体系的有_____。
   A. 业务预算　　B. 财务预算　　C. 专门决策预算　　D. 零基预算
   E. 滚动预算
2. 在下列各项中,属于编制生产预算时需要考虑的因素有_____。
   A. 基期生产量　　B. 基期销售量　　C. 预算期预计销售量
   D. 预算期预计期初存货量　　　E. 预算期预计期末存货量
3. 编制销售预算需要考虑的内容有_____。
   A. 销售收入　　B. 销售费用　　C. 销售数量　　D. 销售单价
   E. 销售时间
4. 下列各项中,属于财务预算的内容的是_____。
   A. 营业预算　　B. 资本支出预算　　C. 预计资产负债表　　D. 预计利润表
   E. 现金预算
5. 下列各项中,属于全面预算的作用的是_____。
   A. 明确工作目标　　B. 开展日常活动　　C. 协调各部门工作　　D. 考核业绩标准
   E. 核算日常工作
6. 下列预算中,在编制时需要以生产预算为基础的是_____。
   A. 直接材料预算　　B. 销售预算　　C. 直接人工预算　　D. 制造费用预算
   E. 单位产品成本预算
7. 下列各项中,属于定期预算缺点的有_____。
   A. 盲目性　　B. 滞后性　　C. 复杂性　　D. 间断性
   E. 随意性
8. 下列各项中,弹性预算的优点是_____。
   A. 适应范围广　　B. 使用时期长　　C. 各预算期预算相互衔接
   D. 避免重复编制预算　　　　　E. 不受基期数影响

二、判断题

1. 生产预算是编制全面预算的关键和起点。　　　　　　　　　　　　　　(　　)
2. 为了便于编制现金预算,还应在编制销售预算的同时,编制与销售收入有关的经营现金收入预算表。　　　　　　　　　　　　　　　　　　　　　　(　　)
3. 生产预算是以销售预算为依据编制的。　　　　　　　　　　　　　　　(　　)
4. 一般来说,固定预算方法只适用于业务量水平较为稳定的公司或非盈利组织编制预算时采用。　　　　　　　　　　　　　　　　　　　　　　　　　　(　　)

5. 预计生产量＝预计销售量＋预计期末产成品存货量—预计期初产成品存货量。
（ ）
6. 生产预算是以实物量作为计量单位的预算。（ ）
7. 零基预算是建立在公司上期的实际经营情况,考虑本期可能发生的变化编制出的预算。（ ）
8. 财务预算是指反映公司预算期现金支出的预算。（ ）

四、计算分析题

1. B 公司根据销售预测,对甲产品 2019 年第一季度的销售量做出预计,如下表所示:

月份	1月份	2月份	3月份	4月份
预计销售量(件)	60 000	60 000	80 000	80 000

该公司每月的期末存货为下一个月预计销售量的 10%。若该公司 2018 年 12 月期末存货量为 8 000 件。

要求:根据上述资料,为 B 公司编制 2019 年第一季度的生产预算。

2. 根据以下案例,编制该公司的业务预算及财务预算。

已知大小公司 2017 年 12 月 31 日的资产负债表如下:

大小公司资产负债表

2017 年 12 月 31 日　　　　　　　　　　　　　　　　　单位:万元

资产	金额	负债及所有者权益	金额
库存现金	30	应付账款	28
应收账款	90	短期借款	15
材料存货(15 625 千克)	5	实收资本	95
产成品存货(5 200 件)	13	留存收益	125
厂房设备	100		
累计折旧	25		
资产合计	263	负债及所有者权益合计	263

2018年第一季度财务预算的相关信息如下:

(1) 根据往年情况及市场调研结果表明,A产品在销售单价为30元/件的情况下,第一季度预计能销售20 000件,其中,1月份6 000件,2月份6 000件,3月份8 000件。该公司的收款条件为当月收现占销售货款的60%,其余部分在下月收取,假定不考虑坏账因素。2017年12月份的销售货款为200万元。

(2) 该公司各月的期初存货量与上月末的存货量相等,且月末的产成品存货量按下月销售量的10%计算,预计2018年4月份的销量为8 000件。

(3) 该公司产品的直接材料消耗定为8千克/件,这是一种新型高科技材料,每千克材料为3.2元。各月末的预计存料量为下月生产需要的10%。各月期初存料量等于上月末的存料量,4月份预计生产用料量为50 000千克。该厂对材料的付款条件是:当月付现占总购料款的45%,下个月付总购料款的30%,第三个月支付剩余货款。2017年12月份应付购料货款为18万元。

(4) 该公司单位产品工时定额为5工时/件;单位工时工资2.5元/工时。

(5) 该公司预计第一季度发生制造费用如下表所示。

2018年第一季度制造费用

变动费用	间接材料	0.5元/工时
	间接人工	2元/工时
固定费用	折旧费	1万元
	维修费	2万元

(6) 该公司预计第一季度发生销售及管理费用如下表所示。

变动费用	销售佣金	销售收入的1%
固定费用	管理人员薪酬	180 000元
	广告费	60 000元

要求:根据已知条件,编制销售预算、生产预算、直接材料预算、直接人工预算、制造费用预算、产品成本预算、销售及管理费用预算、现金预算以及预计利润表。

第八章　成本控制

❖ 学习目标

- 掌握成本控制的含义、意义及特点；
- 了解成本控制的程序，能用自己的话描述；
- 掌握标准成本的含义、分类、特点；
- 掌握标准成本制定的内容和方法。

成本控制的力度对企业利润有直接影响，所以成本控制是极为重要的。成本控制应该是全方面的，包括事前、事中及事后控制。本章节前半部分内容以成本控制的基本原理为出发点，重点阐述事前控制即生产前的成本控制；后半部分则以生产过程为出发点，阐明事中与事后控制。

第一节　成本控制概述

一、成本控制的概念及意义

成本控制的主要目的在于控制成本及降低成本。成本控制最早来源于 20 世纪 30 年代美国哈佛大学企业管理学院研究制定的《会计控制法》[①]。

成本控制有广义和狭义之分。广义的成本控制是一个大概念，涵盖了全部成本管理系统的职能，包括对产品成本的事前、事中和事后控制，可以划分为成本预测、成本决策、成本计划、成本核算、成本日常控制、成本分析与考核等模块。狭义的成本控制指的是成本日常控制，即产品生产过程中的成本控制，也就是传统意义上的成本控制，仅仅关注产品生产结算的直接材料、直接人工和制造费用的控制。随着会计学的发展和对管理理解的加深，现在的成本控制主要指的是广义的成本控制。广义成本控制不是对狭义成本控制的否定，而是对其内涵的延伸和拓展，更有利于企业控制及降低成本。

为了能够全方面实施成本控制，成本控制的对象应为企业的价值链，包括企业内部及外部上下游，即企业自身、供应商和客户。

---

① 丁修平，陈娟. 管理会计[M]. 2 版. 北京：中国人民大学出版社，2015：193.

二、成本控制的特点

成本控制具有以下特点。

1. 全员性

全面成本控制不仅需要财务人员、生产人员的配合,还需要企业其他部门员工的配合。因为成本费用涉及企业每个员工,所以企业在成本控制的同时,应建立激励机制,鼓励全员主动积极出谋划策降低成本。

2. 全面性

生产经营中的一切耗费最终都会归集到成本费用中,因此成本的控制需要全面贯穿企业生产经营的每个过程、每个环节,而不是局限于生产过程。

3. 连续性

企业是持续经营的,生产经营过程是个连续不断的过程,所以企业一直处于投入—产出—收益—再投入—再产出—再收益的无限循环中,成本控制自始至终贯穿在这个过程中,因此成本控制也是连续不断的。

4. 系统性

企业的生产经营是由企业各个部门互相配合协调进行的,企业是一个大系统,各个部门是子系统,而成本控制又贯穿于整个企业,故子系统对成本控制的程度会影响企业这个大系统的成本控制。

5. 灵活性

企业面对的情况不同,需要成本控制的内容方面也不同,因而成本控制具有灵活性的特点,需要根据具体情况决定成本控制的方式。

三、成本控制的内容

成本控制内容繁多,从生产产品的角度来看,包括直接材料成本的控制、直接人工成本的控制、制造费用成本的控制、期间费用成本的控制及质量成本的控制等。从企业财务角度来看,成本控制包括了薪金控制、存货控制、应收应付账款控制等内容。

四、成本控制的种类

成本控制按照不同的标准可以分成很多种类,常见的分类标准有按照控制的手段分类、按照控制的实施时间分类、按照控制与被控制对象的关系分类以及按照控制的人员分类。

1. 按照控制的手段分类

成本控制按照控制的手段可以分成两类:绝对成本控制和相对成本控制。

开源节流是每个企业都希望做到的,都希望在盈利的同时控制好成本。绝对成本控制和相对成本控制分别对应的就是节流和开源。前者属于传统的成本控制理念,一直以来被企业所采用,指的是采取节约措施控制住各项支出,杜绝浪费;后者则是现在倡导的成本控制方式,侧重于关注投入与产出的关系,而非绝对的以控制成本为目的。

2. 按照控制的实施时间分类

成本控制按照控制的实施时间可以分成三类,包括事前成本控制、事中成本控制和事后成本控制。

事前成本控制是公司控制成本最关键的一个环节,指的是产品投产前对成本的把控,根据产品资料信息编制预算、建立各项成本控制制度以及战略规划来进行控制,主要起到防患于未然的作用。事中成本控制指的是产品生产阶段对成本的把控,主要起到把生产过程中的浪费与损失控制在目标成本范围之内的作用。针对生产过程中的材料、人工和费用的控制,可以通过揭示差异进行。事后成本控制指的是产品销售后对成本的把控,通过差异分析、考核评价及售后支出等成本分析,能够发现问题、总结经验,然后积极改进。

3. 按照控制的人员分类

成本控制按照控制的人员分类可以分成两类:技术成本控制和管理成本控。

技术成本控制的实施人是技术人员。由于技术人员对产品的特点、性能及构成最为了解,所以技术人员提出的成本控制(如产品的设计和用材方面的成本控制、研发阶段的成本控制以及产成品改进的成本控制等)常常是最有针对性、效果最好的。管理成本控制的实施人是管理人员。一般管理人员制定的成本控制不是针对产品的,而是面对整个企业的,如内部成本控制制度。技术成本控制与管理成本控制是没有可比性的,因为两者针对的方向不同。如果企业能将二者有机结合,那么才有可能达到成本控制的最佳状态。

4. 按照控制与被控制对象的关系分类

成本控制按照控制与被控制的对象分类可以分成两类:直接成本控制与间接成本控制。

直接成本控制指的是针对直接材料、直接人工等直接作用于被控制成本对象的措施。间接成本控制指的是针对非直接作用于被控制成本对象的措施,比如降低车间制造费用。

五、成本控制的程序

成本控制主要分成三步,即成本控制的设计、成本控制的执行及成本控制的反馈总结。

1. 成本控制的设计

企业在制定成本控制程序的时候,首先会考虑的是针对要控制的内容设计方案。设计方案的首要问题就是制定成本控制的标准,它是衡量成本控制实施程度的一把尺子,是控制成本发生的依据。没有标准,控制也就无从谈起。按照成本形成的不同阶段和成本控制的不同对象,成本控制标准可以分为四类,包括目标成本、计划成本、消耗定额及费用预算。第二步则是制定实现成本控制的制度。该阶段制度的制定是需要全体人员一起出谋划策的。技术人员对管理方面的成本控制肯定是不了解的,同样的非技术人员对产品的成本控制也是不甚了解,所以在制定成本控制制度的时候,需要全体人员的共同努力。第三步是实行成本控制的分级管理。在统一领导、分级管理的大前提下,划分责任层次,明确责任和权限。最后建立和完善成本控制的信息系统。

2. 成本控制的执行

成本控制的执行也可以理解为事中控制,即对成本形成过程的控制。在该过程中,要严密观察,一旦发现不合理的支出,要及时采取措施,把成本控制在目标范围之内。

3. 成本控制的反馈总结

该阶段的主要工作内容是将实际发生的成本与成本控制目标进行比对,揭示两者差异,分析原因,区分哪些是可控差异,哪些是不可控差异,并有针对地提出整改措施。

第二节 标准成本控制概述

企业信息来源主要有三个,分别为企业的历史数据、同行业数据与企业自己制定的标准。这三个信息来源哪一个是最好的呢?其实每一个都有它的优缺点。

第一种,企业的历史数据。企业的历史数据首先具有真实性,可以作为一把尺子来衡量业绩改进与否。其次,历史数据的收集比较简单。企业通常会将过去的资料打包整理存储在数据库里,所以不需要花费什么成本就能得到这些数据。但是历史数据仅仅只能作为一个基本的参考,因为预算周期变了,实际情况也在变。过去的业绩,不一定是理想业绩,也不一定是最佳业绩。

第二种,同行业数据。同行业数据也为企业提供了竞争对手的信息,这对企业来说无疑是有利的。但是由于每家企业都有自己的特点,不可能与竞争公司100%相似,因此拿到数据进行分析时要考虑到这一点。

第三种,企业自己制定的标准。这个标准被企业用来作为业绩考核的基准。对比于前两种,企业自己制定标准的优势在于符合企业自身的情况,而且把预算期有可能发生的变动也能规划进去,这使得业绩考核标准更贴近现实。但也正因为此,该标准有可能在预算期内不能够达到。

在企业内,通常是先设立一个标准成本,然后进行实际成本的计算,最后将两者进行比较。通过比较,揭示差异,找出问题进行改进。有了标准,才能进行比较,很多服务行业甚至是政府部门都有自己的行业标准。例如,FedEX,Burger King,Japan Airlines等公司都设定了自己的标准。FedEX规定员工18分钟内要从波音727上完成9至12个包裹的卸货。如果不达标,需要在晨会上做出合理解释。Burger King甚至对每个汉堡的肉量都做出了标准化规定,Japan Airlines对燃油量和维修成本都做了规定。

一、标准成本的概念及意义

标准成本控制这个概念产生于20世纪初的美国,是希望通过克服实际产品成本核算的缺陷,简化核算从而控制产品成本。相较于传统的实际成本核算制度,由于标准成本控制在核算中借助于标准成本能够避免前后车间实际成本核算中的等待问题,可以通过揭示差异,控制不必要的损失和浪费,故自其20世纪80年代初传入我国后,现在有很多企业都已采用此成本控制法。

标准成本是一种成本的计算方法,指的是在标准工作条件下,根据现有规模和生产技术水平计算出的生产产品应当发生的成本。标准成本具有客观性、科学性、现实性和稳定性的特点。

标准成本主要有以下三类:理想标准成本、现行可达到的标准成本和基本标准成本。理想标准成本指的是在最优的生产条件下,利用现有的规模和设备能够达到的最低成本。这是一种理想情况,需要各方面因素都达到最优状态,如工人技术最娴熟,工作效率达到最高,机械设备运作状态特别好等。虽然这是种理想状态,很难达到,但其对员工起着激励作用。

标准成本控制的作用主要体现在:① 有利于避免生产中的损失和浪费;② 有利于正确地进行业绩考核;③ 有利于产品价格决策;④ 有利于简化成本核算。标准成本控制适用于产量大、标准化程度高的工业企业。产量小、产品变化快的企业,则不太适用此法。

二、标准成本的制定

标准成本通常是通过对产品的直接材料、直接人工和制造费用的用料标准和价格标准的制定来完成的。管理费用、销售费用等一般通过预算来进行成本控制。

项目	直接材料	直接人工	制造费用
用量标准	材料用料标准	工时用量标准	工时用量标准
价格标准	材料价格标准	工资率标准	分配率标准

1. 直接材料标准成本

直接材料标准成本指的是企业在生产过程中,直接用于产品生产、构成产品实体的材料。直接材料标准成本通过以下公式进行计算:

直接材料标准成本＝用量标准×价格标准

用量标准和价格标准是在计算直接材料标准成本的时候需要考虑的两个因素。前者指的是在现有生产技术条件下生产单位产品需要耗用的材料数量,包括正常生产时产生的耗损及产品实体材料。后者价格标准指的是事前确定的材料价格,包括购买价和运杂费等。用量标准和价格标准都是按照材料类别进行分类计算的。

2. 直接人工标准成本

直接人工标准成本指的是企业在生产过程中,直接从事产品生产的工人工资、津贴、补贴和福利费以及社保等支出。直接材料标准成本通过以下公式进行计算:

直接材料标准成本＝工时标准×小时工资率标准

工时标准和小时工资率标准是在计算直接人工标准成本时的两个必要因素。其中,工时标准指的是数量标准,即在现有生产技术条件下,生产单位产品所需要的工作时间,包括生产产品的工时、生产过程中必要的间歇等。工时标准的确定是先按产品加工步骤分别计算,然后再按产品汇总。小时工资率标准是直接人工标准成本中的价格标准。在确认工资标准前,首先要明确公司采用的是计时工资制还是计件工资制。在计件工资制情况下,工资

率标准即为单位产品应支付的直接人工工资。在计时工资制情况下,工资率标准即为每一工作时间标准应分配的工资,计算公式如下:

$$计时工资率标准＝预计支付直接人工工资总额÷标准总工时$$

3. 制造费用标准成本

制造费用是企业为生产产品而发生的各项间接费用,指的是除直接材料和直接人工以外的生产过程中发生的费用,包括公司生产部门(如生产车间)发生的水电费、固定资产折旧、无形资产摊销、管理人员的职工薪酬等。制造费用包括变动制造费用和固定制造费用,所以在确定制造费用标准成本时,也需要分别确定变动制造费用的标准成本和固定制造费用的标准成本。

变动制造费用的标准成本是通过直接人工的标准工时乘以每工时变动制造费用的标准分配率计算得出的。公式如下:

$$单位变动制造费用标准分配率＝每工时变动制造费用的标准分配率×工时标准$$

每工时变动制造费用的标准分配率计算公式如下:

$$每工时变动制造费用的标准分配率＝变动制造费用预算总额/直接人工标准总工时$$

固定制造费用的标准成本是通过直接人工的标准工时乘以每工时固定制造费用的标准分配率计算得出的。公式如下:

$$单位固定制造费用标准分配率＝每工时固定制造费用的标准分配率×工时标准$$

每工时固定制造费用的标准分配率计算如下:

$$每工时固定制造费用的标准分配率＝固定制造费用预算总额/直接人工标准总工时$$

将直接材料标准成本、直接人工标准成本和制造费用标准成本按产品汇总确定产品的标准单位成本。

【例8.1】 某公司生产甲产品情况如下:

表8.1 甲产品单位产品生产情况表

材料耗用	4.5千克
损耗(合理范围)	0.3千克
废品(合理范围)	0.2千克
采购单价	3.6元/千克
运杂费	0.45元/千克
折扣	0.09元/千克

根据上述给出资料,计算该公司单位产品原材料的用量标准和价格标准。

【答案】

用量标准:

$$单位产品原材料用量标准＝材料耗用量＋损耗量＋废品量$$
$$＝4.5＋0.3＋0.2$$
$$＝5(千克)$$

价格标准：
$$单位产品原材料价格标准＝采购单价＋运杂费－折扣$$
$$＝3.6＋0.45－0.09$$
$$＝3.96(元/千克)$$

三、标准成本控制与分析

以标准成本为基础，将实际成本与标准成本比对，找出其中差异形成的原因，针对原因采取措施，进而实现对成本的有效控制，见图 8.1。

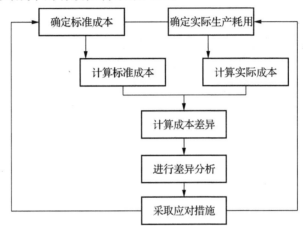

图 8.1　标准成本控制分析流程图

四、标准成本卡

企业通常会为产品设置标准成本卡，并在其中注明各项成本的用量标准及价格标准，通过直接汇总的方法来求得单位产品的标准成本，如表 8.2 所示。

表 8.2　标准成本卡

产品名称：
计量单位：　　　　　　　　　　　日期：　　　　　　　　　　　　　单位：元

项目	数量标准	价格标准	标准成本
直接材料			
直接人工			
变动制造费用			
单位变动成本			
固定制造费用			
单位产品标准成本			

第三节 成本差异的计算与分析

【案例导入】

星巴克的转机

在经济衰退的大潮中,星巴克也免不了受到影响。为了转变不利形势,星巴克通过降低直接材料和提高直接人工效率来尽可能地降低每一杯饮料的制作成本。星巴克的直接材料主要包括咖啡豆、牛奶、调味糖浆、餐巾纸、糖包、点心和纸杯以及杯盖。在下午和晚上店铺流量降低时,星巴克店为了减少浪费和损耗,不再制造无糖咖啡和黑咖啡混合物。为了减少材料预算成本,星巴克在牛奶用量上也进行了改变,使用2%的牛奶,这种牛奶用量不但更健康而且降低了成本。在影响成本的另一个因素——人工上,星巴克也做了很大改变,比如减少了咖啡师的数量;比如为了提高员工效率,把调味糖浆放在操作台顺手的位置;将装咖啡豆的箱子放在柜子顶上,省去了员工弯腰的时间。虽然员工变少了,但交易量却增长了10%。

从2008年到2012年,星巴克通过降低直接成本差异,将门店运营费用占总收入的比例从36.1%减少到29.5%。在经济衰退的大环境中,成本在减少,交易量在增长,降低直接成本差异显然是星巴克成功的关键。

资料来源:Adamy, Janet. 2009. Starbucks brews up new cost cuts by putting lid on afternoon decaf. Wall Street Journal, January 28; Harris, Craig. 2007. Starbucks slips: lattes rise. Seattle Post Intelligencer, July 23 Jargon, Julie. 2010. Starbucks growth revives, perked by Via. Wall Street Journal, January 21;

Jargon, Julie. 2009. Latest Starbucks buzzword: lean'japanese techniques. Wall Street Journal, August 4; Kesmodel, David. 2009. Starbucks sees demand stirring again. Wa Steet Journal, November 6 Starbucks Corporation, 2012 Annual Report(Seattle: Starbucks Corporation, 2013) and Starbucks Corporation, 2008 Annual Report (Seattle Starbucks Corporation, 2009)

产品成本差异是指生产产品的实际成本与标准成本之间的差额,包括超支差异和节约差异两种。超支差异指的是实际成本大于标准成本,节约差异指的是实际成本小于标准成本。

一、直接材料成本差异

直接材料成本差异(direct material variances)指的是在实际产量下,直接材料实际成本与直接材料标准成本之间的差额。这个差额形成的原因,有可能是由于直接材料价格差异(direct material price variance),也有可能是直接材料用量(direct material quantity variance)差异。计算公式如下:

直接材料成本差异=实际产量下的直接材料实际成本—实际产量下的直接材料标准成本

直接材料价格差异=实际数量×实际价格—实际耗费数量×标准价格
=实际数量×(实际价格—标准价格)

直接材料用量差异=实际数量×标准价格—标准数量×标准价格
=标准价格×(实际数量—实际产量下的标准数量)

【例 8.2】 已知 Oh, my baby 是生产宝宝玩具的公司。2017 年 9 月,该公司生产了 20 000 个小恐龙玩具,耗用直接材料 3 800 克,材料单价为 6.0 元/克;直接材料的单位产品标准成本为 1.1 元/个,每克材料的标准价格为 5.5 元,每件产品耗用 0.2 克。要求:计算成本差异并分析。

【答案】

分析:

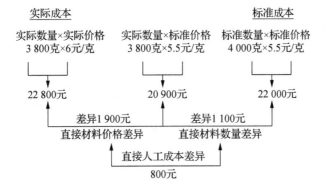

1. 计算成本差异

   直接材料成本差异＝实际产量下的直接材料实际成本－实际产量下的直接材料标准成本

   ＝3 800×6－20 000×5.5×0.2

   ＝800(元)

   直接材料价格差异＝实际数量×实际价格－实际耗费数量×标准价格

   ＝实际数量×(实际价格－标准价格)

   ＝3 800×(6－5.5)

   ＝1 900(元)

   直接材料用量差异＝实际数量×标准价格－标准价格×标准价格

   ＝标准价格×(实际数量－实际产量下的标准数量)

   ＝5.5×(3 800－20 000×0.2)

   ＝－1 100(元)

直接材料价格差异与数量差异之和,等于直接材料成本差异,即 1 900＋(－1 100)＝800 元。

2. 成本差异结果分析

从计算结果可以得出,直接材料成本差异 800 元为不利差异,是由材料价格差异(1 900元)和材料用量差异(－1 100 元)共同造成的。材料采购是由采购部门负责的,因此材料采购差异需要由该部门做出解释说明。直接材料价格差异 1 900 元,说明实际价格高于标准价格。造成这个结果的原因有很多,需要根据实际情况分析,找出原因才能明确最终责任归属。直接材料用料差异反映的是生产部门对成本的控制情况,这里出现的－1 100 元差异的原因很多,也是需要通过调研才能确定责任归属的。

二、直接人工成本差异

直接人工成本差异(direct labour variances)指的是在实际产量下,直接人工实际总成本与直接人工标准总成本之间的差异,包括工资率差异和人工效率差异,即通常所说的"价差"和"量差"。计算公式为:

直接人工成本差异＝实际产量下的直接人工实际成本—实际产量下的直接人工标准成本

＝直接人工工资率差异＋直接人工效率差异

直接人工工资率差异＝实际工时×实际工资率—实际工时×标准工资率

＝实际工时×(实际工资率—标准工资率)

直接人工效率差异＝实际工时×标准工资率—标准工时×标准工资率

＝(实际工时—实际产量下的标准工时)×标准工资率

【例 8.3】 已知 Oh, my baby 是生产宝宝玩具的公司。2017 年 9 月,生产了 20 000 个小恐玩具,实际使用工时 89 000 小时,支付人工工资 801 000 元;直接人工的标准成本是 40 元/件,标准工资率为 8 元/小时,每件产品标准工时为 5 小时。要求:计算成本差异并分析。

【答案】

分析：

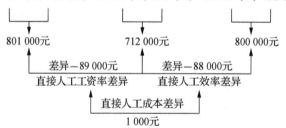

1. 成本差异计算

直接人工成本差异＝实际产量下的直接人工实际成本—实际产量下的直接人工标准成本

＝801 000－5×20 000×8

＝1 000(元)

直接人工工资率差异＝实际工时×实际工资率—实际工时×标准工资率

＝实际工时×(实际工资率—标准工资率)

＝89 000×(9－8)

＝89 000(元)

直接人工效率差异＝实际工时×标准工资率—标准工时×标准工资率

＝(实际工时—实际产量下的标准工时)×标准工资率

＝(89 000－100 000)×8

＝－88 000(元)

2. 成本差异分析

从计算结果可以得出,直接人工实际成本比标准成本增加了 1 000 元,其中由于直接人工小时工资率提高了 1 元/小时(801 000/89 000－8＝1 元/小时)导致人工成本提高了 89 000 元。工资率的增长一般应由劳动人事部门负责,主要可以考虑以下三个因素:第一,可能是工资标准调整造成的;第二,可能是工人加班,导致了不利的工资率差异;第三,可能是因为工人数的增加。具体原因应根据实际情况来具体分析。人工效率提高了 0.55 小时/件(89 000/20 000－5＝－0.55 小时),故直接减少了实际工时 11 000 小时,使得人工成本减少了 88 000 元。直接人工效率差异的负责部门一般是生产部门,该效率差异形成是多方面因素造成的,工人技术水平、设备环境等条件都会影响人工效率。如果是由于采购材料质量和数量问题影响了人工效率,则应由采购部门负责。该例题中虽然人工效率有所提高,但是人工工资率也增长了,因此,总的直接人工实际成本还是比标准成本多出了 1 000 元[89 000＋(－88 000)＝1 000元]。

三、变动制造费用成本差异

变动制造费用成本差异指的是在实际产量下,变动制造费用实际发生总额与标准发生总额间的差异,主要包括变动制造费用分配率差异和效率差异,简称为"价差"和"量差"。公式如下:

变动制造费用成本差异＝实际产量下的变动制造费用－实际产量下的标准变动制造费用

＝变动制造费用分配率差异＋效率差异

变动制造费用效率差异是指按生产实际耗用工时计算的变动制造费用与按标准工时计算的变动制造费用之间的差额,公式如下:

变动制造费用效率差异＝实际工时×标准分配率－标准工时×标准分配率

＝(实际工时－实际产量下的标准工时)×标准分配率

变动制造费用分配率差异指实际发生的变动制造费用和按实际工时计算的标准变动制造费用之间的差额,公式如下:

变动制造费用分配率差异＝实际工时×实际分配率－实际工时×标准分配率

＝实际工时×(实际分配率－标准分配率)

综上所述,可以得出变动成本差异的通用公式,如下:

价差＝(实际价格－标准价格)×实际用量

量差＝(实际用量－实际产量下的标准用量)×标准价格

四、固定制造费用成本差异

由于固定制造费用是不会随着生产量变动而变动的,所以企业在日常生产中是通过固定预算进行成本控制的。但在实际情况中,实际固定制造费用与固定制造费用标准还是会存在差额,这个差额叫作固定制造费用成本差异。

企业通常会采用两差异分析法和三差异分析法来计算固定制造费用成本差异。两差异分析法又叫作二因素分析法，指的是将固定制造费用差异分为预算差异（也叫作耗费差异）和能量差异。三差异分析法又被称为三因素分析法，指的是将固定制造费用成本差异分为预算差异（耗费差异）、产量差异和效率差异三部分。其与两差异分析法的区别在于要将能量差异进一步分解为实际产量下实际工时未达到预算产量下标准工时而形成的产量差异以及实际产量下实际工时脱离实际产量下标准工时而形成的效率差异。

1. 两差异分析法

两差异分析法主要是通过分析预算差异和能量差异来得出固定制造费用的总差异额。

（1）固定制造费用预算差异（耗用差异）

预算差异指的是实际固定制造费用与预算产量下固定制造费用的差异，公式为：

预算差异＝实际固定制造费用－预算产量下的固定制造费用
　　　　＝实际固定制造费用－预算产量下的标准工时×标准分配率

标准分配率＝固定制造费用预算总额÷预算产量下的标准总工时

（2）固定制造费用能量差异

能量差异＝预算产量下的标准固定制造费用－实际产量下的标准固定制造费用
　　　　＝标准分配率×（预算产量下的标准工时－实际产量下的标准工时）

【例8.4】 星辰公司主要生产甲产品，2018年甲产品生产计划如下：

标准分配率为10元/小时，标准工时为2小时/件。2018年预算生产甲产品2 950件，实际生产甲产品3 600件，发生固定制造费用63 000元，实际人工工时为6 700小时。

要求：根据上述已知条件，采用两差异分析法计算固定制造费用差异。

【答案】 －9 000元。

固定制造费用成本差异＝实际产量下的实际固定制造费用－实际产量下的标准固定制造费用
　　　　＝实际工时×实际分配率－实际产量下标准工时×标准分配率
　　　　＝63 000－3 600×2×10
　　　　＝－9 000（元）

预算差异＝实际固定制造费用－预算产量下的固定制造费用
　　　　＝实际固定制造费用－预算产量下的标准工时×标准分配率
　　　　＝63 000－5 900×10
　　　　＝4 000（元）

能量差异＝预算产量下的标准固定制造费用－实际产量下的标准固定制造费用
　　　　＝标准分配率×（预算产量下的标准工时－实际产量下的标准工时）
　　　　＝10×（5 900－3 600×2）
　　　　＝－13 000（元）

通过以上计算可以看出，该公司甲产品固定制造费用节约了9 000元，主要是由于能量差异。

2. 三差异分析法

三差异分析法与两差异分析法的不同在于前者将两差异分析法的能量差异分解成产量差异与效率差异，公式如下：

产量差异＝预算产量下的标准固定制造费用－实际产量下的实际工时×标准分配率
　　　　＝（预算产量下的标准工时－实际产量下的实际工时）×标准分配率

效率差异＝标准分配率×（实际产量下的实际工时－实际产量下的标准工时）

【例 8.5】 星辰公司主要生产甲产品，2018 年甲产品生产计划如下：

标准分配率为 10 元/小时，标准工时为 2 小时/件。2018 年预算生产甲产品 2 950 件，实际生产甲产品 3 600 件，发生固定制造费用为 63 000 元，实际人工工时为 6 700 小时。

要求：根据上述已知条件，采用两差异分析法，计算固定制造费用差异。

【答案】 －9 000

预算差异＝实际固定制造费用－预算产量下的固定制造费用
　　　　＝实际固定制造费用－预算产量下的标准工时×标准分配率
　　　　＝63 000－2 950×2×10
　　　　＝4 000（元）

产量差异＝预算产量下的标准固定制造费用－实际产量下的实际工时×标准分配率
　　　　＝（预算产量下的标准工时－实际产量下的实际工时）×标准分配率
　　　　＝（2 950×2－6 700）×10
　　　　＝－8 000（元）

效率差异＝标准分配率×（实际产量下的实际工时－实际产量下的标准工时）
　　　　＝10×（6 700－3 600×2）
　　　　＝－5 000（元）

通过上述计算可以看出，采用三差异分析法能够更好地说明生产能力利用程度和生产效率高低所导致的成本差异情况，更有利于企业分清责任。

练习题

一、单项选择题

1. 成本差异是成本控制的重要内容，指的是_____。
   A. 实际产量下的实际成本减去实际产量下的标准成本
   B. 实际产量下的标准成本减去预算产量下的实际成本
   C. 实际产量下的实际成本减去预算产量下的标准成本
   D. 实际产量下的实际成本减去标准产量下的标准成本

2. 直接人工效率差异的责任部门，一般是_____。
   A. 生产部门　　　B. 销售部门　　　C. 供应部门　　　D. 管理部门

3. 固定制造费成本差异分析方法有_____。
   A. 二因素分析法和三因素分析法　　　B. 价格差异法和产量分析法
   C. 耗费差异法和效率差异法　　　　　D. 能量差异法和效率差异法

4. 某产品的变动制造费用标准成本为：工时消耗 4 小时，每小时分配率为 6 元。本月生产产品 300 件，实际使用工时 1 500 小时，实际发生变动制造费用 12 000 元。则变动制造费用效率差异为_____。
   A. 1 800　　　　　B. 1 650　　　　　C. 1 440　　　　　D. 1 760
5. 企业进行固定制造费用差异分析时可以使用三因素分析法。下列关于三因素分析法的说法中，正确的是_____。
   A. 固定制造费用成本差异＝固定制造费用实际成本－固定制造费用标准成本
   B. 固定制造费用能量差异＝(预算产量下的标准工时－实际产量下的标准工时)×固定制造费用标准分配率
   C. 固定制造费用效率差异＝(实际工时－标准产量标准工时)×固定制造费用标准分配率
   D. 三因素分析法中的闲置能量差异与二因素分析法中的能量差异相同
6. 下列表达式中不正确的是_____。
   A. 变动制造费用标准分配率＝变动制造费用预算总额/直接人工标准总工时
   B. 固定制造费用标准分配率＝固定制造费用预算总额/直接人工标准总工时
   C. 固定制造费用标准分配率＝固定制造费用预算总额/生产能量标准工时
   D. 变动制造费用标准成本＝单位产品直接人工的实际工时×每小时变动制造费用的标准分配率
7. 在进行标准成本差异分析时，通常把变动成本差异分为价格脱离标准造成的价格差异和用量脱离标准造成的数量差异两种类型。下列标准成本差异中，通常不应由生产部门负责的有_____。
   A. 直接材料的价格差异　　　　　B. 直接人工的数量差异
   C. 直接材料的数量差异　　　　　D. 变动制造费用的数量差异
8. 企业行政管理部门人员的工资费用应列入的会计科目是_____。
   A. 营业外支出　B. 销售费用　C. 其他业务支出　D. 管理费用
9. 直接用于产品生产并构成该产品实体的原材料费用应列入的会计科目是_____。
   A. 生产成本　B. 制造费用　C. 管理费用　D. 销售费用
10. 成本控制设计的前提和关键是_____。
    A. 标准成本的制定　　　　　B. 成本差异的计算
    C. 成本差异的分析　　　　　D. 成本差异的账务处理
11. 成本差异是指在标准成本控制系统下，企业在一定时期生产一定数量的产品所发生的实际成本与_____之间的差额。
    A. 计划成本　B. 历史成本　C. 标准成本　D. 预算成本
12. 由于生产安排不当、计划错误、调度失误等造成的损失，应该由_____负责。
    A. 财务部门　B. 劳动部门　C. 生产部门　D. 采购部门

二、多项选择题
1. 下列标准成本差异中，通常应由生产部门负责的有_____。

A. 直接材料价格差异　　　　　　B. 直接人工效率差异
C. 直接人工工资率差异　　　　　D. 变动制造费用效率差异
E. 变动制造费用分配率差异
2. 固定制造费用三差异是指＿＿＿＿＿＿＿。
A. 效率差异　　B. 耗用差异　　C. 产量差异　　D. 价格差异
E. 预算差异
3. 可以套用"用量差异"和"价格差异"模式的成本项目是＿＿＿＿＿＿＿。
A. 直接材料　　B. 直接人工　　C. 变动制造费用　　D. 固定制造费用
E. 期间费用

三、判断题

1. 正常标准成本考虑了生产过程中不能避免的损失、故障和偏差,属于企业经过努力可以达到的成本标准。（　　）
2. 制造费用是企业在生产过程中发生的各项可以直接计入产品成本的费用。（　　）
3. 当企业完工产品入库时,所做的会计分录是借记"库存商品"科目,贷记"生产成本"科目。（　　）
4. 材料费用的分配一般是通过编制材料费用分配表进行的。（　　）
5. 变动成本是指在一定期间和一定业务量范围内,其总额不随着业务量变动而变动的成本。（　　）
6. 在经济形势变化无常的情况下,最为合适的标准成本是现实标准成本。（　　）
7. 如果出现不利差异,企业必须采取措施减少该不利差异。（　　）

四、计算分析题

1. 已知日月公司生产 A 产品,有关资料如下:

项目	甲材料	乙材料
标准价格	20 元/千克	30 元/千克
单位耗用量	5 千克/件	10 千克/件
单位标准工时	14 小时/件	
直接人工标准工资率	8 元/件	
变动制造费用	40 000 元	
固定制造费用	62 000 元	

标准总工时数为 10 000 小时。要求:制定产品的标准成本。

2. 星辰公司主要生产甲产品，本月产品成本资料如下：

（1）预算产量的工时用量标准是1 500小时，制造费用按人工工时分配，单位产品标准成本如下：

项目	直接材料	直接人工	变动制造费用	固定制造费用	合计
用量标准	60千克/件	A	C	E	—
价格标准	10元/件	5元/小时	D	F	—
标准成本	600元/件	B	150元/件	100元/件	1 050元/件

（2）本月实际产量为40件，直接材料实际用量2 500千克，实际人工工时1 950小时，实际成本如下：

项目	直接材料	直接人工	变动制造费用	固定制造费用	合计
甲产品	24 200	7 800	6 600	3 900	42 500

要求：

（1）根据已知条件，计算出标准成本表格中的字母表示的数据；

（2）计算产品成本差异总额；

（3）计算直接材料差异和直接人工差异；

（4）计算变动制造费用差异；

（5）计算固定制造费用差异（分别采用两差异分析法和三差异分析法）。

第九章　责任会计与业绩考核

❖ **学习目标**

- 能够阐述责任会计的概念及阐释其作用；
- 能够说明预算与责任会计的关系；
- 能够描述责任中心的含义、结构和分类。

第一节　责任会计概述

【案例导入】

老李通过多年努力,努力经营,将原来的家庭小作坊发展了有50人的公司,又经过多年的苦心经营,使小公司成为了现在拥有3个分公司的大公司。这些公司是老李一辈子的心血,即使已经发展得极具规模,但老李还是习惯之前无论大小事情,事必躬亲的管理方式。尽管董事长老李每天起早贪黑,但公司事务还是处理不完,公司还常常出现各种意料之外的问题,甚至一团糟糕。最糟糕的是由于公司所有的决策都必须由老李决定,许多问题没及时处理,公司失去了不少客户和市场。老李每天忙于应付公司大小事务,没有精力和时间去仔细规划公司长远发展,使得公司缺乏竞争力,公司效益也越来越差。请问老李应如何摆脱这个困境呢?

随着我国经济的改革和不断发展,责任会计在企业中越来越受到重视。责任会计是分权管理下的产物,分权管理下企业成立各个相对独立的部门。由于各部门之间业绩的比拼,各部门制定目标时会把重点放在自己部门的业绩而非企业整体利益上。这会引起企业部门之间的矛盾,导致各部门之间不能协调合作,最终导致公司无法达到它的战略目标,也无法实现企业整体利益最大化。为了解决这一问题,就出现了责任会计这一行之有效的企业内部控制制度。在赋予各部门权利的同时也明确其责任,并制定了系统的考核评价系统,既能最大化发挥分权管理的优势,又可以很好地协调各部门。

一、预算与责任会计

为了提高公司效率,达到总预算目标,公司员工都能各司其职,做好自己的本职工作。公司的高层管理者会将部分责任和任务分配给中层管理者,中层管理者再将领到的任务分派给低层管理者,低层管理者再分派下去。领到任务的人都要对自己的工作内容负责。可以说,企业的组织结构决定了其协调行动的方式。

企业管理者,无论什么级别,都有自己需要负责的内容,叫做责任中心。它是企业内部的责任单位,承担一定的经济责任,并享有一定的权利和利益。管理者级别越高,责任越大。责任会计是用来评估各责任中心的计划、预算、行动和实际结果的系统。因此,责任中心是责任会计核算的主体。

二、责任会计的内容

责任会计主要包括以下四个方面的内容。

1. 合理设置责任中心

想要责任会计起作用,首要条件就是将公司划分成若干个责任中心,并根据责任中心的特点来明确其责任权利范围。

2. 编制责任预算

根据全面预算,每个责任中心编制自己的责任预算,以明确各责任中心的目标和任务,同时也使得企业未来在考核每个责任中心工作完成情况的时候有据可依。

3. 建立跟踪系统

企业需要建立完善的跟踪系统,来记录、计算和监督有关责任中心对预算的实施情况,定期编制报告,将责任预算的实际执行情况与预算标准进行比较,发现并分析问题,进而解决问题,保证责任预算目标乃至企业发展目标能够顺利得到实现。

4. 考核评级业绩

将预算实施结果与预算目标进行比较,发现二者差异,分析原因,建立合理的奖惩制度,做到奖罚分明、奖惩有度,如此可以调动员工积极性,促使大家都为完成目标而努力。

三、责任会计的核算原则

企业实施责任会计制度的时候,会受到企业内部条件以及外部环境的影响。大致来说,责任会计的实施主要遵循以下五个原则:责任主体原则、目标一致原则、反馈原则、可控原则以及激励原则。

1. 责任主体原则

明确责任会计的主体,一般来说是以企业内部各个责任单位为对象的,资料的收集、整理、分析等也都是按照不同的责任中心来进行的,以保证数据有可比性。

2. 目标一致原则

每个责任中心的目标必须与企业目标一致,应当避免过度追求中心目标而忽略企业目标进而损害企业利益。

3. 反馈原则

责任预算在实施过程中,需要及时反馈问题。一是执行人将问题及时反馈给责任中心负责人,二是各责任中心及时向上层管理人员反馈问题。这不但能提前预警,还能及时做出恰当合理的调整,以保证公司整体目标的实现。

4. 可控原则

责任中心的一切行为都应以可控为前提,在对其考核的时候也应排除不可控的项目。

5. 激励原则

责任会计的目的在于激发员工的工作积极性,共同努力最终实现企业目标。因此责任预算的目标应切实可行,合理合规,既不能太高,但也不能太低,需要员工通过努力才能达成。

第二节　责任中心与业绩考核

一、责任会计组织结构

1. 责任中心的分类

责任中心可以分成四部分,分别是成本中心、收入中心、利润中心以及投资中心。其中,成本中心的管理者只需要对成本负责,收入中心的管理者只需要对收入负责,利润中心的管理者对收入和成本负责,最后投资中心的管理者需要对投资、收入和成本负责。举个简单的例子,酒店有销售部、维修部、后勤部、投资部等部门。其中,销售部是负责销售产品的,增加酒店收入的部门,它是酒店的一个收入中心,销售部门的经理只需要对收入负责。维修部是酒店的成本中心,维修部是负责酒店机器设备等维修的,需要考虑用较低的成本来维持所有设备机器的运作,所以维修部经理也需要对成本负责。酒店经理负责的则是一个利润中心,需要对成本和收入负责。投资部或者区域经理管理的是项目投资,则需要对新项目的投资以及投资产生的收入、成本和利润负责。

2. 责任中心的特点

(1) 责任中心是责任、权限与利益结合的实体

每个责任中心在拥有与自己中心相匹配的权利的同时,都有所对应要承担的责任,即完成相应的预算目标。与此同时,最后是否完成目标以及完成得怎么样,每个中心也都有相应的考核机制和利益分配标准。

(2) 责任中心所承担的责任和行使的权利都应该是可控的

责任会计的基本原则就是可控原则。每个责任中心在接受任务或者在完成预算目标的时候,都是针对自己权责范围内可以控制或可以影响的因素而进行活动的。超出责任中心可控范围,或者责任中心不能控制的因素,是不能作为考核责任中心绩效的内容的。

(3) 责任中心具有相对独立又相互合作的特点

每个责任中心都有一定的独立自主权,彼此之间相互独立,互不干涉,但是为了达成企业目标,每个责任中心又不得不相互合作,相互支持,配合完成某些任务。由于这些责任中

心都是服务于同一个企业,都是为了完成同一个企业目标,因此责任中心之间也存在着千丝万缕的关系,尤其是企业的预算目标更是需要所有责任中心齐心协力才能实现的。

(4) 责任中心会定期进行业绩考核与评估

在责任会计实施过程中,会用合适的评价体系以及适合的方法对责任中心定期进行工作成果的考核与评估。一方面是为了在奖惩方面有据可依,同时鼓励工作认真,能够及时、按时完成任务的员工。另一方面,也是在了解责任中心对预算完成的情况,可以根据结果采取合理措施,以便最终能实现企业目标。

二、成本中心

1. 成本中心的含义

产成品和半成品并不是由车间内部出售的,一个生产车间无法实现销售职能,无法获取货币收入,这类生产车间称之为成本中心。成本中心指的是对成本费用承担责任的责任中心,是公司最基础的层次。在组织形式上,成本中心一般不具备独立的法人资格。满足上述定义的任何发生成本的责任领域,都可以确定为成本中心。大的成本中心可以是包含若干生产车间的分公司,小的成本中心可以是一个生产车间上的若干工段。成本中心的职责主要是耗用一定的成本去完成企业规定的具体任务。

2. 成本中心的分类

成本中心主要有两种类型:标准成本中心和费用中心。

标准成本中心是要求所生产的产品必须稳定而明确,并且已经知道单位产品所需投入量的责任中心。

费用中心适用于那些产出物不能用财务指标来衡量,或者投入和产出关系不密切的单位。

表 9.1 标准成本中心和费用中心的比较

类型	标准成本中心	费用中心
产出物的特点	所生产的产品明确而稳定,产出物能用财务指标来衡量	产出物不能用财务指标来衡量
投入产出之间的关系	关系密切	关系不密切
考核指标	既定产品质量和数量条件下的标准成本 注:不对生产能力的利用程度负责,只对既定产量的投入量承担责任,即不对闲置能量差异承担责任	通常使用费用预算来评价其成本控制业绩 注:要结合费用中心的工作质量和服务水平做出有根据的判断
适用情况	各行业都可以建立标准成本中心	一般行政管理部门; 研究开发部门; 某些销售部门
典型代表	工厂、车间、工段、班组	会计、人事、劳资、计划部门; 设备改造、新产品研制部门; 广告、宣传、仓储部门

3. 成本中心的特点

（1）成本中心只对成本费用承担责任

由于成本中心不产生收入，不需要对利润以及投资收益等负责，仅对成本费用负责，所以成本中心的业绩考核指标只有成本费用。

（2）成本中心只对可控成本承担责任

可控成本指的是其成本大小、发生与否是可以被控制或被影响的。通常而言，变动成本大多是可控的，固定成本大都是不可控的。成本中心直接发生的成本大多是可控的，而其他部门分配的成本多是间接成本，是不可控的。成本中心所有的可控成本的和构成了该成本中心的责任成本。需要注意的是，可控与不可控是相对的，二者在特定条件下是能够相互转换的。举个例子，对企业而言，成本几乎都是能够被控制的，但是对其下属单位而言，成本有些是能够被控制的，有些是不能被控制的。可控与不可控会因为成本中心的管理等级、管理权限以及控制范围、营运期间的不同而不同。新产品的研发费用，对于研发部门来说，是可控成本，然而对于生产车间来说，却是不可控成本。

4. 成本中心考核指标

（1）责任成本

要掌握成本中心考核指标，首先要了解责任成本。责任成本指的是以具体的责任单位（部门、单位或个人）为对象，以其承担的责任为范围所归集的成本，也就是特定责任中心的全部可控成本。

可控成本是指特定时期内、特定责任中心能够直接控制其发生的成本，反之则称为不可控成本。从定义可以看出，可控成本主要从两个角度对成本加以限定。一方面，可控成本往往是针对特定责任中心而言的。例如，一项成本，对于某个责任中心来说是可控的，对于另外的责任中心而言可能是不可控的。有些成本，对于下级单位来说是不可控的，但对于上级单位来说则是可控的。另一方面，区分成本是否可控，还需要考虑成本发生的时间范围。一般而言，消耗和支付的当期成本是可控的，一旦消耗或支付，成本就不再可控。成本在决策之前往往是可控的，一旦签订合同或决策执行之后，成本却不再可控。

从整个企业的空间范围和较长的时间范围来观察，所有成本都是人的某种决策或行为的结果，都是可控的。

（2）可控成本与直接成本、变动成本

直接成本和间接成本的划分标准是成本的可追溯性。可追溯到个别产品或部门的成本是直接成本，由几个产品或部门共同分摊的成本是间接成本。对于生产的基层单位而言，大多数直接材料和直接人工是可控的，但有一部分是不可控的。例如，某个生产车间的工长的工资是直接成本，当工长无法改变自己的工资时，对他来说该成本是不可控的。最基层单位无法控制大多数的间接成本，但是有一部分是可控的。例如，物料的消耗可能需要分摊间接计入产品的，但是机器操作工却可以控制它。

变动成本和固定成本以成本随产量的变动性作为划分依据。随产量正比例变动的成本称为变动成本。在一定幅度内不随产量变动而且基本保持不变的成本称为固定成本。对于生产单位而言,大多数变动成本是可控的,但也有部分是不可控的。固定成本中大部分成本是不可控的,但与产量无关的广告费、科研开发费、教育培训等酌量性固定成本都是可控的。

（3）责任成本的计算

表9.2 责任成本、制造成本和变动成本计算方法的比较

项目	责任成本计算	制造成本计算	变动成本计算
核算目的	评价成本控制业绩	按会计准则确定存货成本和期间损益	进行经营决策
成本计算对象	责任中心	产品	产品
成本的范围	只包括各责任中心的可控成本	直接材料、直接人工和全部制造费用	直接材料、直接人工和变动制造费用
共同费用的分配原则	按可控原则分配 谁控制谁负责,将可控的变动间接费用和可控的固定间接费用都分配给责任中心	按受益原则分配 谁受益谁负担,分摊间接费用(既要分摊变动制造费用,也要分摊固定制造费用)	按受益原则分配 谁受益谁负担,只分摊变动间接制造费用

① 确定可控成本责任归属三原则

计算责任成本的关键在于判别每一项成本费用支出的责任归属,通常可以按照下列原则确定责任中心的可控成本。

第一,如果某责任中心通过自己的行动能够有效地影响一项成本的数额,那么该中心就要对这项成本负责。

第二,如果某责任中心有权决定是否使用某种资产或劳务,那么该中心就应该对这些资产或劳务的成本负责。

第三,某些管理人员虽然不直接决定某些成本,但是如果上级要求其参与有关事项,从而对该项成本的支出施加了重要影响,则该管理人员对该项成本负责。

② 制造费用的归属和分摊方法

将发生的直接材料和直接人工费用归属于不同的责任中心通常比较容易,而制造费用的归属则比较困难。一般依次按下列五个步骤来处理。

第一,直接计入责任中心。将可以直接判别为某责任中心的费用项目,直接列入相应的责任中心。

第二,按责任基础分配。对于不能直接归属于个别责任中心的费用,优先采用责任基础分配。

第三,按受益基础分配。有些费用不是专门属于某个责任中心的,也不宜用责任基础分配,但与各中心的受益多少有关,则可按受益基础分配。

第四,归入某一个特定的责任中心。有些费用既不能用责任基础分配,也不能用受益基础分配,则考虑有无可能将其归属于一个特定的责任中心。

第五,不能归属于任何责任中心的固定成本,不进行分配。

【例9.1 单选题】 某生产车间是一个标准成本中心,为了对该车间进行业绩评价,需要计算的责任成本范围是_____。

A. 该车间的直接材料、直接人工和全部制造费用
B. 该车间的直接材料、直接人工和变动制造费用
C. 该车间的直接材料、直接人工和可控制造费用
D. 该车间的全部可控成本

【答案】 D
【解析】 责任成本是以具体的责任单位(部门、单位或个人)为对象,以其承担的责任为范围所归集的成本,也就是特定责任中心的全部可控成本。

【例9.2 多选题】 下列成本中,属于生产车间可控成本的有_____。
A. 由于疏于管理导致的废品损失
B. 车间发生的间接材料成本
C. 按照资产比例分配给生产车间的管理费用
D. 按直线法提取的生产设备折旧费用

【答案】 AB
【解析】 可控成本是指在特定时期内、特定责任中心能够直接控制其发生的成本。

(4) 成本中心的考核指标

成本中心的考核指标主要包括责任成本变动额和责任成本变动率。计算公式为:

责任成本(费用)变动额＝实际责任成本(费用)－预算责任成本(费用)

责任成本(费用)变动率＝责任成本(费用)变动额/预算责任成本(费用)×100%

【例9.3】 已知A厂有甲、乙、丙三个成本中心,各产品成本中心有关数据见表9.3。

表9.3 成本中心数据

成本中心	预计产量(件)	标准单位材料成本(元/件)	实际产量(件)	实际单位材料成本(元/件)
甲	10 000	80	10 000	80
乙	15 000	95	10 000	90
丙	8 000	70	7 500	75

要求:计算各成本中心责任成本的变动额和变动率,并简单分析其成本控制情况。

表9.4 责任成本预算完成情况表

成本中心	标准单位材料成本(元/件)	实际产量(件)	实际单位材料成本(元/件)	预算责任成本(元)	实际责任成本(元)	责任成本变动额(元)	责任成本变动率(%)
甲	80	10 000	80	800 000	800 000	0	0
乙	95	10 000	90	950 000	900 000	−50 000	−5.26
丙	70	7 500	75	525 000	562 500	37 500	7.14

预算责任成本＝标准单位材料成本×实际产量
实际责任成本＝实际单位材料成本×实际产量
责任成本变动额＝实际责任成本－预算责任成本
责任成本变动率＝责任成本变动额/预算责任成本

分析：从表9.4数据得出，在甲、乙、丙三个产品的成本中心中，乙产品成本中心的业绩表现得最好，实际责任成本比预算降低了5.26%；丙产品成本中心的业绩表现得最差，实际责任成本比预算高了7.14%。主要是因为乙产品实际单位材料成本比标准单位材料成本低5元/件，而丙产品实际单位材料成本比标准单位材料成本高了5元。

三、利润中心

1. 利润中心的含义

利润中心指的是对利润负责的责任中心，其既对收入负责又对成本负责，最终对利润负责。一般情况下，利润中心被看成是一个可以用利润衡量其一定时期业绩的组织单位。但需要注意的是，并不是可以计量利润的组织单位都属于真正意义上的利润中心。从根本目的上来看，利润中心的组织是为了激励下级制定有益于整个企业的决策并激励员工努力工作，只有有权对供货的来源和市场的选择进行决策的部门或单位才能称为利润中心。在组织形式上，利润中心既可以是独立法人，也可以不是独立法人。

利润中心和成本中心相比，其责任和权利相对较大，它不仅要降低绝对成本，还要寻求收入增长超过成本的增长，更重要的是要强调相对成本的降低。

2. 利润中心的分类

按照利润中心收入来源性质的不同，利润中心可分为自然利润中心和人为利润中心。

（1）自然利润中心

自然利润中心也可叫作天然利润中心，指的是直接对外销售产品或提供劳务而给公司带来的利润的部门或单位。自然利润中心主要有分公司、事业部等。

（2）人为利润中心

人为利润中心指的是对公司内部销售产品或提供劳务而取得的内部销售收入的部门或单位。

3. 利润中心的考核标准

利润中心的考核主要是对利润目标完成情况进行考核，即通过比较一定时期内实际利润与预算利润来确定责任履行情况。

（1）利润中心的边际贡献总额

当利润中心不计算共同成本或不可控成本时，其考核指标是利润中心边际贡献总额，该指标等于利润中心销售收入总额与可控成本总额的差额，其公式如下：

利润中心边际贡献总额＝该利润中心销售收入总额－该利润中心可控成本总额（或变动成本总额）

（2）利润中心的营业利润

当利润中心计算共同成本或不可控成本时，其考核指标是利润中心的营业利润，该指标等于利润中心的贡献边际总额减去该利润中心的不可控成本。

两种考核指标各有优缺点，第一种主要适用于对人为利润中心的考核与评价，第二种更适合对自然利润中心业绩的考核评价。

【例 9.4 单选题】 利润中心某年的销售收入为 45 000 元,已销产品的变动成本和变动销售费用为 22 000 元,可控间接费用为 3 000 元,不可控间接费用为 7 500 元,分配来的公司管理费用为 6 000 元,那么,该部门的"可控边际贡献"为_____元。

A. 25 000   B. 20 000   C. 3 500   D. 2 500

【答案】 B

【解析】 可控边际贡献＝销售收入总额－变动成本总额－可控固定成本
   ＝45 000－22 000－3 000
   ＝20 000(元)

四、投资中心

1. 投资中心的含义

投资中心指的是既对成本、收入和利润负责,又对投资效果负责的责任中心,是企业中管理层次最高的责任中心。通常情况,大型集团的子公司、分公司和事业部都属于投资中心。在组织形式上,投资中心一般是独立法人。

2. 投资中心的考核标准

投资中心的考核主要针对的是投入和产出之间的关系,通常通过计算比较投资利润率和剩余收益等指标对其进行考核。

(1) 投资利润率

投资利润率又叫作投资报酬率或者总资产利润率,是利润与投资额(投资中心可控和使用的总资产)的比,其公式如下:

$$投资利润率＝利润/投资额\times 100\%$$

需要说明的是,利润是期间性指标,要保持分子和分母计算口径上的一致。该指标的优点在于它是根据现有的会计资料计算的,比较客观,可用于部门之间以及不同行业之间的比较。因此,该指标不仅可以促使经理人员关注营业资产的运用效率,而且尤为重要的是,它有利于资产存量的调整,优化资产配置。其缺点则为过于关注投资利润率,会引起短期行为的产生,追求局部利益最大化而损害了整体利益最大化,导致经理人员为眼前利益而牺牲长远利益。

【例 9.5】 A 集团旗下子公司甲是独立法人,在 2017 年初该公司总资产为 9 800 万元,年末资产总额为 1 亿元。2017 年该公司的税后利润为 250 万元,所得税税率为 25%。要求:计算 2017 年甲公司的投资利润率(保留两位小数)。

2017 年甲公司的平均投资额＝(9 800＋10 000)/2＝9 900(万元)

2017 年甲公司的息税前利润＝250/(1－25%)≈333.33(万元)

2017 年甲公司的投资利润率＝利润/投资额×100%＝333.33/9 900×100%≈3.37%

2017 年甲投资利润率约为 3.37%。

(2) 剩余收益

剩余收益＝息税前利润－总资产占用额×规定或预期的总资产息税前利润率

对于某一具体项目而言，以剩余收益作为考核指标，只要该项目的投资利润率大于规定或预期的收益水平，该项投资便是可行的。剩余收益指标的优点在于其弥补了投资报酬率指标会使局部利益与整体利益相冲突的不足。缺点为由于其是一个绝对指标，故而难以在不同规模的投资中心之间进行业绩比较；剩余收益同样只反映当期业绩，单纯使用这一指标也会导致投资中心管理者的短视行为。

3. 投资中心与利润中心的主要区别

(1) 权利不同

利润中心没有投资决策权，只能对公司已有的产业进行生产经营。投资中心不仅拥有一般利润中心的权利，比如生产决策权、销售定价权等，而且有投资决策权，能够相对独立地决定所掌握资产的投放方向和数量。

(2) 考核办法不同

考核利润中心的业绩时，不需要联系其资产投入与产出的情况，仅需通过比较一定时期内实际利润与预算利润来确定责任履行情况。考核投资中心业绩时，需要将所获得的利润与所占用的资产进行比较。

五、责任报告

1. 责任报告含义和种类

责任报告又叫作业绩报告或者绩效报告，是对责任中心进行业绩考核的依据，指的是建立在责任会计记录基础上，根据责任预算与预算实际执行结果之间的差异编制的内部会计报告。

常见的责任报告种类有书面报告和口头报告等。责任报告具体的形式是根据责任中心的业务内容、业务性质、报告对象和使用情况而决定的。在企业的实际使用中，最终的责任报告是由多种形式结合起来的，而非单一的书面或口头形式。

2. 责任报告内容

责任中心所处的管理层级不同，责任报告的内容也是不同的。

层级较低的责任中心的责任报告涉及内容主要为可控成本(比如预算成本)、实际成本以及两者之间的差异。管理层级越高，责任报告的内容越丰富，涉及范围包括本层级及下属责任中心的可控成本。

表9.5 成本中心责任报告

(责任报告样例)

单位：万元

内容	预算成本	实际成本	差异
下属单位转来责任成本			
——A车间	20 000	26 380	(6 380)

续表

内容	预算成本	实际成本	差异
成本中心自身可控成本 W			
——直接材料	10 000	14 000	(4 000)
——直接人工	5 000	6 800	(1 800)
——其他	8 000	6 005	1 995
小计	23 000	26 805	3 805
某成本中心责任成本	43 000	53 185	(10 185)

表 9.5 为成本中心责任报告样例,差异为正数,则表示预算比实际成本多,表示对公司有利;如果差异为负数,用括号表示,则表示实际成本超过预算,表示对公司不利。

宏达集团 2018 年全年利润预算为 242 000 万元,其中宏达机电为集团旗下分公司,2018 年预算为 100 000 万元,另一分公司宏达电子预算为 142 000 万元(详见表 9.5 和表 9.6)。

表 9.6 宏达电子 2018 年责任预算

单位:万元

预算类型	项目	预算金额	执行人
收入中心	销售部	388 800	销售部经理
成本中心	生产部	60 000	生产主管
	管理部	100 000	行政经理
	销售部	186 800	销售经理
	小计	346 800	分公司经理 A
利润中心	营业利润	142 000	分公司经理 B

表 9.7 宏达电子销售部 2018 年责任预算

单位:万元

责任中心类型	负责区域	责任预算	负责人
收入中心	东北经济区	20 800	刘一鸣
	北部沿海经济区	80 000	张朝阳
	东部沿海综合经济区	126 000	李宗盛
	南部沿海经济区	90 000	刘晓峰
	黄河中游经济区	30 000	王东东
	长江中游经济区	24 000	李美美
	大西南经济区	10 000	王晓渠
	大西北经济区	8 000	韩大刘
合计	—	388 800	销售部经理

根据以上资料,通过对责任中心的设置、预算的编制、责任的监控和业绩考核四个方面来描述责任会计的基本内容。

根据表 9.6 和表 9.7,可以得出以下内容。

1. 责任中心的设置

宏达集团有两个一级责任中心,即宏达机电和宏达电子,其中宏达电子有三个责任中心,分别为收入中心、成本中心和利润中心。

2. 预算的编制

集团公司总预算为 142 000 元,其中宏达机电预算为 100 000 万元,宏达电子预算为 142 000 万元。宏达电子将预算分为三类:收入类、成本类和利润类,表 9.7 又将收入类按地区详细划分。

3. 责任监控

责任监控是由上至下进行的。首先是宏达集团对下属分公司的预算执行监控,其次是分公司对各责任中心的监控,即宏达电子对收入中心、成本中心及利润中心的监控,最后是收入中心对各地区收入的监控。

4. 业绩考核

业绩考核也是由上至下进行的定期考核和评价,并以此作为奖惩依据。若责任中心未能完成预算目标,则预算执行人负责;若分公司未能达到利润目标,则分公司经理负责;但是如果由于金融危机等无法控制的因素造成不达标,则不能算未完成任务。

第三节 内部转移价格、内部结算与责任成本结转

一、内部转移价格

内部转移价格(interdivisional transfer price)又叫作调拨价格,它是一个内部计价标准,指的是企业内部责任单位之间进行产品或劳务交易的计价标准。内部转移价格在企业决策制定、成本计算、业绩评价等方面有着广泛的应用。它与公司经营战略和公司的内部控制、管理制度相关。

在实际生产经营中,有些责任单位的产成品是企业其他责任单位的原材料或者是需要由其他责任单位进一步加工的半成品。企业内部交易需要建立在保障双方经理利益,且各责任单位的经济责任能够清晰、准确地划分的基础上,所以也就有了内部转移价格。内部转移价格具有极为重要的现实意义。虽然是企业内部价格,但是也建立在类似于外部市场的氛围之下。产品的提供方为了利润空间以及责任单位的预算目标,会在提高产品质量的同时降低成本费用,而接收方则在以合理价格取得产品或劳务后,降低自身成本费用,提高产品或劳务的后期盈利能力,以实现责任单位的目标。

制定内部转移价格的目的主要有两个:

第一,防止成本转移带来部门间的责任转嫁,使每个利润中心都能作为单独的组织单位进行业绩评价。

第二,作为一种价格引导下级部门采取明智的决策,生产部门据此确定提供产品的数量,购买部门据此确定所需要的产品数量。

内部转移价格形式根据其制定方式可以分以下四种。

(1) 以市场为基础的转移定价

建立在市场价格基础上的转移定价又叫作市场价格转移定价法,是将企业内部交易中转移的产品或劳务的市场价格作为计价标准。这一计价方法有效降低了各部门之间有可能产生的冲突,生产部门及采购部门有自己的决定权,能够决定将产品或劳务销售给企业内部还是外部市场,同时采购部门也能够自行决定采购谁的货物或劳务。通常来讲,市场价是比较客观的,但有些货物不一定有市场价,所以将市场价作为内部转移价格还是有一定局限性的。

(2) 以成本为基础的转移定价

成本转移定价包括实际成本定价法、实际成本加定价法、标准成本定价法等,指的是内部交易中将成本作为基础制定的内部转移价格。这种方法应用简单,以现成的数据为基础,但标准成本的制定会有偏差,不能促进企业控制生产成本,容易忽视竞争性的供需关系。

(3) 协商定价

协商定价又叫作议价,指的是在正常的市场价格的基础上,企业内部交易双方通过协商确定一个双方都能接受的价格。通常而言,该价格会比市场价略低。协议确定的价格一般都是介于市场价格和单位变动成本之间的。

(4) 双重定价

双重定价指的是对内部交易的双方分别采用不同的价格进行内部结算与内部责任结转的定价方法。如:货物或劳务的提供方采用市场价格作为内部转移价格,而接受方则采用单位变动成本作为计价基础,这便是双重定价。双重定价产生的价格差则会被记录在专门的结算账户中。双重定价具有一定的灵活性,但不是所有的内部转移都适用该方法。

二、内部结算

由于公司内部各责任中心会发生经济业务往来,内部存在货物或者劳务的转移,所以公司内部也要进行内部结算。

1. 内部结算的方式

按照内部结算采用的手段不同,可以分为以下三种结算方式。

(1) 内部支票结算

内部支票结算指的是内部交易后,购买方向对方签发内部支票,收款方将支票送存内部结算中心,通知其从付款方账户中划拨款项。内部支票结算主要适用于收付款双方直接见面进行的经济往来业务结算,这一结算方式有利于明确责任,避免数量、质量等方面的纠纷。

(2) 转账通知结算

转账通知指的是交易后,收款方签发转账通知单,通知企业内部结算中心将转账通知单转给付款单位,并让其付款的结算方法。转账通知手续相对简单,使用于经常性的、质量、价格相对稳定的往来业务。

(3) 内部货币结算

内部货币结算指的是使用企业内部发行的、仅限内部使用的货币进行结算的方式。这种方式是最典型的一手交钱、一手交货的模式,内部货币结算相对于其他两种结算方式更为直观,但是也具有清点、保管麻烦的特点。

2. 内部结算中心

内部结算都是需要通过结算中心完成的,结算中心的存在有利于企业内部结算稳定有序地进行,有利于企业资金的管理,提高资金使用率。结算中心主要有按照责任中心开设内部结算账户,根据需要发行内部货币、内部支票等,发放内部贷款,筹措资金等功能。

第四节 综合业绩评价体系

一、财务模式:投资报酬率

1. 投资报酬率的定义

投资报酬率即一个公司获得的收益和其所使用资产的比值,基本公式如下:

$$投资报酬率 = 投资报酬 / 投资额$$

作为业绩评价指标,投资和报酬都有不同的指标可供选择。投资的种类包括总资产、有形资产(总资产减去无形资产)、长期资本(股东权益加长期负债)、投资资本(股东权益加净负债)、股东权益等。报酬的种类包括净利润、息税前利润、息前税后利润、经营利润、利润总额等。将上述不同的指标进行组合,即可得到多种不同含义的投资报酬率。

2. 常用的投资报酬率

(1) 总资产报酬率

① 总资产息税前报酬率 = 息税前利润 / 总资产

= (息前税后利润 + 所得税 + 利息费用) / 总资产

总资产息税前报酬率着眼于企业整体的经营效率,它反映了企业综合利用全部资产创造营业利润的业绩。该报酬率中含有所得税额和利息支出,可以用于同行业不同企业的业绩比较。

② 总资产税后经营利润率 = 营业利润 × (1 - 税率) / 总资产

= 息前税后经营利润 / 总资产

由于政府通常不提供投资,因此所得税不是投资的报酬,而是企业的一项费用,应将其从报酬中扣除。总资产税后经营利润率所反映的是每一元投资为股东和债权人赚取的投资报酬。

③ 总资产净利率(ROA)＝普通股可获净利润/总资产

总资产净利率也叫总资产回报率,它可以反映公司任何经营业绩的变动,是最具综合性的经营业绩评价指标(不含财务业绩)。

(2) 权益净利率

权益净利率＝普通股可获净利润/普通股权益资本

权益净利率着眼于经营效率转化为所有者权益的情况,反映了普通股东获得回报的水平。

3. 投资报酬率的优点及局限性

(1) 投资报酬率的优点

投资报酬率是财务管理中最重要的财务比率。它的重要性在于公司的每一元资产与金融市场中的每一元资产都是相互匹配的,无论是债务资本还是股权资本,都是从金融市场中获取的。在金融市场中,每一元资本都是有成本的,因此公司的每一元资产都应该赚取一定的收益以弥补资产的成本。从长期来看,企业的投资报酬率与股价有着密切的关联。投资报酬率指标把一个企业赚取的收益和所使用的资产联系起来,可以衡量企业资产使用的效率水平。另外,投资报酬率便于将企业的业绩评价和内部单位的业绩评价统一起来。

(2) 投资报酬率的局限性

① 财务报表主要反映短期业绩,据此计算出的投资报酬率不适用于企业长期业绩的评价。

② 会计准则为了统一性、可计量性和确定性,经常扭曲经济事实,据此计算的投资报酬率与经济事实之间存在一定偏差。

③ 由于会计规范中对折旧方法、存货估价方法等存在多种选择,不同选择的结果会影响收益和资产的数额,从而影响投资报酬率的客观性。投资报酬率还受到研究开发支出、营销支出、递延维修费用等的影响,容易被经理人员操纵。

④ 企业不同的发展阶段,其投资报酬率会有不同变化。

⑤ 投资报酬率作为唯一的业绩评价指标时,容易诱使经理人员放弃报酬率低于企业平均报酬率但高于企业资本成本的投资机会。

⑥ 财务报表不反映币值变动的影响,在通货膨胀期间投资报酬率会夸大企业的业绩。

二、价值模式:经济增加值

1. 经济增加值的定义

经济增加值是指企业收入扣除所有成本(包括股东权益的成本)后的剩余权益,在数量上它等于息前税后经营利润减去债务和股权的成本。

经济增加值＝调整后的税后经营利润－加权平均资本成本×调整后的投资资本

经济增加值是资本在特定时期内创造的收益,或者称为剩余收益。如果经济增加值为正,说明企业创造了价值;如果经济增加值为负,说明企业摧毁了应有的的价值;如果经济增加值为零,说明企业只获得金融市场的一般预期,刚好补偿资本成本。

2. 经济增加值的分类

尽管经济增加值的定义很简单,但它的实际计算却较为复杂。为了计算经济增加值,需要解决经营利润、资本成本和所使用资本数额的计量问题。不同的解决办法会形成不同意义的经济增加值。

(1) 基本经济增加值

基本经济增加值是指根据未经调整的经营利润和总资产计算得到的经济增加值。

基本经济增加值＝息前税后经营利润－加权平均资本成本×报表总资产

基本经济增加值的优点是计算方法较为容易。但是,由于"经营利润"和"总资产"是按照会计准则计算得到的,在一定程度上歪曲了企业的真实业绩。尽管如此,对于会计利润的计算来说,基本经济增加值这一概念的提出是一个重大的进步,因为它考虑了股权资本的成本。

(2) 披露的经济增加值

披露的经济增加值是利用公开会计数据进行十几项标准的调整计算得到的。这种调整是根据公布的财务报表及其附注中的数据进行的。

典型的调整包括:

① 研究与开发费用。按照会计准则要求,研究阶段的支出在发生时计入当期损益,开发阶段的支出满足特定条件的确认为无形资产,其他的开发阶段的支出也应计入当期损益。经济增加值要求将研究和开发费用都作为投资(资产)并在一个合理的期限内摊销。

② 战略性投资。会计准则将投资的利息(或部分利息)计入当期财务费用。经济增加值则要求将其在一个专门账户中资本化,并在开始产生时逐步摊销。

③ 为建立品牌、进入新市场或扩大市场份额发生的费用。会计上作为费用立即从利润中扣除。经济增加值要求把争取客户的营销费用资本化并在适当的期限内进行摊销。

④ 折旧费用。会计上大多使用直线折旧法处理。经济增加值则要求对某些大量使用长期设备的企业,按照接近经济现实的"沉淀资金折旧法"处理。这一类似租赁资产的费用分摊方法,在前几年折旧较少,而后几年由于技术老化和物理损耗同时发挥作用,需提取较多的折旧。

⑤ 重组费用。会计上将其作为过去的投资损失看待,需立即确认为当期费用。经济增加值则将重组视为增加股东财富的机遇,重组费用应作为投资处理。

(3) 特殊的经济增加值

为了使经济增加值适合特定企业内部的业绩管理,还需要进行特殊的调整。这种调整要使用企业内部的有关数据,调整后的数值称为"特殊的经济增加值"。它是特定企业根据自身情况定义的经济增加值,涉及公司的组织结构、业务组合、经营战略和会计政策,以便于在简单和精确之间实现最佳的平衡。简单是指便于计算和理解,精确是指能够准确反映真正的经济利润。这是一种"量身定做"的经济增加值计算方法,这些调整项目都是可控制的项目,即通过自身努力可以改变数额的项目。调整结果使得经济增加值更接近公司的市场价值。

(4) 真实的经济增加值

真实的经济增加值是企业经济利润最正确和最准确的量度指标。它要对会计数据做出所有必要的调整,并对企业中每一个经营单位都使用不同的更准确的资本成本。

从企业整体业绩来看,基本经济增加值和披露经济增加值是最有意义的。企业外部人员无法计算特殊的经济增加值和真实的经济增加值,他们无法取得企业内部的相关计算数据。

3. 经济增加值基础业绩评价的优点和局限

(1) 经济增加值基础业绩评价的优点

经济增加值与股东财富的创造结合起来,从一定意义上来说,它是较为符合股东财富最大化目标的业绩计量指标。它能够较为连续地度量业绩的改进,而销售利润率、每股收益甚至是投资报酬率等指标在一定程度上无法真实反映股东财富的增减。

另外,经济增加值不仅仅是一种业绩评价指标,同时也是一种全面财务管理和薪金激励体制的框架。经济增加值框架下的综合财务管理系统,可以指导企业的每一个决策,包括营业预算、年度资本预算、战略规划、企业收购和企业出售等。经济增加值是一个独特的资金激励制度的关键变量。它第一次真正把管理者的利益和股东利益结合起来,使管理者和股东的思维和行动一致。经济增加值是一种治理企业的内部控制制度。在这种制度下,所有员工可以协同工作,积极追求更好的业绩。

在经济增加值的框架下,公司可以向投资人宣传他们的目标和成就,投资人也可以用经济增加值选择最有前景的公司,同时经济增加值还是股票分析专家手中强有力的工具。

(2) 经济增加值基础业绩评价的局限

经济增加值是一个绝对指标,不能够对不同规模企业的业绩做出比较和评价。

经济增加值具有和投资报酬率一样误导使用人的缺点,例如成长阶段的企业经济增加量较少,衰退阶段企业的经济增加值可能较高。

在计算经济增加值时,对于投资基础的内涵界定、净收益的调整以及资本成本的确定目前仍存在众多争议,缺乏统一的业绩评价指标。

【例9.6 计算题】 M公司是一家处于成长阶段的上市公司,正在对2017年的业绩进行计量和评价,有关资料如下:

(1) M公司2017年的销售收入为2 500万元,营业成本为1 340万元,销售及管理费用为500万元,利息费用为236万元。

(2) M公司2017年的平均总资产为5 200万元,平均金融资产为100万元,平均经营负债为100万元,平均股东权益为2 000万元。

(3) 目前资本市场上等风险投资的权益成本为12%,税前净负债成本为8%;2017年A公司董事会对A公司要求的目标权益净利率为15%,要求的目标税前净负债成本为8%。

(4) M公司适用的企业所得税税率为25%。

要求:

(1) 计算M公司的净经营资产净利率、权益净利率。

(2) 计算M公司的剩余经营收益、剩余净金融支出、剩余权益收益。

(3) 计算M公司的披露的经济增加值。

计算时需要调整的事项如下:为扩大市场份额,A公司2017年年末发生营销支出200

万元,全部计入销售及管理费用,计算披露的经济增加值时要求将该营销费用资本化(提示:调整时按照复式记账原理,同时调整税后经营净利润和净经营资产)。

(4) 与传统的以盈利为基础的业绩评价相比,经济增加值基础业绩评价主要有什么优缺点?

【答案】

(1) 税后经营净利润＝(2 500－1 340－500)×(1－25%)＝495(万元)

　　税后利息费用＝236×(1－25%)＝177(万元)

　　净利润＝495－177＝318(万元)

　　平均净经营资产＝5 200－100－100＝5 000(万元)

　　净经营资产净利率＝495/5 000＝9.9%

　　权益净利率＝318/2 000＝15.9%

(2) 平均净负债＝5 000－2 000＝3 000(万元)

　　加权平均资本成本＝15%×2/5＋8%×(1－25%)×3/5＝9.6%

　　剩余经营收益＝495－5 000×9.6%＝15(万元)

　　剩余净金融支出＝177－3 000×8%×(1－25%)＝－3(万元)

　　剩余权益收益＝318－2 000×15%＝18(万元)

(3) 市场基础的加权平均资本成本＝12%×2/5＋8%×(1－25%)×3/5＝8.4%

　　调整后的税后经营利润＝495＋200×(1－25%)＝495＋150＝645(万元)

　　调整后的投资资本＝5 000＋150＝5 150(万元)

　　披露的经济增加值＝645－5 150×8.4%＝212.4(万元)

(4) 经济增加值基础业绩评价的优缺点

优点:① 经济增加值最直接地与股东财富的创造联系起来。② 经济增加值不仅仅是一种业绩评价指标,还是一种全面财务管理和薪金激励体制的框架。

缺点:① 经济增加值是绝对指标,不具有比较不同规模企业业绩的能力。② 对如何计算经济增加值缺乏统一的规范,只能在一个企业的历史分析以及内部评价中使用。

三、平衡计分卡

平衡计分卡是从财务、客户、内部运营、学习与成长四个角度,将组织的战略落实为可操作的衡量指标和目标值的一种新型绩效管理体系。设计平衡计分卡的目的就是建立"实现战略指导"的绩效管理系统,从而保证企业战略得到有效的执行。因此,人们通常称平衡计分卡是加强企业战略执行力的最有效的战略管理工具。

1. 平衡计分卡的作用

(1) 平衡计分卡的出现,使得传统的绩效管理从人员考核和评估的工具转变成为战略实施的工具。

(2) 平衡计分卡的出现,使得组织领导者拥有了全面的统筹战略、人员、流程和执行四个关键因素的管理工具。

(3) 平衡计分卡的出现,使得组织领导者拥有了可以平衡长期和短期、内部和外部,确保持续发展的管理工具。

(4) 平衡计分卡被誉为近75年来世界上最重要的管理工具和方法。

2. 平衡计分卡的四个维度

平衡计分卡方法打破了传统的只注重财务指标的业绩管理方法。平衡计分卡认为,传统的财务会计模式只能衡量过去发生的事情(落后的结果因素),但无法评估组织前瞻性的投资(领先的驱动因素)。在工业时代,注重财务指标的管理方法还是有效的。但在信息社会里,传统的业绩管理方法并不全面,组织必须通过在客户、供应商、员工、组织流程、技术和革新等方面的投资,获得持续发展的动力。正是基于这样的认识,平衡计分卡方法认为,组织应从四个维度审视自身的业绩:财务、顾客、内部运营、学习与成长。

(1) 财务维度

财务业绩指标可以显示企业战略的实施和执行是否对改善企业盈利做出了贡献。财务目标通常与获利能力有关,主要解决"股东如何看待我们"这一类问题。其衡量指标有营业收入、资本报酬率、经济增加值等,也可能是销售额或现金流量。

(2) 客户维度

在平衡记分卡的客户层面,管理者确立了其业务单位将竞争的客户和市场以及业务单位在这些目标客户和市场中的衡量指标。该维度的目标主要是回答"顾客如何看待我们"的问题。客户层面指标通常包括客户满意度、客户保持率、客户获得率、客户盈利率以及在目标市场中所占的份额。客户层面使业务单位的管理者能够阐明客户和市场战略,从而创造出出色的财务回报。

(3) 内部运营维度

在内部运营这一层面上,管理者要确认组织擅长的关键的内部流程,这些流程可以帮助业务单位提供价值主张,以吸引和留住目标细分市场的客户,并满足股东对卓越财务回报的期望。该维度目标主要着眼于企业的核心竞争力,解决"我们的优势是什么"的问题。内部经营流程层面常用指标有生产布局与竞争情况、生产周期、单位成本、产出比率、缺陷率、存货比率、新产品计划投入与实际投入情况、设计效率、原材料整理时间或批量生产准备时间、定单发送准确率、货款回收与管理、售后保证等。

(4) 学习与成长维度

学习与成长维度确立了企业要创造长期的成长和改善就必须建立的基础框架,确立了未来成功的关键因素。平衡记分卡的前三个层面一般会揭示企业的实际能力与实现突破性业绩所必需的能力之间的差距,为了弥补这个差距,企业必须投资于员工技术的再造、组织程序和日常工作的理顺,这些都是平衡记分卡学习与成长层面追求的目标。该层面的常用指标新产品开发周期、员工满意度、平均培训时间、再培训投资和关键员工流失率等,同时要关注这些指标的驱动因素。这一层面的目标主要解决"我们是否能继续创造并提高价值"的问题。

最好的平衡记分卡不仅仅是重要指标或重要成功因素的集合。一份结构严谨的平衡记分卡应当包含一系列相互联系的目标和指标,这些指标不仅前后一致,而且互相强化。例如,投资回报率是平衡记分卡的财务指标,这一指标的驱动因素可能是客户的重复采购和销售量的增加,而这二者是客户的满意度带来的结果。因此,客户满意度被纳入记分卡的客户层面。通过对客户偏好的分析显示,客户比较重视按时交货率这个指标,因此,按时交付程度的提高会带来更高的客户满意度,进而引起财务业绩的提高。于是,客户满意度和按时交货率都被纳入平衡记分卡的客户层面。而较佳的按时交货率又通过缩短经营周期并提高内部过程质量来实现,因此这两个因素就成为平衡记分卡的内部运营指标。进而,企业改善内部流程质量并缩短周期的实现又需要培训员工并提高他们的技术,员工技术成为学习与成长层面的目标。这就是一个完整的因果关系链,贯穿平衡记分卡的四个层面。

平衡记分卡通过因果关系提供了把战略转化为可操作内容的一个框架。根据因果关系,对企业的战略目标进行划分,分解为实现企业战略目标的几个子目标,这些子目标是各个部门的目标。同样,各中级目标或评价指标可以根据因果关系继续细分,直至最终形成可以指导个人行动的绩效指标和目标。

【例9.7 多选题】 按照平衡计分卡,着眼于企业的核心竞争力,解决"我们的优势是什么"的问题_____。

　　A. 可以利用的考核指标是顾客满意度指数

　　B. 属于内部运营维度的考核

　　C. 可以利用的考核指标是产出比率、缺陷率

　　D. 属于学习和成长维度的考核

【答案】 BC

【解析】 内部运营维度着眼于企业的核心竞争力,解决"我们的优势是什么"的问题。反映内部运营维度的指标包括生产布局与竞争情况、生产周期、单位成本、产出比率、缺陷率、存货比率、新产品投入计划与实际投入情况、设计效率、原材料整理时间或批量生产准备时间、定单发送准确率、货款回收与管理、售后保证等。

3. 平衡计分卡的四个平衡

(1) 外部与内部的平衡

外部评价指标(如股东和客户对企业的评价)和内部评价指标(如内部运营、新技术学习等)的平衡。

(2) 成果与驱动因素的平衡

成果评价指标(如利润、市场占有率等)和导致成果出现的驱动因素评价指标(如新产品投资开发等)的平衡。

(3) 财务和非财务的平衡

财务评价指标(如利润等)和非财务评价指标(如员工忠诚度、客户满意程度等)的平衡。

(4) 短期和长期的平衡

短期评价指标(如利润等)和长期评价指标(如员工培训成本、研发费用等)的平衡。

【例9.8 多选题】 在使用平衡计分卡进行企业业绩评价时,需要处理几个平衡,下列各项中,正确的有_____。

　　A. 财务评价指标与非财务评价指标的平衡

　　B. 外部评价指标与内部评价指标的平衡

C. 定期评价指标与非定期评价指标的平衡

D. 成果评价指标与驱动因素评价指标的平衡

【答案】 ABD

【解析】 平衡计分卡中的"平衡"包括外部评价指标(如股东和客户对企业的评价)和内部评价指标(如内部运营、新技术学习等)的平衡；成果评价指标(如利润、市场占有率等)和导致成果出现的驱动因素评价指标(如新产品投资开发等)的平衡；财务评价指标(如利润等)和非财务评价指标(如员工忠诚度、客户满意程度等)的平衡；短期评价指标(如利润等)和长期评价指标(如员工培训成本、研发费用等)的平衡。所以，选项 C 不正确。

练习题

一、单项选择题

1. 责任中心不包括以下哪个内容_____。
   A. 成本中心　　　B. 销售中心　　　C. 收入中心　　　D. 投资中心
2. 如果企业内部的供需双方分别按照不同的内部转移价格对同一笔内部交易进行结算,则可以断定它们采用的是_____。
   A. 双重价格　　　B. 成本价格　　　C. 市场价格　　　D. 协商价格
3. 成本中心控制和考核的内容是_____。
   A. 责任成本　　　B. 产品成本　　　C. 直接成本　　　D. 目标成本
4. _____是责任会计项目的主体。
   A. 责任中心　　　B. 产品成本　　　C. 生产部门　　　D. 管理部门
5. 企业建立责任会计的目标是_____。
   A. 实现责、权、利的协调统一　　　B. 划分责任中心
   C. 编制责任预算　　　　　　　　　D. 提交责任报告
6. 甲企业车间为成本中心,生产 A 产品,预算产量为 10 000 件,单位成本为 100 元/件,实际产量为 9 000 件,实际单位成本为 98 元/件。问成本节约额为_____。
   A. －18 000 元　　B. 18 000 元　　C. 38 000 元　　D. －38 000 元

二、多项选择题

1. 责任会计包括以下内容_____。
   A. 合理配置责任中心　　　　　B. 编制责任预算
   C. 建立跟踪系统　　　　　　　D. 考核评价业绩
   E. 激励原则
2. 下列各项,_____属于责任中心内容。
   A. 投资中心　　　B. 利润中心　　　C. 收入中心　　　D. 成本中心
   E. 资本中心
3. 利润中心需要负责的内容包括_____。
   A. 投资　　　　　B. 利润　　　　　C. 收入　　　　　D. 成本
   E. 资本

4. 内部结算方式包括以下哪几项_____。
   A. 内部支票结算　　B. 转账通知结算　　C. 内部货币结算　　D. 记账结算
   E. 签单结算

三、判断题
1. 内部价格转移指的是不同部门之间价格的转换。　　　　　　　　　　　　（　）
2. 投资中心的考核评价主要是关心产出情况。　　　　　　　　　　　　　　（　）
3. 公司内部转移价格的制定通常都是很随意的,双方认可既可。　　　　　　（　）

四、计算分析题
已知某集团公司下设三个投资中心,有关资料如下:

指标	集团公司	A投资中心	B投资中心	C投资中心
营业利润(万元)	34 650	10 400	15 800	8 450
平均营业资产(万元)	315 000	94 500	145 000	75 500
规定的最低投资报酬率	10%			

要求:
(1) 计算该集团公司和各投资中心的投资报酬率,并据此评价各投资中心的业绩。
(2) 计算各投资中心的剩余权益,并据此评价各投资中心的业绩。

参 考 答 案

第二章 成本要素和行为

一、单项选择题

1. D 【解析】 厂部办公楼的折旧费用属于管理费用,是期间费用,应计入当期损益。
2. C 【解析】 企业生产单位(厂、车间、工作坊)为组织和管理生产所发生的各项间接费用都应计入制造费用。
3. D 【解析】 设成本公式为 $Y=a+bX$,$b=(390\,000-380\,000)/(20\,000-18\,000)=5$,$a=380\,000-18\,000\times5=290\,000$
4. B
5. C 【解析】 设成本公式为 $Y=a+bX$,$b=(2\,000-1\,000)/(900-400)=2$,$a=200$,9月份变动成本 $=2\times600=1\,200$(元)
6. C
7. B 【解析】 直接成本是可以确认到单个产品的成本。
8. D 【解析】 A 总固定成本是不变的,图形为一水平直线;B 总变动成本随着业务量的增加而增加,是向右上方倾斜的直线(或曲线);C 单位变动成本不随业务量变化而变化,所以也是水平的直线。D 单位固定成本随业务量的增加而降低。
9. B 【解析】 变动成本随着业务量的变动,总成本随着正向变动;随着业务量变动,每单位成本保持不变;业务量不变时,总成本不变。
10. B 【解析】 A 和 C 都是公司管理人员的工资,属管理费用。D 为生产的间接成本,属制造费用。B 是直接人工成本。

二、多项选择题

1. AB 【解析】 C 存货跌价损失计入资产减值损失;D 行政管理部门使用的固定资产计提的折旧属管理费用。
2. BD
3. ABC 【解析】 销售费用、管理费用和财务费用是三大期间费用,不应计入生产成本。
4. ABC 【解析】 直接生产费用是指直接用于产品生产的费用,A、B、C 都与产品生产直接相关,D 项是为组织和管理生产而发生的费用,属于间接生产费用。

三、计算分析题

1. (1) 设费用与入住日关系式为 $Y=a+bX$,在高点和最低点资料为:

月份	入住日(个)	电费(元)
八月	3 608	8 111
十月	186	1 712

由此可得:$b=(8\ 111-1\ 712)/(3\ 608-186)\approx1.87$(元/日)

$1\ 712=a+186\times1.87$,解得:$a=1\ 364.18$(元)

(2) 略。

2.

序号	项目	变动成本	固定成本	期间成本		生产成本		
				管理费用	销售费用	直接材料	直接人工	制造费用
1	直接材料每个产品40元	√				√		
2	车间主管工资每月2 500元		√					√
3	直接人工成本每个产品18元	√					√	
4	完工产品仓库租金每月1 000元		√					
5	设备租金每月3 000元		√					√
6	厂房的折旧费用每年10 000元		√					√
7	广告费每年50 000元		√		√			
8	销售产品的运费每个产品10元	√			√			
9	生产每个产品需消耗电费2元	√						√
10	公司总裁工资每月5 000元		√	√				

3. (1) 水电费的单位成本＝52 000/40 000＝1.3(元/小时)

六月水电费＝1.3×70 000＝91 000(元)

六月设备折旧和维护费＝241 600－91 000－60 000＝90 600(元)

(2) $Y=15\ 000+1.08X$

(3) $Y=75\ 000+2.38X$

(4) 总的制造费用＝75 000＋2.38×45 000＝182 100(元)

4. (1)

第一季度利润表

单位:元

	一月	二月	三月
(全部成本计算法)			
销售收入	140 000	140 000	140 000
(1) 期初存货	0	0	16 000
(2) 本期生产成本	84 000	96 000	72 000
(3) 期末存货	0	16 000	0
销售成本[(1)+(2)-(3)]	84 000	80 000	88 000
销售毛利	56 000	60 000	52 000
销售及管理费用	18 000	18 000	18 000
息税前利润	38 000	42 000	34 000
(变动成本计算法)			
销售收入	140 000	140 000	140 000
销售成本	60 000	60 000	60 000
贡献毛益	80 000	80 000	80 000
固定成本			
(1) 固定制造费用	24 000	24 000	24 000
(2) 固定销售及管理费用	18 000	18 000	18 000
固定成本合计	42 000	42 000	42 000
息税前利润	38 000	38 000	38 000

(2) 略。

第三章 成本费用的归集与分配

一、单项选择题

1. B 【解析】 因材料在产品投产时一次投入,所以就材料费用而言,在产品数量与在产品约当产量一致。共耗用直接材料费用20+60=80(万元),分配率=80÷(30+10)=2,本月完工产品成本中直接材料成本=完工产品数量×分配率=30×2=60(万元)。

2. C 【解析】 可修复废品的生产成本不属于废品损失,因此可修复产品净损失=可修复废品的修复费用-回收的废品残料价值-应收赔款=(1.5+1+2.6)-0.1=5(万元)。

3. A 【解析】 材料消耗量分配率=材料实际总消耗量/各种产品材料定额消耗量之和=(2 000×12)÷(2×800+4×200)=10(元/千克)
   A产品应分配的材料成本=800×2×10=16 000(元)。

4. C 【解析】 企业各月末在产品数量很少的,采用不计算在产品成本法;企业月末在产品数量较多,但各月变化不大的产品采用在产品按固定成本计算法;企业产品数量较多,各月在产品数量变化也较大,直接材料成本在生产成本中所占比重较大时且材料在生产开始时就一次全部投入的产品,采用在产品按所耗直接材料成本计价法。

5. D 【解析】 甲产品应分配的直接人工成本=6÷(200×7+300×2)×(200×7)=4.2(万元)。

6. A 【解析】 直接分配法的特点是不考虑各辅助生产车间之间相互提供劳务或产品的情况,而将各种辅助生产费用直接分配给辅助生产以外的受益单位。选项B、C,是顺序分配法的特点;选项D,是交互分配法的特点。

7. B 【解析】 第二道工序的完工率=(60+40×50%)÷(60+40)×100%=80%。

二、多项选择题

1. BC 【解析】 本题考核成本核算对象和成本项目。选项A,计入制造费用,最终转入生产成本计入产品成本;选项B,计入销售费用;选项C,计入管理费用;选项D,计入生产成本。

2. AD 【解析】 本题考核制造费用的分配方法。选项B,属于辅助生产费用的分配方法;选项C,属于生产费用在完工产品和在产品之间分配的方法。

3. ACD 【解析】 非正常停工费用应计入当期损益,所以选项B错误。

4. ABD 【解析】 月末在产品数量很小的产品,在产品对成本影响很小,可以采用不计算在产品成本法,所以选项C错误。

5. AC 【解析】 选项A计入管理费用;选项C计入销售费用;选项B直接材料、D制造费用计入生产成本。

6. AC 【解析】 顺序分配法下,受益少的先分配,受益多的后分配,A错误;直接分配法下不会出现实际发生的费用和计划费用之分,选项C描述的是计划成本分配法,其差额应该记"管理费用"科目。

7. ABCD 【解析】 本题考核影响废品净损失的因素。

三、计算分析题

1. 总工时数=700+390+910=2 000(小时)
   变动制造费用分配率=8 000/2 000=4元/小时
   固定制造费用分配率=4 000/2 000=2元/小时
   甲产品应负担的变动制造费用=4×700=2 800(元)
   甲产品应负担的固定制造费用=2×700=1 400(元)
   甲产品应负担的制造费用=2 800+1 400=4 200(元)
   乙产品应负担的变动制造费用=4×390=1 560(元)
   乙产品应负担的固定制造费用=2×390=780(元)

乙产品应负担的制造费用＝1 560＋780＝2 340（元）

丙产品应负担的变动制造费用＝4×910＝3 640（元）

丙产品应负担的固定制造费用＝2×910＝1 820（元）

丙产品应负担的制造费用＝3 640＋1 820＝5 460（元）

2.

辅助生产费用分配表

2018 年 12 月

数量单位：度、吨
金额单位：元

辅助生产车间			交互分配			对外分配		
			供水	供电	合计	供水	供电	合计
待分配费用			51 000	48 000	99 000	55 025	43 975	99 000
供应劳务数量			45 000	35 000	—	42 500	30 000	—
费用分配率（单位成本）			1.13元/吨	1.37元/度	—	1.29元/吨	1.47元/度	—
辅助生产车间耗用	供水车间	耗用量	—	5 000	—	—	—	—
		分配金额	—	6 850	6 850	—	—	—
	供电车间	耗用量	2 500	—	—	—	—	—
		分配金额	2 825	—	2 825	—	—	—
	小计		2 825	6 850	9 675	—	—	—
基本生产车间	耗用量		—	—	—	40 000	26 000	—
	分配金额		—	—	—	51 788	38 112	89 900
行政部门	耗用量		—	—	—	2 500	4 000	—
	分配金额		—	—	—	3 237	5 863	9 100
合计			—	—	—	—	—	99 000

3.

辅助生产费用分配表

2018 年 12 月

数量单位：度、立方米
金额单位：元

辅助生产车间			供水车间	供电车间
待分配费用			42 000	36 000
供应劳务数量			16 800	20 000
计划分配率			2.30元/立方米	1.90元/度
耗用劳务数量	供电车间	耗用量	1 800	—
		分配金额	4 140	—
	供水车间	耗用量	—	1 300
		分配金额	—	2 470
	基本一车间	耗用量	7 000	8 500
		分配金额	16 100	16 150
	基本二车间	耗用量	7 800	10 000
		分配金额	17 940	19 000
	行政部门	耗用量	200	200
		分配金额	460	380

续表

辅助生产车间	供水车间	供电车间
按计划成本分配合计	38 640	38 000
辅助生产实际成本	44 470	40 140
辅助生产成本差异	5 830	2 140

会计分录：
(1) 按计划成本分配
　　借：生产成本——辅助生产成本——供水车间　2 470
　　　　　　　　　　　　　　　　　——供电车间　4 140
　　　　制造费用——基本一车间　32 250
　　　　　　　　——基本二车间　36 940
　　　　管理费用　840
　　　贷：生产成本——辅助生产成本——供水车间　38 640
　　　　　　　　　　　　　　　　　——供电车间　38 000
(2) 结转差异
　　借：管理费用　7 970
　　　贷：生产成本——辅助生产成本——供水车间　5 830
　　　　　　　　　　　　　　　　　——供电车间　2 140
4. E产品成本＝1 200×400÷[400＋(300－100)]＝800(万元)
　　F产品成本＝1 200－800＝400(万元)

第四章　成本计算方法

一、单项选择题

1. A 【解析】 分批法生产。

2. B 【解析】 其他选项都更适合大批量生产，分批法适合小批量生产。

3. A 【解析】 产品成本计算方法是根据成本计算对象来命名的。成本计算对象有产品品种、批别、生产步骤，成本计算方法就有品种法、分批法和分步法三种基本方法。

4. A 【解析】 造船、服装加工属小批量甚至是单件生产，所以分批法比较合适。

5. D 【解析】 用平行结转分步法时，不计算各步骤半成品成本，只计算本步骤发生的各项成本以及这些成本中应计入产成品的份额，最后将各步骤份额汇总。

6. B

7. B 【解析】 成本还原时，从最后一个步骤向前还原，直到第一个步骤为止。

8. D　9. A　10. C

11. C 【解析】 成本还原就是从最后一个步骤起，把各步所耗用的上一步骤的半成品的综合成本逐步分解，还原成直接材料、直接人工和制造费用等原始成本项目。

12. B 【解析】 作业成本法下，所有可以直接计入有关产品的成本都直接计入产品，不能追溯到产品的成本先分配到有关作业，然后将作业成本分配到有关产品，所以B不正确。

13. D 【解析】 作业成本法的成本分配主要使用追溯和动因分配，尽可能减少不准确的分摊，因此能提供更准确的成本信息。

二、多项选择题

1. ABC 【解析】 成本计算方法的确定原则是：符合企业不同生产类型的生产组织和工艺特点，满足企业成本管理的要求。

2. AD 【解析】 分批法下,一般不存在完工产品和月末在产品之间费用的分配问题,但在某些特殊情况下,如在批内产品跨月陆续完工的时候,就要在完工产品和在产品之间分配费用,故 B 错误。由于冶金、纺织和机械制造企业经常是大批量生产,应适合的方法是分步法,故 C 不选。

3. ACD 【解析】 只有分批法适用于小批量、单件生产,其余都不适合。

4. BC

5. BD 【解析】 生产准备次数和采购次数都属于批别级作业动因。选项 B 和 D 都会随产量的增加成本相应增加,属单位级作业动因。

三、计算分析题

1. (1) 采用逐步结转分步法按实际成本综合结转,填写下列明细表。

第一车间产品成本计算表
甲A半成品完工量:1 000 件   单位:元

摘要	直接材料	直接人工	制造费用	合计
月初在产品成本	18 000	2 200	3 800	24 000
本月生产费用	108 000	24 200	41 800	174 000
本月费用合计	126 000	26 400	45 600	198 000
约当总产量(件)	1 400	1 200	1 200	—
半成品单位成本(元/件)	90	22	38	150
完工半成品成本	90 000	22 000	38 000	150 000
月末在产品成本	36 000	4 400	7 600	48 000

第二车间产品成本计算表
甲产成品完工量:800 件   单位:元

摘要	自制半成品	直接人工	制造费用	合计
月初在产品成本	12 000	1920	2080	16 000
本月生产费用	150 000	43 200	46 800	240 000
生产费用合计	162 000	45 120	48 880	256 000
约当总产量(件)	1 080	940	940	—
产品单位成本(元/件)	150	48	52	250
完工产品成本	120 000	38 400	41 600	200 000
月末在产品成本	42 000	6 720	7280	56 000

(2) 请将产成品成本还原为原始的成本项目。

成本还原计算单
单位:元

项目	还原分配率	半成品	直接材料	直接人工	制造费用	合计
还原前产成品成本		120 000		38 400	41 600	200 000
本月所产半成品成本			90 000	22 000	38 000	150 000
半成品成本还原	0.80		72 000	17 600	30400	120 000
还原后产成品成本			72 000	56 000	72 000	200 000
还原后单位成本(元/件)			90	70	90	250

2. (1) 制造费用明细账

单位:元

摘要	工资	材料消耗	办公费	水电费	折旧费	其他	合计
金额	5 000	3 000	2 000	7 000	13 000	3 000	33 000

(2) 分配制造费用

产品名称	生产工时(小时)	分配率(小时/件)	分配金额(元)
甲产品	15 000	1.65	24 750
乙产品	5 000	1.65	8 250
合计	20 000		33 000

(3) 甲产品成本明细账

单位:元

摘要	产量(件)	直接材料	直接人工	制造费用	合计
月初在产品成本		850 000			850 000
本月生产费用		2 400 000	48 000	24 750	2 472 750
生产费用合计		3 250 000	48 000	24 750	3 322 750
完工产品成本	80	2 600 000	48 000	24 750	2 672 750
产成品单位成本(元/件)		32 500	600	309.38	33 409.38
月末在产品成本	20	650 000	0	0	650 000

乙产品成本明细账

单位:元

摘要	产量(件)	直接材料	直接人工	制造费用	合计
月初在产品成本		60 000	30 000	23 250	113 250
本月生产费用		600 000	22 500	8 250	630 750
生产费用合计		660 000	52 500	31 500	744 000
约当总产量(件)		110	105	105	—
完工产品成本	100	600 000	50 000	30 000	680 000
产成品单位成本(元/件)		6 000	500	300	6 800
月末在产品成本	10	60 000	2 500	1 500	64 000

3. (1)

作业	类别
人工相关	单位作业
机器调试(生产准备)	批别作业
零部件管理	产品作业
生产订单处理	批别作业
材料收发	批别作业
厂部管理	支持作业

(2) 制造费用分配率=800 000/50 000=16(元/人工小时)

单位产品成本计算

单位:元

项目	豪华椅	旅游椅
直接材料	25	17
直接人工	60	48
制造费用	80	64
合计	165	129

各作业分配率计算：

作业	(a) 制造费用(元)	(b) 作业量(小时或次)	(a)÷(b) 分配率
人工相关	80 000	50 000	1.6
机器调试(生产准备)	150 000	5 000	30.00
零部件管理	160 000	80	2 000.00
生产订单处理	70 000	400	175
材料收发	90 000	750	120
厂部管理	250 000	40 000	6.25

两种产品需负担的制造费用计算：

作业	分配率	豪华椅 作业量(小时或次)	豪华椅 制造费用(元)	旅游椅 作业量(小时或次)	旅游椅 制造费用(元)
人工相关	1.60	10 000	16 000	40 000	64 000
机器调试(生产准备)	30.00	3 000	90 000	2 000	60 000
零部件管理	2 000.00	50	100 000	30	60 000
生产订单处理	175	100	17 500	300	52 500
材料收发	120	150	18 000	600	72 000
厂部管理	6.25	12 000	75 000	28 000	175 000
制造费用合计			316 500		483 500
产品数量			2 000		10 000
单位产品制造费用			158.25		48.35

两种产品单位成本计算：

单位产品成本计算

单位:元

项目	豪华椅	旅游椅
直接材料	25	17
直接人工	60	48
制造费用	158.25	48.35
合计	243.25	113.35

(3) 在作业成本法下，豪华椅的单位成本要比在传统成本计算法下计算的成本高得多，而旅游椅的成本则比传统成本计算法下计算的低很多。因为传统成本计算法只以直接人工小时为基础分配

制造费用,而作业成本法以不同的作业来分配制造费用,这种情况下,生产数量少的产品每单位产品会负担更多的制造费用,而生产数量多的产品每单位产品负担的制造费用会相对较少。

4. 直接人工费用分配率=81 000÷9 000=9(元/小时)

  制造费用分配率=67 500÷9 000=7.5(元/小时)

 (1) 201号订单成本计算

产品成本计算单

批号:201(甲产品)   开工时间:2018年6月1日

批量:10台   完工数量:10台   完工时间:2018年7月20日

单位:元

项目	直接材料	直接人工	制造费用	合计
月初在产品成本	28 000	7 000	7 600	42 600
本月生产费用	12 000	25 200	21 000	58 200
完工产品成本	40 000	32 200	28 600	100 800
月末在产品成本	0	0	0	0

 (2) 301号订单成本计算

  加工费用约当总产量=3+5×40%=5(台)

产品成本计算单

批号:301(乙产品)   开工时间:2018年7月1日

批量:8台   完工数量:3台   完工时间:2018年 月 日

产量单位:台,金额单位:元

项目	直接材料	直接人工	制造费用	合计
月初在产品成本	0	0	0	0
本月生产费用	48 000	30 600	25 500	104 100
约当总产量	8	5	5	—
单位完工产品成本	6 000	6 120	5 100	17 220
完工产品成本	18 000	18 360	15 300	51 660
月末在产品成本	30 000	12 240	10 200	52 440

5. (1)

第一车间产品成本计算表

单位:元

摘要	产量(件)	约当产量(件)	直接材料	直接人工	制造费用	合计
月初在产品成本	—	—	20 000	4 000	4 000	28 000
本月生产费用	—	—	120 000	29 750	29 750	179 500
生产费用合计	—	—	140 000	33 750	33 750	207 500
产成品中本步骤份额	610	610	122 000	30 500	30 500	183 000
月末在产品成本	90	65	18 000	3 250	3 250	24 500

 (2)

第二车间产品成本计算表

单位:元

摘要	产量(件)	约当产量(件)	直接材料	直接人工	制造费用	合计
月初在产品成本	—	—	1 500	3 600	2 400	7 500
本月生产费用	—	—	30 000	72 000	48 000	150 000

摘要	产量(件)	约当产量(件)	直接材料	直接人工	制造费用	合计
生产费用合计	—	—	31 500	75 600	50 400	157 500
产成品中本步骤份额	610	610	30 500	73 200	48 800	152 500
月末在产品成本	40	20	1 000	2 400	1 600	5 000

(3)
A产品的成本汇总计算表

单位:元

生产车间	产成品数量(件)	直接材料	直接人工	制造费用	合计
第一车间	—	122 000	30 500	30 500	183 000
第二车间		30 500	73 200	48 800	152 500
合计	610	152 500	103 700	79 300	335 500
单位成本	—	250	170	130	550

(4) 平行结转法的优点:① 各步骤可同时计算产品成本,平行汇总计入产成品成本,不必逐步结转半成品成本;② 能够直接提供按原始成本项目反映的产成品成本资料,不必进行成本还原;③ 简化和加速了成本计算工作。

缺点:① 不能提供各个步骤的半成品成本资料;② 在产品的费用在产品最后完工前,不随实物转出而转出,不能为各个生产步骤的实物和资金管理提供资料;③ 各生产步骤产品成本不含所耗半成品成本,不能全面反映该步骤产品的全部生产耗费,不能更好地满足成本管理要求。

第五章 本量利分析及应用

一、单项选择题

1. A 2. B 3. B 4. B 5. C 6. C 7. D 8. B 9. A 10. B 11. B 12. C

二、多项选择题

1. ABCD 2. ABCDE 3. ABC 4. AD 5. ADE 6. BC 7. BCD 8. BC 9. BC 10. CD

三、计算分析题

1. 保本销售额=固定成本/贡献毛益率=固定成本/(1−变动成本率)=32 400/40%=81 000(元)

   保本销售量=保本销售额/单价=81 000/(27/60%)=1 800(件)

   安全边际额=利润/贡献毛益率=6 000/40%=15 000(元)

   安全边际量=15 000/(27/60%)≈334(件)

   实际销售量=(32 400+6 000)/(45−27)≈2 134(件)

   安全边际率=334/2134=15.65%

2. 三种产品的销售量比为2 000∶3 200∶4 000=5∶8∶10

   保本点(联合单位)=固定成本/联合贡献毛益=120 000/(5×14+8×15+10×5)=500(件)

   保本点销售量应该是:

   甲产品的保本量=500×5=2 500(件)

   乙产品的保本量=500×8=4 000(件)

   丙产品的保本量=500×10=5 000(件)

3. 方法一:利润=贡献毛益率×安全边际额

   =(1−65%)×(8 000−5 000)

   =1 050(元)

方法二:保本额＝固定成本/贡献毛益率

固定成本＝保本额/贡献毛益率＝5 000×(1－65％)＝1 750(元)

利润＝收入－固定成本－变动成本
　　＝8 000－1 750－8 000×65％＝1 050(元)

4. (1) 方法一：贡献毛益率＝1－60％＝40％　　销售单价＝40/40％＝100(元/件)

保本点作业率＝1－35％＝65％　　保本额＝65％×5 000×100＝325 000(元)

方法二：保本量＝(1－安全边际率)×5 000＝3 250(件)　销售单价＝40/(1－60％)＝100(元/件)

保本额＝3 250×100＝325 000(元)

(2) 利润＝销售量×安全边际率×销售单价＝5 000×35％×40＝70 000(元)

(3) 销售利润率＝贡献毛益率×安全边际率＝40％×35％＝14％

5. 贡献毛益总额＝1 000×(2 000－1 200)＝800 000(元)

EBIT＝500 000　　　DOL＝800 000/500 000＝1.6

(1) 预计利润＝500 000×(1＋5％×1.6)＝540 000(元)

(2) 销售变动率＝(600 000－500 000)/500 000×1.6＝12.5％

销售量＝1 000×(1＋12.5％)＝1 000×1.125＝1 125(件)

6. (1) 预计利润＝200 000×(1＋50％×3)＝500 000(元)

(2) 销售量变动率＝(300 000－200 000)/(20×2)＝25％

销量＝10 000×(1＋25％)＝12 500(件)

第六章　短期经营决策

一、单项选择题

1. A　2. D　3. C　4. B　5. C　6. A　7. C　8. D　9. A　10. B

二、多项选择题

1. CD　2. ABD　3. ABCD　4. BC　5. ABCD　6. AD　7. ABCD　8. ABCD　9. AB　10. ABCD

三、计算分析题

1. 根据已知条件,编制利润总额分析表,如下表所示。

利润总额分析表

单位:元

项目	开发甲产品	开发乙产品
产量(件)	2 000	2 500
单价(元/件)	400	365
单位变动成本(元/件)	280	255
单位贡献毛益(元/件)	120	110
贡献毛益总额	240 000	275 000
减:机会成本	100×6 000×1/3＝200 000	100×6 000×40％＝240 000
专属成本	6 000	0
税前利润	34 000	35 000

根据计算结果,应当开发乙产品,因为开发乙产品的利润总额大于开发甲产品的利润总额,可使企业多获利1 000元。

2. 根据题目中的相关资料编制差量损益分析表,如下表所示。

差量损益分析表

单位:元

项目	进一步加工	直接出售	差量
相关收入	225 000	175 000	50 000
相关成本	42 000	0	42 000
其中:加工成本	30 000		
专属成本	12 000		
差别损益			+8 000

根据计算结果,应进一步加工后再出售,可使企业多获利 8 000 元。

3. 停产乙产品后利润表如下表:

利润表

单位:元

项目	甲	丙	合计
收入总额	79 200	40 800	120 000
单价(元/个)	48	60	
单位变动成本(元/个)	28	40	
销量(个)	1 650	680	
贡献毛益总额	33 000	13 600	46 600
分摊固定成本	23 760	12 240	36 000
税前利润	9 240	1 360	10 600

税后利润总额为 10 600 元,大于 4 000 元,所以选择停产乙产品。

4.

差量损益分析表

单位:元

项目	增产C产品	停产C产品	差量
相关收入	180 000	28 000	152 000
相关成本	146 000	0	146 000
其中:加工成本	144 000		
专属成本	2 000		
差别损益			+6 000

差别损益为 6 000 元,选择增产C产品。

5. (1) 工厂具备生产能力且生产能力无法转移,编制表格如下:

差异成本分析表

单位:元

项目	自制	外购	差量
相关成本	140 000	200 000	−60 000
其中:变动成本	140 000		
差别损益			−60 000

自制 A 零件的相关成本低于外购 A 零件的相关成本,企业采纳自制方案可以节约成本 6 万元,因此采用自制方案。题目为什么不考虑其他成本包括固定成本等?因为固定成本属于沉没成本,在这类选择的方案中属于不相关成本,不予考虑。

(2) 企业自制需要增加专属成本,编制表格如下:

差异成本分析表

单位:元

项目	自制	外购	差量
相关成本	210 000	200 000	10 000
其中:变动成本	140 000		
专属成本	70 000		
差别损益			10 000

自制 A 零件相关成本高于外购成本,企业应该选择外购 A 零件,可以给工厂节约 1 万元。

(3) 企业的生产能力可以转移,编制成本分析表如下:

差异成本分析表

单位:元

项目	自制	外购	差量
相关成本	155 000	200 000	−45 000
其中:变动成本	140 000		
机会成本	15 000		
差别损益			−45 000

在这种情况下,自制成本低于外购成本,工厂应该选择自制 A 零件,可以节约成本 4.5 万元。

第七章 预算控制

一、单项选择题

1. B 2. C 3. C 4. C 5. C 6. C 7. C 8. C 9. C

二、多项选择题

1. ABC 2. CDE 3. ACD 4. CDE 5. ABCD 6. ACD 7. ABD 8. ABD

三、判断题

1. × 2. √ 3. √ 4. √ 5. √ 6. √ 7. × 8. ×

四、计算分析题

1.

B 公司生产预算表

2019 年第一季度 单位:件

项目	1月份	2月份	3月份	合计
预计销售量	60 000	60 000	80 000	200 000
加:期末存货	6 000	8 000	8 000	22 000
减:期初存货	8 000	6 000	8 000	22 000
预计生产量	58 000	62 000	80 000	200 000

2. (1) 销售预算的编制

大小公司销售预算
2018 年第一季度　　　　　　　　　　　　　　　　　　　　　　单位:元

内容	1月	2月	3月	合计
预计销量	6 000	6 000	8 000	20 000
单价(元/件)	30	30	30	30
预计销售收入	180 000	180 000	240 000	600 000
期初应收账款	80 000			80 000
1月份销售收入	108 000	72 000		180 000
2月份销售收入		108 000	72 000	180 000
3月份销售收入			144 000	144 000
合计	188 000	180 000	216 000	584 000

说明:1月份期初应收账款=200 000×40%=80 000(元),1月份于当月收回的销售收入=180 000×60%=108 000(元)。

(2) 生产预算的编制

大小公司生产预算
2018 年第一季度　　　　　　　　　　　　　　　　　　　　　　单位:件

项目	1月份	2月份	3月份	合计
预计销售量(件)	6 000	6 000	8 000	20 000
加:期末存货	600	800	800	2 200
减:期初存货	5 200	600	800	6 600
预计生产量(件)	1 400	6 200	8 000	15 600

说明:① 预计销售量来自销售预算表;② 预计期末存货=下月销售量×10%,故1月份6 000×10%=600,2月份期末存货=8 000×10%=800,3月份期末存货从已知条件中可知4月份预计销量为8 000件,故3月份期末存货为800件。

(3) 直接材料预算的编制

大小公司直接材料预算表
2018 年第一季度

项目	1月份	2月份	3月份	合计
预计生产量(件)	1 400	6 200	8 000	15 600
单位产品材料消耗定额(千克/件)	8	8	8	8
预计生产需料量(千克)	11 200	49 600	64 000	124 800
加:期末存料	4 960	6 400	5 000	16 360
减:期初存料	15 625	4 960	6 400	26 985
预计材料采购量	535	51 040	62 600	114 175
材料计划单价(元/千克)	3.2	3.2	3.2	3.2
购料总金额(元)	1 712	163 328	200 320	365 360

续表

项目	1月份	2月份	3月份	合计
期初应付账款(元)	54 000	45 000		99 000
1月份购料款	770.4	513.6	428	1 712
2月份购料款		73 497.6	48 998.4	122 496
3月份购料款			90 144	90 144
合计	54 770.4	119 011.2	139 570.4	313 352

说明：① 预计产量来自生产预算表；② 1月份和2月份期末存料公式：期末存料＝下月生产需料量×10%，1月份期末存料＝49 600×10%＝4 960(千克)；3月份期末存料根据已知条件可知为5 000千克；③ 期初存料来自资产负债表；④ 1月份期初应付账款＝12月份18万元×30%＝54 000(元)，1月份于当月支付的账款＝1 712×45%＝770.4(元)；2月份期初应付账款＝180 000×25%＝45 000，2月份支付上月账款＝1 712×30%＝513.6(元)，2月份于当月支付的账款＝163 328×45%＝73 497.6(元)；3月份于当月支付的账款＝200 320×45%＝90 144(元)。

(4) 直接人工预算的编制

大小公司直接人工预算表
2018年第一季度

项目	1月份	2月份	3月份	合计
预计生产量(件)	1 400	6 200	8 000	15 600
单位产品工时定额(工时)	5.0	5.0	5.0	5.0
预计生产需要工时总数(工时/件)	7 000	31 000	40 000	78 000
单位工时工资率(元/工时)	2.5	2.5	2.5	2.5
预计直接人工工资总额(元)	17 500	77 500	100 000	195 000

(5) 制造费用预算的编制

大小公司制造费用预算表
2018年第一季度　　　　　　　　　　　　　　　单位：元

项目	分配率	1月份	2月份	3月份	合计
间接材料	0.5元/工时	3 500	15 500	20 000	39 000
间接人工	2元/工时	14 000	62 000	80 000	156 000
变动费用小计				195 000	
项目	金额	1月份	2月份	3月份	合计
折旧费	10 000	3 000	3 000	4 000	10 000
维修费	20 000	6 500	6 500	7 000	20 000
固定费用小计				30 000	
制造费用合计		27 000	87 000	111 000	225 000
减：折旧费		3 000	3 000	4 000	10 000
现金支出合计		24 000	84 000	107 000	215 000

说明：① 间接材料＝预计生产需要工时数×间接材料分配率；② 间接人工＝预计生产需要工

时数×间接人工分配率。

(6) 产品成本预算的编制

大小公司单位生产成本预算

2018 年第一季度

项目	价格标准	用量标准	合计
直接材料	3.2元/千克	8千克	25.6元
直接人工	2.5元/工时	5工时	12.5元
变动制造费用	2.5元/工时	5工时	12.5元
标准成本			50.6
期末存货预算	期末存货		800
	单位变动生产成本		50.6元/件
	期末存货金额		40 480元

(7) 销售及管理费用预算的编制

大小公司销售及管理费用预算

2018 年第一季度   单位:元

项目		1月份	2月份	3月份	合计
变动费用	销售佣金(1%)	1 800	1 800	2 400	6 000
固定费用	管理人员薪酬	60 000	60 000	60 000	180 000
	广告费	20 000	20 000	20 000	60 000
合计		81 800	81 800	82 400	246 000

(8) 现金预算的编制

大小公司现金预算

2018 年第一季度   单位:元

项目	1月份	2月份	3月份	合计
期初现金余额	300 000	309 929.6	127 618.4	300 000
加:现金收入				
预计现金收入	188 000	180 000	216 000	584 000
减:现金支出				
采购直接材料	54 770.4	119 011.2	139 570.4	313 352
支付直接工资	17 500	77 500	100 000	195 000
支付制造费用	24 000	84 000	107 000	215 000
支付销售及管理费用	81 800	81 800	82 400	246 000
现金支出合计	178 070.4	362 311.2	428 970.4	969 352
资金的筹集和运用				
期末现金余额	309 929.6	127 618.4	(85 352)	(85 352)

(9) 预计利润表的编制

大小公司利润表
2018年第一季度   单位：元

项目	金额
销售收入	600 000
变动成本：	
变动生产成本	1 012 000
变动销售及管理费用	6 000
变动成本总额	1 018 000
贡献毛益总额	(418 000)
固定成本：	
固定制造费用	30 000
固定销售及管理费用	240 000
固定成本总额	270 000
税前净利	(688 000)

说明：① 销售收入=30×20 000=600 000(元)；② 变动生产成本=50.6×20 000=1 012 000(元)。

第八章　成本控制

一、单项选择题

1. A　2. A　3. A　4. A　5. B　6. D　7. A　8. D　9. A　10. A　11. C　12. C

二、多项选择题

1. BDE　2. ACE　3. ABC

三、判断题

1. √　2. ×　3. √　4. √　5. ×　6. √　7. ×

四、计算分析题

1. 直接材料标准成本=20×5+30×10=400(元/件)
   直接人工标准成本=14×8=112(元/件)
   变动制造费用标准成本=40 000/10 000×14=56(元/件)
   固定制造费用标准成本=62 000/10 000×14=86.8(元/件)
   A产品标准成本=400+112+56+86.8=654.8(元/件)

2. (1) B=1 050-600-150-100=200(元/件)
   　A=200÷5=40(小时/件)
   　由于制造费用按人工工时分配，所以C=A=E=40(小时/件)
   　D=150÷40=3.75(元/小时)
   　F=100÷40=2.5(元/小时)
   (2) 产品成本差异总额=42 500-1 050×40=500(元)
   (3) 直接材料价格差异=实际数量×实际价格-实际耗费数量×标准价格
   　　　　　　　　　=实际数量×(实际价格-标准价格)
   　　　　　　　　　=2 500×(24 200÷2 500-10)
   　　　　　　　　　=-800(元)
   　直接材料用量差异=实际数量×标准价格-标准数量×标准价格

$\qquad$ =标准价格×(实际数量—实际产量下的标准数量)
$\qquad$ =10×(2 500—60×40)
$\qquad$ =1 000(元)

(4) 变动制造费用分配率差异=实际工时×实际分配率—实际工时×标准分配率
$\qquad$ =实际工时×(实际分配率—标准分配率)
$\qquad$ =1 950×(6 600÷1 950—3.75)
$\qquad$ =—712.5(元)

变动制造费用效率差异=实际工时×标准分配率—标准工时×标准分配率
$\qquad$ =(实际工时—标准工时)×标准分配率
$\qquad$ =(1 950—40×40)×3.75
$\qquad$ =1 312.5(元)

(5) 两差异分析法：

预算差异=实际固定制造费用—预算产量下的固定制造费用
$\qquad$ =实际固定制造费用—预算产量下的标准工时×标准分配率
$\qquad$ =3 900—1 500×2.5
$\qquad$ =150(元)

能量差异=预算产量下的标准固定制造费用—实际产量下的标准固定制造费用
$\qquad$ =标准分配率×(预算产量下的标准工时—实际产量下的标准工时)
$\qquad$ =2.5×(1 500—40×40)
$\qquad$ =—250(元)

(6) 直接人工工资率差异=实际工时×实际工资率—实际工时×标准工资率
$\qquad$ =实际工时×(实际工资率—标准工资率)
$\qquad$ =1 800×(7 800÷1 950—5)
$\qquad$ =—1 800(元)

直接人工效率差异=实际工时×标准工资率—标准工时×标准工资率
$\qquad$ =(实际工时—实际产量下标准工时)×标准工资率
$\qquad$ =(1 950—40×40)×5
$\qquad$ =1 750(元)

三差异分析法：

预算差异同两分析差异法，为150元；

产量差异=预算产量下的标准固定制造费用—实际产量下的实际工时×标准分配率
$\qquad$ =(预算产量下的标准工时—实际产量下的实际工时)×标准分配率
$\qquad$ =(1 500—1 950)×2.5
$\qquad$ =—1 125(元)

效率差异=标准分配率×(实际产量下实际工时—实际产量下标准工时)
$\qquad$ =2.5×(1 950—40×40)
$\qquad$ =875(元)

第九章　责任会计与业绩考核

一、单项选择题

1. B　2. A　3. A　4. A　5. A

6. A 【解析】 9 000×98－9 000×100＝－18 000(元)

二、多项选择题

1. ABCD 2. ABCD 3. BCD 4. ABC

三、判断题

1. × 2. × 3. ×

四、计算分析题

(1) 集团公司投资报酬率＝34 650/315 000×100％＝11％

A 投资中心的投资报酬率＝10 400/94 500×100％≈11.01％

B 投资中心的投资报酬率＝15 800/145 000×100％≈10.90％

C 投资中心的投资报酬率＝8 450/75 500×100％＝11.19％

评价:C 投资中心业绩最优,A 投资中心次之,B 投资中心业绩最差。

(2) A 投资中心的剩余权益＝10 400－94 500×10％＝950(万元)

B 投资中心的剩余权益＝15 800－145 000×10％＝1 300(万元)

C 投资中心的剩余权益＝8 450－75 500×10％＝900(万元)

评价:B 投资中心业绩最优,A 投资中心次之,C 投资中心业绩最差。

参 考 文 献

[1] CIMA. Fundamentals of management accounting [M]. Wokingham: Kaplan Publishing UK, 2015.
[2] Peter C Brewer, Ray H Garrison, Eric W Noreen. Introduction to Managerial[J]. Accounting, 6th Edition, McGraw-Hill Education, New York: 2013.
[3] Ronald W Hilton, David E Platt. Managerial accounting: creating value in a global business environment (global edition)[M]. New York: McGraw-Hill/ Irwin, 2011.
[4] 查尔斯·T. 亨格瑞,斯里坎特·M. 达塔尔,马达夫·V. 拉詹,等. 成本与管理会计[M]. 王立彦,刘应文,罗炜,译. 北京:中国人民大学出版社,2016.
[5] 财务部会计资格评价中心编. 财务管理[M]. 北京:经济科学出版社,2017.
[6] 丁修平,陈娟主编. 管理会计[M]. 2版. 北京:中国人民大学出版社,2015.
[7] 李传双主编. 成本会计实务[M]. 北京:中国人民大学出版社,2013.
[8] 李跃平,卢欢,朱丽娜主编. 管理会计[M]. 北京:中国人民大学出版社,2017.
[9] 美国管理会计师协会(IMA)主编. 财务报告、规划、绩效与控制(英汉双语:第4版)[M]. 舒新国,赵澄,译. 北京:经济科学出版社,2017.
[10] 田明编著. 中级财务管理[M]. 北京:经济科学出版社,2016.
[11] 张献英,国秀芹主编. 管理会计实务[M]. 北京:教育科学出版社,2013.
[12] 智库·百科. 成本控制(Cost control) [DB/ OL]. http://wiki.mbalib.com/wiki/%E6%88%90%E6%9C%AC%E6%8E%A7%E5%88%B6, 2015.
[13] 注册会计师全国统一考试研究中心编. 财务成本管理[M]. 北京:人民邮电出版社,2016.